平行战场技术概论

主　编　常天庆
副主编　王青海　汪国平

国防工业出版社
·北京·

内 容 简 介

本书全面介绍了平行战场概念内涵、平行战场系统体系架构及组成、平行战场涉及关键技术，以及平行战场在作战、训练及试验中的应用。

全书共分11章，第1章重点阐述平行战场概念内涵、特点、研究现状等内容；第2章介绍平行战场系统的构建，阐述平行战场系统的作用、体系架构、组成等内容；第3章至第10章为平行战场涉及关键技术的介绍，包括战场感知、战场环境建模、作战仿真、智能博弈、平行决策、虚实互联、交互映射与控制、战场可视化；第11章介绍平行战场在试验、训练及作战中的应用。

本书内容全面、实用，对平行战场的理论及技术均进行了详细阐述，适合平行战场研究、开发及应用人员阅读学习，也可作为相关平行战场专业的教材。

图书在版编目(CIP)数据

平行战场技术概论／常天庆主编． -- 北京：国防工业出版社，2025.6． -- ISBN 978-7-118-13712-5

Ⅰ．E81

中国国家版本馆CIP数据核字第202560FF09号

※

国防工业出版社出版发行

（北京市海淀区紫竹院南路23号　邮政编码100048）
北京凌奇印刷有限责任公司印刷
新华书店经售

*

开本 710×1000　1/16
印张 12¾　字数 264 千字
2025年6月第1版第1次印刷　印数 1—1500 册　定价 98.00 元

（本书如有印装错误，我社负责调换）

国防书店：(010)88540777　　书店传真：(010)88540776
发行业务：(010)88540717　　发行传真：(010)88540762

《平行战场技术概论》
编写委员会

主　　编　　常天庆
副 主 编　　王青海　汪国平
编写人员　　邵　伟　吴东亚　王钦钊
　　　　　　董志明　纪伯公　胡雪松
　　　　　　刘宏祥　金东阳　梁新彬
　　　　　　谢志宏　刘军辉　徐丙立
　　　　　　康亚健　谭亚新　徐豪华
　　　　　　张　雷　韩　斌　杨朝红
　　　　　　郑斯文　张　增　许仁杰
　　　　　　唐　伟　靳国超　谢祝福
　　　　　　王　清

前 言

目前在制造业应用成熟的数字孪生技术,可以根据实际对象的情况构建出一套与实际对象状态一致的虚拟对象,通过监控虚拟对象实时状况,可掌握实际对象的运行情况。如依照实物飞机构建出对应的虚拟飞机,飞行控制人员通过实时监控虚拟飞机情况,可了解实物飞机的运行状况。现代战争中,先进技术也得到了越来越广泛的应用,各类作战概念层出不穷,给战争带来了革命性变革。而数字孪生在军事中的应用——"平行战场"理念应运而生。

平行战场是通过构建出一套和物理战场状态一致的虚拟战场,虚拟战场可实时呈现物理战场情况,并可在虚拟战场中进行超前推演预测,对物理战场下一步的发展进行预判,从而为物理战场下一步行动的实施提供辅助支撑。平行战场理念要实现并在军事中展开应用,会涉及多类技术,需要研究各类技术在平行战场中发挥的作用,也需要研究平行战场在军事中的应用模式,这也是编写本书的初衷。本书详细阐述了平行战场概念内涵、系统组成、技术体系及军事应用模式。

全书共分11章,第1章重点阐述平行战场概念内涵、特点、研究现状等内容;第2章介绍平行战场系统的构建,阐述平行战场系统的作用、体系架构、组成等内容;第3章至第10章为平行战场技术体系的介绍,包括战场感知、战场环境建模、作战仿真、智能博弈、平行决策、虚实互联、交互映射与控制、战场可视化,介绍各自机理、典型军事应用及在平行战场中的作用;第11章介绍平行战场军事应用,包括在试验、训练及作战中的应用。

由于平行战场涉及内容广泛,技术类型众多,并且平行战场理念较为新颖,目前研究多处于探索阶段,因此在编写过程中,编写组虽然尽了最大努力,限于专业水平和资料收集有限,书中难免有疏漏和不当之处,恳请读者指正。撰写过程中,得到不少专家的指导和帮助,直接或间接地引用了其他作者的观点,在此深表感谢。

作者
2025年2月

目 录

第1章 概述 … 001
1.1 平行战场概念内涵与特点 … 001
1.1.1 概念内涵 … 001
1.1.2 特点 … 003
1.2 研究现状 … 003
1.2.1 理论技术 … 003
1.2.2 应用情况 … 007
1.3 平行战场技术体系 … 008
1.4 本书架构 … 009
参考文献 … 009

第2章 平行战场系统 … 011
2.1 主要作用 … 011
2.1.1 用于作战 … 011
2.1.2 用于训练 … 012
2.1.3 用于试验 … 013
2.2 体系架构 … 014
2.3 系统组成 … 016
2.3.1 物理战场系统 … 017
2.3.2 虚拟战场系统 … 017
2.3.3 平行交互系统 … 020
2.3.4 基础支撑平台 … 022
2.4 交互关系 … 022
2.5 运用流程 … 023
参考文献 … 024

第3章 战场感知 … 026
3.1 战场感知概述 … 026
3.1.1 基本概念内涵 … 026

VII

3.1.2　战场感知技术 ································· 028
　　　3.1.3　战场感知发展 ································· 032
　3.2　典型军事应用 ·· 035
　　　3.2.1　多维感知体系构建 ····························· 035
　　　3.2.2　战场情报融合处理 ····························· 037
　　　3.2.3　战场态势分析研判 ····························· 041
　3.3　战场感知在平行战场中的应用 ······················· 044
　　　3.3.1　支撑虚实同步演化 ····························· 044
　　　3.3.2　支撑虚拟战场感知模型构建 ··················· 045
　　　3.3.3　支撑虚拟战场环境模型构建 ··················· 045
　参考文献 ··· 045

第4章　战场环境建模 ··································· 047

　4.1　战场环境建模概述 ··································· 047
　　　4.1.1　基本概念内涵 ·································· 047
　　　4.1.2　战场环境建模主要内容 ························ 049
　　　4.1.3　战场环境建模技术现状及发展 ················· 052
　4.2　典型军事应用 ·· 063
　　　4.2.1　在装备论证中的应用 ··························· 063
　　　4.2.2　在作战试验中的应用 ··························· 064
　　　4.2.3　在军事训练中的应用 ··························· 064
　　　4.2.4　在作战指挥中的应用 ··························· 065
　　　4.2.5　在后勤保障中的应用 ··························· 066
　4.3　战场环境建模在平行战场中的应用 ··················· 066
　　　4.3.1　支撑平行战场环境感知与交互 ·················· 067
　　　4.3.2　支撑平行战场环境建模与更新 ·················· 069
　　　4.3.3　支撑平行战场环境分析与决策 ·················· 075
　参考文献 ··· 080

第5章　作战仿真 ·· 082

　5.1　作战仿真概述 ·· 082
　　　5.1.1　基本概念内涵 ·································· 082
　　　5.1.2　典型作战仿真系统 ····························· 083
　　　5.1.3　作战仿真发展 ·································· 086

5.2 典型军事应用 ··· 087
   5.2.1 支撑模拟训练 ··· 088
   5.2.2 支撑作战方案优化分析 ··· 088
   5.2.3 支撑武器装备试验研发 ··· 089
   5.2.4 支撑军事理论研究 ··· 089
5.3 作战仿真在平行战场中的应用 ··· 089
   5.3.1 支撑高精度战场环境模拟 ····································· 090
   5.3.2 支撑多样化作战实体建模与行为仿真 ···················· 090
   5.3.3 支撑高可信度的作战效果评估 ······························ 090
   5.3.4 支撑方案快速生成与推演 ····································· 091
   5.3.5 支撑智能决策辅助与数据分析 ······························ 091
参考文献 ··· 091

第6章 智能博弈 ··· 093

6.1 智能博弈概述 ··· 093
   6.1.1 基本概念内涵 ··· 093
   6.1.2 发展现状 ·· 095
   6.1.3 发展趋势 ·· 097
6.2 典型军事应用 ··· 098
   6.2.1 基于知识驱动技术路径的军事应用 ······················· 098
   6.2.2 基于数据驱动技术路径的军事应用 ······················· 099
6.3 智能博弈在平行战场中的应用 ·· 100
   6.3.1 具体应用 ·· 100
   6.3.2 应用基础 ·· 101
参考文献 ··· 112

第7章 平行决策 ··· 114

7.1 平行决策概述 ··· 114
   7.1.1 基本概念内涵 ··· 114
   7.1.2 关键技术 ·· 115
   7.1.3 技术特点 ·· 124
   7.1.4 发展历程 ·· 124
7.2 典型军事应用 ··· 126
7.3 平行决策在平行战场中的应用 ·· 127

7.3.1　支撑战场态势感知与整合 127
　　　7.3.2　支撑战场态势预测与评估 128
　　　7.3.3　决策指令生成与下发 129
　参考文献 130

第8章　虚实互联 131

8.1　虚实互联概述 131
　　8.1.1　基本概念内涵 131
　　8.1.2　关键技术 131
　　8.1.3　发展趋势 137
8.2　典型军事应用 139
　　8.2.1　战场态势感知 139
　　8.2.2　智能指挥控制 140
　　8.2.3　无人智能作战 141
　　8.2.4　智能保障 141
8.3　虚实互联在平行战场中的应用 142
　　8.3.1　支撑战场感知信息获取 142
　　8.3.2　支撑虚拟战场集成 143
　　8.3.3　支撑平行交互 143
　　8.3.4　支撑公共服务 144
　参考文献 144

第9章　交互映射与控制 145

9.1　交互映射与控制概述 145
9.2　典型军事应用 149
　　9.2.1　多模态人机物交互控制军事应用 149
　　9.2.2　脑机接口交互控制军事应用 151
　　9.2.3　无人集群交互控制军事应用 152
9.3　交互映射与控制在平行战场中的应用 155
　　9.3.1　多模态人机物交互控制应用 155
　　9.3.2　脑机接口交互控制应用 156
　　9.3.3　无人集群控制应用 157
　参考文献 158

第10章 战场可视化 ····· 159
10.1 战场可视化概述 ····· 159
10.1.1 基本概念内涵 ····· 159
10.1.2 支撑数据及关键技术 ····· 164
10.1.3 展现样式 ····· 165
10.1.4 发展趋势 ····· 169
10.2 典型军事应用 ····· 169
10.2.1 指挥信息系统 ····· 169
10.2.2 模拟训练 ····· 170
10.2.3 军事游戏 ····· 170
10.3 战场可视化在平行战场中的应用 ····· 171
10.3.1 支撑战场感知信息的展现 ····· 171
10.3.2 支撑虚拟战场的展现 ····· 172
10.3.3 支撑平行决策信息的展现 ····· 172
10.3.4 支撑平行交互的实施 ····· 172
参考文献 ····· 174

第11章 平行战场军事应用 ····· 175
11.1 平行试验 ····· 175
11.1.1 概念内涵 ····· 175
11.1.2 应用流程 ····· 176
11.2 平行训练 ····· 180
11.2.1 概念内涵 ····· 180
11.2.2 应用流程 ····· 181
11.3 平行作战 ····· 189
11.3.1 概念内涵 ····· 189
11.3.2 应用流程 ····· 190
参考文献 ····· 192

第 1 章 概 述

克劳塞维茨曾说："战争是不确定性的王国。"无数实践表明，作战时战场态势总是瞬息万变，作战也会因作战地域、时间、天气等变化导致截然不同的结局，其复杂性远远超出人们的想象。战场系统是一个典型的复杂系统，其复杂性体现在整体性、涌现性、不确定性、非线性、不重复性等诸多特性上。近年来，随着人工智能的突破和大算力技术的发展，人类在经历了机械化、信息化之后，正在进入一个以人工智能为主导的智能时代。在技术发展和社会进步的推动下，现代战争也越发呈现出跨域、跨军种融合的特征，具体体现为作战空间扩展、作战节奏加快、作战规模扩大，这进一步导致对未来战争的模拟变得更为困难。为适应现代战争的发展，世界各国不断加快军事数智化研究进程，由应对战争向设计战争转型，作战指挥由"掌握态势"向"透识战场"，进而向"平行指挥"转变，即将物理战场实体映射到虚拟空间，实现虚实战场的一致性演变、实时性交互，从而衍生出"平行战场"理念。

1.1 平行战场概念内涵与特点

1.1.1 概念内涵

平行战场是物理战场、虚拟战场及其映射关系共同构成的系统，能够实现虚实战场（"虚"指虚拟战场，"实"指物理战场）双向实时映射、同步迭代演进。

从实现、应用角度考虑，平行战场主要采用战场感知、环境建模、作战仿真、智能博弈决策、交互控制、可视化等技术，构建一个与物理战场全要素状态及变化相一致的虚拟战场，建立虚实双向实时映射关系，利用虚拟战场可控可调可推演等特点，对各种方案进行探索性多分支预演，前瞻预测物理战场发展变化，为指挥员提供科学决策辅助，以达到以实驱虚、以虚控实的效果，从而实现对物理战场精确控制的目标。

上述中物理战场是指作战活动涉及的空间及空间内的各类作战要素，包括战场环境、人员、武器装备等，等同于"真实战场""实际战场"。虚拟战场是指在赛博空间创建的与物理战场一致的"数智体"及其支撑保障团队，包括由物理战场映射而来的虚拟战场环境、人员、武器装备和作战行动，作战仿真推演、智能博弈等平行决策工具，算力资源及各类规则库、数据库，以及支撑虚拟战场构建、运行的指挥人员、专家团队、技术保障人员等。交互映射关系是指为实现以实驱虚、以虚控实目的，利用数据采集、协同控制、平行交互等理论与技术手段，建立的物理战场与虚拟战场之间的通联、感知、交互控制等各类关系，如图1-1所示。

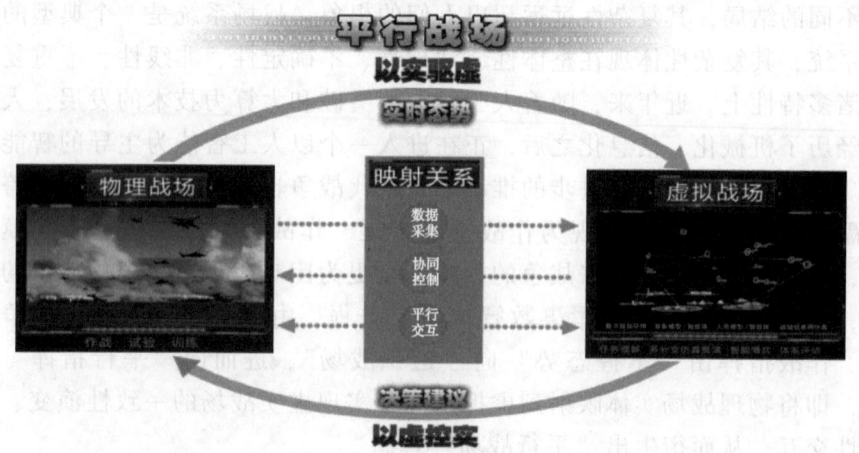

图1-1 平行战场概念示意图

平行战场的核心在于"平行"，即实现虚拟战场与物理战场的同步执行、协同演化，以虚拟战场更好地描述物理战场并最终实现虚拟战场引导物理战场的发展，主要包含以下几个方面内涵。

（1）从哲学角度，"平行"立足于"三个世界"，是物理世界、人工世界和心理世界三者合一的复杂的、不确定的、动态的巨系统。平行的理念是智能的"虚数"，使智能从简单空间进入复杂空间，进一步使其从简单智能走向复杂智能，从而克服单凭人类智能难以逾越的"认知鸿沟"或"建模鸿沟"的基本问题，是复杂化和智能化的统一。

（2）从技术角度，"平行"突出了平行战场中虚实平行交互的特点。通过利用数字孪生、虚实交互等相关技术，将真实的物理战场扩展到了虚拟空间，以数据为驱动联通物理战场和虚拟战场，实现战场的跨域融合。

结合虚拟空间可定量、可操控、可重复、可实时的计算试验，解决真实战场中不可预测、难以拆分还原、无法重复试验的问题，最终实现虚拟战场对物理战场的引导、管理、控制。

（3）从数据角度，平行战场是数据驱动的，是利用战场"小数据"实现战场"智能化"的体现。通过将物理战场的小数据导入虚拟战场中，实现从小数据到大数据的增加，随后利用计算试验从大数据中提炼深知识，并利用深知识多场景应用推动战场的智能化演进。

平行战场中"平行"的度量是平行战场理论应用的核心问题，理论上物理战场和虚拟战场不可能实现完全"平行"。由于复杂战场的状态、转换规则、观测规则等在很多情况下都不明确，利用虚拟战场对物理战场进行分析时，不要求在状态转换、观测、控制的机理上完全对应，只要两个战场呈现出的关键特征一致，发展走向趋近，虚拟战场能够引导物理战场的发展趋势，就可以认为它们近似平行。

1.1.2 特点

平行战场最大特点是以实驱虚、智能推演、以虚控实、同步演进，基于以上特点，实现对物理战场的精确控制。

以实驱虚：该特点主要是基于实际物理战场情况，以实际战场为信息源头，获取到实际战场信息，以该信息驱动虚拟战场状态的变化。

智能推演：该特点主要是基于虚拟战场实施超前推演，即获取实际物理战场信息之后，驱动虚拟战场变化，同时在虚拟战场中进行实时智能推演，将物理战场中还没有发生的情况进行超前智能推演，推演得出相关战场预测结论。

以虚控实：该特点主要是将虚拟战场得出的结果进行反馈，反馈到实际物理战场中，从而实现对物理战场的实时控制。

同步演化：该特点主要是围绕虚拟战场展开，虚拟战场中的各类要素，包括虚拟环境、智能体等，进行实时同步演化，如智能体，在智能性方面、对环境的适配性方面进行提升演化，为后续推演提供更好支持。

1.2 研究现状

1.2.1 理论技术

关于"平行"的概念，美国物理学家休·艾佛雷特（Hugh Everett）

在 20 世纪 50 年代就曾提出"平行宇宙"（parallel universes）的假说，即在整个宇宙之外，可能还存在一组无限多的平行宇宙。2004 年，国内王飞跃教授在思考复杂系统中的人工现象问题时，独创性地提出了"平行系统（parallel systems, PS）"概念理论，并将其定义为由某一个自然的现实系统和对应的一个或多个、虚拟或理想的人工系统所组成的共同系统。他认为，人工的虚拟空间将变成解决复杂战争问题的新的另一半空间，同自然的物理空间一起构成求解"复杂战争方程"之完整的"复杂空间"。而在军事领域，通常把敌对双方进行作战活动的空间称之为"战场"，那么这个"复杂空间"便可称作"平行战场"（parallel battlefields, PB）。

相近的技术主要有：数字孪生（digital twin, DT）、平行系统（parallel systems, PS）、元宇宙（metaverse）、信息物理系统（cyber physical system, CPS）、LVC（live, virtual, constructive）仿真等。

1. 数字孪生

数字孪生的概念最早由美国密歇根大学 Grieves 教授于 2003 年提出，是一种实现物理系统向信息空间数字化模型映射的关键技术，它充分利用布置在系统各部分的传感器对物理实体进行数据分析与建模，集成多学科、多物理量、多时间尺度、多概率的仿真，在虚拟空间中完成映射，从而反映对应实体状态。

2010 年，美国国家航空航天局在太空技术路线图中首次引用数字孪生概念，以期利用数字孪生实现飞行系统的全面诊断与维护，美国空军在 2013 年发布的"全球地平线"（Global Horizon）顶层科技规划文件中，将数字孪生和数字线索视为改变规则的颠覆性机遇。2020 年 8 月，美国国家制造科学中心为 B-1B "枪骑兵"战略轰炸机创建整机数字孪生模型，用于预测飞机性能，实时诊断飞机健康状况，同样在 F-35 的开发与生产过程中，数字孪生技术也被应用以提升质量降低成本。

新加坡将数字孪生应用到智慧城市，构建了城市运行仿真（City Scope）系统，实现对城市管理规划决策、运行仿真优化等功能。西门子公司紧跟德国工业 4.0 和智能制造趋势，将数字孪生融入数字化战略中，2017 年底正式发布了完整的数字孪生应用模型。

我国在数字孪生上也有探索应用，构建了多套、多类数字孪生系统平台，在工业控制、卫星管理控制、城市管理等领域中都有成功应用，如北京航空航天大学将数字孪生技术在智能制造和航天领域中进行应用，国防科技大学基于数字孪生技术实现智能工业控制软件研发等。

从当前的主要研究及应用情况来看，数字孪生技术关注点更侧重于对现实物理世界的状态呈现，即在数字化虚拟世界中将现实世界的状态和行为精确刻画，而虚拟世界对现实物理世界的反馈关注的研究较少，另外对场景的复杂性和实时性关注不多。

2. 平行系统

平行系统本质是利用复杂系统、智能科学、建模仿真等理论，构建与实际系统相似和平行的人工系统，采用计算试验的方法在人工系统中进行各类试验，同时通过人工系统与实际系统的平行执行、演化逼近和反馈控制，对实际复杂系统进行模拟、演化、试验、分析、控制。

平行系统为实现社会、物理、信息融合这一科学问题提供了解决思路，成为了复杂系统管理与控制领域的研究热点。经过十余年的发展，平行系统已形成包括平行感知、平行学习、平行区块链、平行控制、平行测试等在内的技术体系，产生了包含理论、方法、技术、平台、应用在内的层次化研究框架。

该理论在国内外交通、医疗、自动驾驶、化工等领域有广泛应用，其中青岛的平行交通一期工程荣获 2015 年度"IEEE 国际智能交通系统杰出应用奖"。

从当前的主要研究及应用情况来看，平行系统的关注点更侧重于系统的复杂性刻画，目前主要是用于解决弱对抗环境的社会系统平行演化问题。

3. 元宇宙

元宇宙概念始于斯蒂芬森（Stephenson）1992 年的科幻作品《雪崩》(*Snow Crash*)，是利用科技手段创造的与现实世界交互映射的虚拟世界，具备新型社会体系的数字生活空间。元宇宙代表 Roblox 公司的 CEO Dave Baszucki 说："元宇宙至少包括以下要素：身份、朋友、沉浸感、低延迟、多元化、随地、经济系统和文明。"

元宇宙主要运用扩展现实区块链、云计算、数字孪生等技术构建，基于扩展现实技术提供沉浸式体验，利用数字孪生技术生成现实世界镜像，通过区块链技术搭建经济体系，将虚拟世界与现实世界在经济系统、社交系统、身份系统上密切融合，用户可在元宇宙中进行社会活动。

元宇宙从游戏起步，可以提供数字化娱乐、社交网络、社会经济和商业活动的虚拟环境，其典型应用包括 Axie Infinity、Decentraland 和 Roblox，用户从中可以获得良好的体验。目前，正逐步向军事领域拓展应用。

元宇宙是一种与现实世界一致，并且与现实世界保持同步演化的虚拟空间，是互联网发展的新阶段。元宇宙更偏重在虚拟空间中用户之间的社会属性和经济行为，元宇宙的技术基础是数字孪生技术。

4. 信息物理系统

信息物理系统（cyber-physical system，CPS）概念最早由美国国家自然基金委员会在 2006 年提出，是指在环境感知的基础上，深度融合了计算、通信和控制能力的网络化物理设备系统。它强调将信息过程和物理过程实现有机融合，通过 3C（computation communication control）技术的深度协作，实现大型工程系统的实时感知、动态控制和信息服务。

CPS 概念被广泛应用，德国以 CPS 为核心制定"工业 4.0"国家战略，美国将 CPS 列为未来竞争力技术的首位，中国将 CPS 列为影响工业转型之路的技术方向，相继提出了"两化融合""互联网+"和"中国制造 2025"等国家战略。

CPS 在自动巡航系统、航空电子系统、分布式机器人、制造系统等方面应用较多。如日本丰田公司开发了 CPS 智能控制单元，能够面向自身状态、环境和任务的变化自适应调整控制，提高系统的强韧性和灵活性。我国在高铁轴承的健康管理领域，将 CPS 技术用于早期故障的精确识别和剩余寿命的精确预测。中船集团于 2013 年研发了船舶业态融合 CPS 智能体系，用于海洋装备全寿命周期的视情使用、管理和维护。部分专家提出了 CPS 在军事领域的应用设想，但目前实质性应用较少。

5. LVC 仿真

LVC 仿真由美军在 20 世纪 90 年代提出，它是指在仿真系统中同时具有实况（live）、虚拟（virtual）、构造（constructive）这三类成员的仿真，属于分布式交互仿真的高级形态。

美军在 21 世纪初颁布的《国防部训练转型战略计划》中，将发展网络化 LVC 训练作为其战略目标。2007 年，美国联合兵力司令部提出了 LVC 仿真体系结构的技术路线图（live virtual constructive architecture roadmap，LVCAR），对下一代分布式仿真体系结构的发展做出规划。OpenMSA、OSAMS、CONDOR 等国外研究机构也对 LVC 仿真体系结构进行了大量研究，并在互操作方面提出了一些重要建议。

从应用上，美军开发了联合太平洋阿拉斯加测试场系统（JPARC），将不同国家、不同体制的武器系统（包括盟国各种类型的作战飞机、防空系统）、飞行模拟器、虚拟仿真系统互联，创建统一的虚拟战场，支撑了"红旗"军演。洛克希德·马丁公司在 2014 年，成功将 LVC 仿真用于 F-16 作战训练，实现了空中驾驶 F-16 的飞行员和在地面模拟器内"僚机飞行"的操作员协同对抗计算机生成的敌军，在 2015 年，又将 LVC 仿真技术用于 F-35 的测试和训练。我国在大型模拟训练系统中也成功应用了 LVC 仿真技术，陆军装甲兵学院在建设及应用中，实现了实装车辆与模拟器、虚拟兵力互联融合，支撑了相关演练活动。中国航天科工集团第二研究院研制了某一体化仿真平台，构设了 LVC 联合仿真试验条件，检验了水面舰艇力量对空防御的能力情况，为水面舰艇相关力量设计鉴定提供依据。

从当前的主要研究及应用情况来看，LVC 的重点是互联，即将实兵、模拟器及虚兵进行连接，在同一战场中进行训练，而平行战场的核心是实与虚的映射及交互，即通过通信手段，将实际物理战场与虚拟战场进行连接，虚拟战场能够快速实时反映物理战场真实情况，同时虚拟战场可与物理战场交互，对物理战场进行反馈控制。

1.2.2 应用情况

目前军事应用层面相关的研究与建设项目主要有："深绿"、指南针、指挥官虚拟参谋等。

1. "深绿"

"深绿"是美国国防高级研究计划局（DARPA）于 2007 年起支持的一项指挥控制领域研究项目。"深绿"计划核心思想是借鉴"深蓝"，可以预判敌人可能的行动，从而提前做出决策。"深绿"主要由指挥官助手、"闪电战""水晶球"以及系统集成四部分组成，旨在将人工智能引入作战辅助决策，预测战场上的瞬息变化，帮助指挥员提前思考，判断是否需要调整计划，并协助指挥员生成新的替代方案。通过对观察、判断、决策、行动（observe orient decide act，OODA）环中观察和判断部分进行多次计算机模拟，提前演示不同作战方案可能产生的分支结果，对敌方行动进行预判，协助指挥员做出正确决策。

2. 指南针

美国国防高级研究计划局战略技术办公室（STO）于 2018 年 3 月发布的项目，旨在帮助作战人员通过衡量对手对各种刺激手段的反应来弄清对手的意图。"指南针"项目主要聚焦三项内容：一是侧重于对手长期的意图策略；二是战术和动态作战环境的短期态势感知；三是建立指挥官工具箱。"指南针"能够应对不同类型的灰色地带情况，包括但不限于关键基础设施中断、信息作战、政治压力、经济勒索、安全部队援助、腐败、选举干预、社会不和谐以及混乱等。

3. 指挥官虚拟参谋

美国陆军于 2016 年启动的研究项目，利用认知计算技术分析多源数据，对复杂战场态势进行趋势分析，为指挥官提供辅助决策服务。该系统具有指挥员专用工具、协同作业、集成敏捷规划、作战评估、分析预测、对策建议、机器学习和用户配置等模块，能够实现未来态势实时预测、基于人机协作的方案推演评估、基于学习的信息汇聚与决策支持、智能人机交互等功能。"指挥官虚拟参谋"是美军指挥控制系统朝着智能化发展的风向标，预示着指挥决策和控制向智能化发展是大势所趋。

1.3 平行战场技术体系

平行战场可以将现实和虚拟相结合，将历史数据、当前态势和未来趋势相融合，从平行战场构建及运行角度考虑，平行战场涉及技术领域广泛，是系列前沿技术的集合，其关键技术主要包括战场感知、战场环境建模、作战仿真、智能博弈、平行决策、虚实互联、交互映射与控制、战场可视化，各类技术在平行战场构建及运行过程中能够发挥相应作用。具体技术体系如图 1-2 所示。

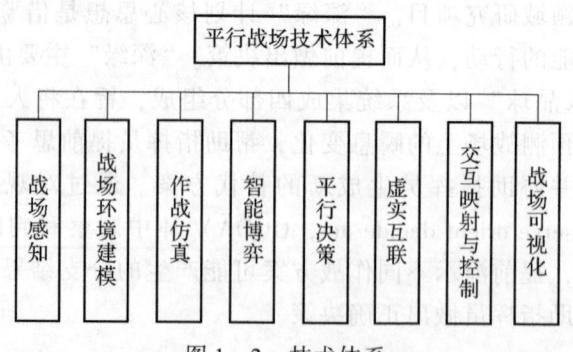

图 1-2 技术体系

战场感知主要解决物理战场信息获取的问题，通过感知技术及手段，可获取物理战场中环境及兵力信息；战场环境建模主要解决虚拟战场快速生成问题，可基于物理实际战场，快速构建出状态一致的虚拟战场；作战仿真主要解决仿真推演问题，即基于相关行动方案、物理战场状态等进行预先仿真推演，为后续决策制定提供仿真支撑；智能博弈及平行决策主要是协助军事人员从海量战场数据中提取关键信息，快速识别机会，辅助指挥员做出更加合理明智的决策；虚实互联主要解决网络连接的问题，即将物理战场及虚拟战场通过通信技术进行联通，支持虚实战场间信息快速交互；交互映射与控制主要解决虚拟战场与物理战场之间的对应问题、虚拟战场对物理战场的控制问题；战场可视化贯穿整个平行战场体系，多个环节均涉及如何将战场情况采用可视化形式进行呈现。

通过以上技术的综合运用，可实现平行战场的预设目标，实现物理战场和虚拟战场的平行同步，可对各种方案进行探索性预演，前瞻预测物理战场发展，从而对物理战场进行精确控制，以实现以实驱虚、以虚控实的目标。

1.4 本书架构

本书共分四大部分，包括概述、平行战场系统设计、平行战场技术体系、平行战场军事应用。概述主要是阐述平行战场概念内涵、特点、研究现状等内容；平行战场系统设计是对平行战场理念的工程实现，主要从工程实践角度出发，对平行战场系统的体系、构成等内容进行阐述；平行战场技术体系主要阐述平行战场实现涉及的关键技术，包括战场感知、战场环境建模、作战仿真、智能博弈、平行决策、虚实互联、交互映射与控制、战场可视化；平行战场军事应用重点阐述平行战场在作战、训练、试验中的应用考虑。

本书整体架构如图1-3所示。

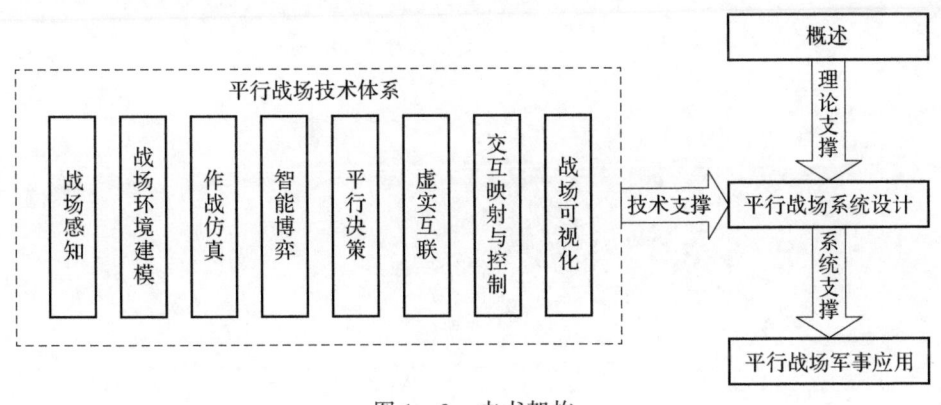

图1-3 本书架构

参考文献

[1] 陈根. 数字孪生:5G时代的重要应用场景[M]. 北京:电子工业出版社,2020.
[2] 于福华,魏仁胜,董嘉伟. 数字孪生技术及应用[M]. 北京:机械工业出版社,2023.

[3] 刘权,刘宗媛.元宇宙产业布局新趋势[M].北京:清华大学出版社,2022.
[4] 朱嘉明.元宇宙与数字经济[M].北京:中译出版社,2022.
[5] 中国电子技术标准化研究院.信息物理系统典型应用案例集[M].北京:电子工业出版社,2019.
[6] 刘鹏.智能系统[M].北京:电子工业出版社,2020.
[7] 张源原.LVC分布式仿真体系结构及构建过程[M].北京:国防工业出版社,2022.
[8] 李红领,邱丙益.基于LVC的战术互联网试验与训练[M].北京:兵器工业出版社,2024.
[9] 李强,王飞跃."三战合一"的平行智能"观战"系统架构及核心关键技术研究[J].军事运筹与系统工程,2019,33(4):71-74.
[10] 王飞跃.平行军事与平行战争:智能时代智能军事的起源与目标[J].AI智胜未来,2024,1(2):1-15.
[11] 曹建平,王晓,贺邓超,等.基于ACP方法的平行战场情报系统[J].指挥与控制学报,2022,8(3):332-334.
[12] 李强,王飞跃.马赛克战概念分析和未来陆战场网信体系及其智能对抗研究[J].指挥与控制学报,2020,6(2):87-89.
[13] 朱江.智能时代的指挥决策[M].北京:电子工业出版社,2023.
[14] 邓可.作战辅助决策中的人工智能方法[M].北京:兵器工业出版社,2022.
[15] 吴明曦.智能化战争:AI军事畅想[M].北京:国防工业出版社,2020.

第 2 章 平行战场系统

平行战场系统是对平行战场理念的实现，系统通过对物理战场态势的精确感知和智能融合，构建一个与物理战场状态及变化相一致的虚拟战场，利用虚拟战场易控易调易推演的特点，对多种作战方案进行探索性多分支推演，辅助指挥员进行决策分析，从而对物理战场进行更加合理、高效的指挥控制。本章重点阐述平行战场系统的主要作用、系统架构、系统组成及系统间交互关系，并简要阐述其运用流程。

2.1 主要作用

平行战场系统主要面向作战、训练和试验进行应用。用于作战时，通过平行感知、超前推演、虚拟验证、实时交互，支撑物理战场指挥决策，以算法、算力、数据优势推动指挥决策方式向"人智+机智"转变。用于训练和试验时，通过构建跨域分布、虚实融合、异构互联的试验训练环境，解决试验训练体系化实施难度大、对抗性弱等实战化难题。

2.1.1 用于作战

平行战场系统用于作战时，可以在"侦、控、打、评、保"作战链路的各环节或整个链路流程发挥作用，作用总结起来可以概括为以下五个方面。

（1）情报收集分析：平行战场系统通过实时收集战场的各种数据（包括对抗双方兵力部署、兵力状态、战场环境变化等），并对这些数据进行实时分析和处理，为指挥员提供准确的战场态势信息，帮助其更好地了解战场情况，做出正确指挥决策。

（2）指挥决策支撑：平行战场系统可以基于历史数据和当前战场态势，根据对手行动模式和规律，预测其下一步作战意图和可能的行动，并可对未来交战情况进行推演，评估不同作战方案的可行性及存在风险，选择最优作战方案，为指挥员提供决策支持。

（3）作战行动协同：平行战场系统可以根据战场态势和作战任务，自动进行任务分配和协调，确保各作战单元能够协同配合，实现不同军兵种、不同作战单元之间的信息共享和互通，打破信息壁垒，提高协同作战效率。如在联合作战中，各军兵种可以通过平行作战系统实时获取其他军兵种的战场态势信息，实现情报实时共享与融合，并根据作战单元位置、能力和任务需求，合理分配作战任务，协调一致从而达成最终作战目的。

（4）作战效果评估：作战过程中，平行战场系统可以根据预设的评估指标和方法，对作战行动效果进行实时评估，指挥员通过平行战场系统可以及时掌握当前作战成效，从而快速调整作战策略和作战行动计划。作战结束后，指挥员可以通过平行战场系统复盘研究功能，集中研讨态势理解、作战方案、指挥控制等环节的经验教训，从而为后续作战提供借鉴参考。

（5）后装保障优化：平行战场系统可以对武器装备的运行状态进行实时监测和分析，提前预警潜在的故障和问题，提高武器装备的作战使用效率。平行战场系统还可以根据战场态势和作战需求，对后勤保障工作进行优化调度，确保物资、弹药、医疗等资源的及时供应，提高后勤保障效率。

2.1.2 用于训练

平行战场系统在训练中发挥的作用可以总结为以下四个方面。

（1）真实战场环境模拟：平行战场系统通过构建逼真的虚拟战场环境，模拟实际作战过程中的各种地形、气候条件和敌我双方态势，使参训人员置身于贴近实际的战场环境中，增强训练的真实感和沉浸感。

（2）军事训练辅助支持：平行战场系统可以通过设定各种复杂的战场情况、突发状况和敌方行动，使参训人员面对多样化任务的挑战，在虚拟战场上，参训人员可以尝试各种不同的战术组合和作战方案，通过多样化训练提高战术运用的灵活性和有效性，对于指挥员，平行战场系统可以提供一个模拟真实作战的指挥平台，指挥员通过对战场态势、兵力部署等进行分析判断，制定作战计划并实时进行动态调整和优化，从而提高指挥员的指挥能力和决策水平。

（3）实时训练效果评估：平行战场系统通过对参训人员训练表现的监测和记录，实时评估参训人员的训练效果并发现其存在的问题和不足，根据参训人员的个人特点和能力需求，平行战场系统可以帮助其制定个性化的训练计划和改进方案，有针对性地提高训练效果，如通过评估参训人员的射击精度、反应时间和战术运用合理性等方面的训练表现，分析其存在的短板弱项，为其提供有针对性的训练改进建议。

（4）降低训练成本风险：动用实兵实装、在实际训练场中开展军事训练需要消耗大量的人力、物力和财力资源，而平行战场系统通过虚拟战场环境，可以在很大程度上减少训练资源的消耗，降低训练成本，参训人员可以在与真实战场平行的虚拟环境中进行反复训练，而无须担心训练资源的过度消耗和浪费。此外，实际的训练过程往往存在一定的危险性，部分训练科目危险性较大，容易造成人员伤亡和装备财产损失，而平行战场系统提供了一个安全的训练环境，参训人员和武器装备可在低风险条件下开展训练。

2.1.3 用于试验

平行战场系统在试验中发挥的作用可以概括为以下四个方面。

（1）试验环境仿真：平行战场系统能够构建出与真实战场高度相似的虚拟战场试验环境，并对战场上瞬息万变的情况进行动态模拟仿真，试验对象可以在实际战场与虚拟战场构成的平行战场试验环境中开展试验研究。

（2）武器性能测评：平行战场系统通过模拟不同的作战场景和使用条件，在虚拟的战场环境中对武器装备，尤其是新研制武器装备性能（如射程、精度、威力、可靠性等）进行全面的测试，对武器装备的各项性能指标进行准确评估，为武器装备研发和改进提供依据。在需要武器装备协同作战进行试验的条件下，平行战场系统可模拟不同武器装备之间的协同作战效能，验证不同武器系统的兼容性和配合效果。

（3）促进军事研究创新：平行战场系统为军事理论和技术创新提供了良好的平台，可以为各种新技术的研发和应用提供试验场所，在平行战场系统这个平台上，研究人员可以在虚拟的环境中探索和试验新的战术战法、武器装备运用方式，大胆尝试新的技术、算法和模型，通过在人工系统中试验和验证，不断推动战法和军事理论技术创新发展。此外，平行战场系统还可以为理论研究提供新的视角和方法，通过人工虚拟系统和物理真实系统的对比分析，深入探索复杂系统的运行规律和本质特征，为相关理论发展和完善提供有力支撑。

（4）管控试验成本风险：实际的军事试验需要大量的资源消耗，而平行战场系统可以在虚拟的环境中进行试验，大大降低了实际试验的成本。军事试验往往伴随着一定的危险性，对于一些高风险、高成本的试验项目，平行试验提供了一个绝对安全的试验环境，避免了在实际系统中进行试验所面临的巨大风险。试验人员和装备可以在不受任何伤害的情况下进行各种试验，确保试验人员和装备的安全。

2.2 体系架构

平行战场系统体系架构设计如图2-1所示，从下至上依次为理论层、方法层、技术层、平台层和应用层共5个层级。

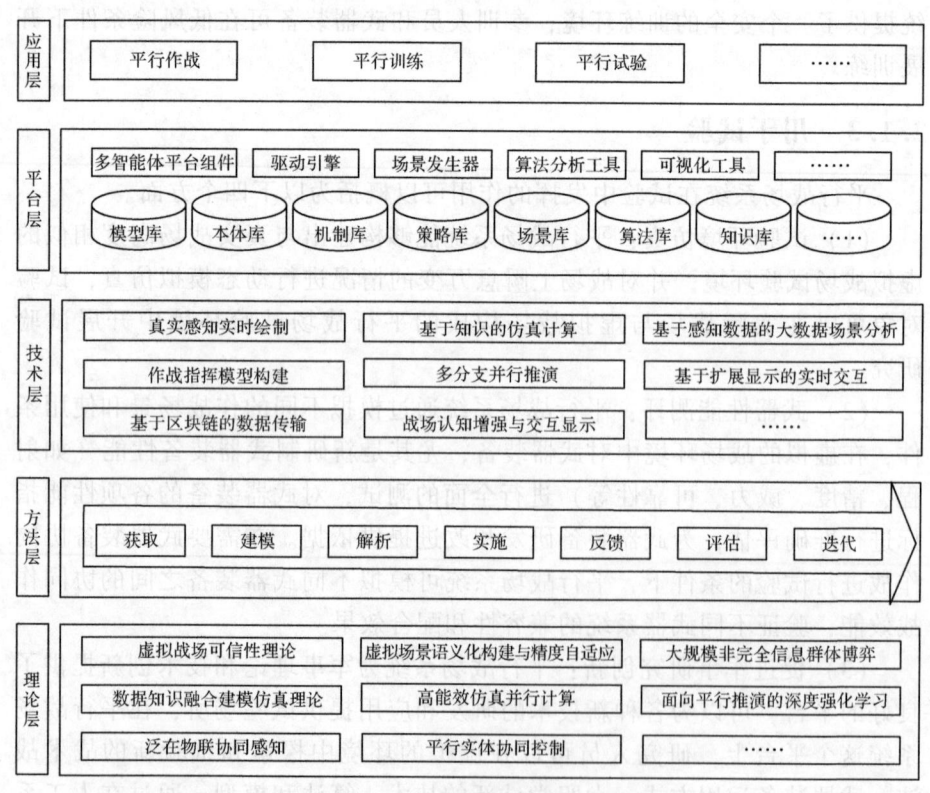

图2-1 平行战场系统架构设计

（1）理论层：主要解决平行战场理论支撑问题，为平行战场系统的建设和应用提供理论方法指导。平行战场系统的理论体系主要包括虚拟战场可信性理论、虚拟场景语义化构建与精度自适应理论、数据知识融合建模仿真理论、高效能仿真并行计算理论、大规模非完全信息群体博弈理论、面向平行推演的深度强化学习理论、泛在物联协同感知理论、平行实体协同控制理论等。

（2）方法层：平行战场系统是平行系统在作战中的延展和创新，平行系统以 ACP（A：人工系统，artificial systems；C：计算实验，computational experiments；P：平行执行，parallel execution）为核心方法，如图 2-2 所示。

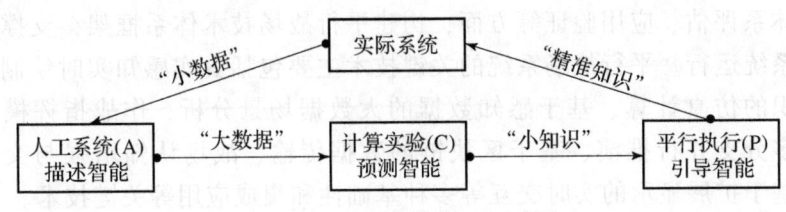

图 2-2　平行系统的 ACP 方法

ACP 方法的主要思想是利用虚实交互的平行执行策略，实现对复杂系统的管理与控制，进而引导实际系统持续渐进地向目标状态演化。ACP 方法可描述为：通过实际系统的小数据驱动，借助知识表示与知识学习等手段，针对实际系统中的各类元素和问题，基于多智能体方法构建可计算、可重构、可编程的软件定义的对象、软件定义的流程、软件定义的关系等，进而将这些对象、关系、流程等组合成用软件定义的人工系统，再利用人工系统对复杂系统问题进行建模。基于人工系统这一"计算实验室"，利用计算实验方法，设计各类智能体的组合及交互规则，产生各类场景，并在此基础上运行产生完备的场景数据，并借助机器学习、数据挖掘等手段对数据进行分析，求得各类场景下的最优策略。将人工系统与实际系统通过一定的方式进行虚实互动，以平行执行引导和管理实际系统。

基于平行系统的方法理念，平行战场系统的方法层包含数据获取、建模、解析、实施、反馈、评估和迭代等全过程的要素体系。系统强调宏观层面的高层涌现与演变规律的整体建模、微观个体层面的特征刻画与行为交互的还原建模有机结合，通过全面、准确地刻画参与个体的特征、行为和交互机制，实现对复杂整体的建模，进而涌现和演变出复杂系统的规律。基于人工虚拟战场场景，利用虚拟战场易于调控推演的特点，通过自适应演化等方法驱动计算试验，对各种方案进行探索和多分支与超实时推演，以评估各类参数配置、作战方案的效果。通过实际的物理系统与人工的虚拟系统的协同演化、闭环反馈和双向引导，实现对实际物理战场系统的目标优化。

综上可以看出，平行战场系统主要是利用人工虚拟战场系统实现对实际物理战场系统的等价或等效描述，借助计算试验和平行执行等技术实现对复杂作战系统行为的预测、引导与控制，从而解决复杂物理战场系统的管理和控制问题。

（3）技术层：针对复杂战场系统的管理与控制，平行战场系统需实现数据采集到自适应优化控制的一整套流程。按照设计、构建、运行、应用4个阶段，通过区分架构设计、建模仿真、交互控制、智能博弈、管理维护、体系评估、应用验证等方面，构建平行战场技术体系框架，支撑平行战场系统运行。平行战场系统的关键技术主要包括真实感知实时绘制、基于知识的仿真计算、基于感知数据的大数据场景分析、作战指挥模型构建、多分支并行推演、基于区块链的数据传输、战场认知增强与交互显示、基于扩展显示的实时交互等多种基础性和集成应用等关键技术。

（4）平台层：平行战场系统的平台层是由底层要素库和上层应用组件构成的基础平台。底层要素库包含模型库、本体库、机制库、策略库、场景库、算法库、知识库等，通过合理组装各类要素完成平行战场系统平台的实例化。上层应用组件包括多智能体平台组件、场景发生器、驱动引擎、算法分析工具和可视化工具等。在平行战场系统的平台层，通过将物理战场系统、虚拟战场系统以及二者之间的平行交互映射关系，基于基础支撑平台进行实例化和可视化呈现，并通过提供建模、交互、控制、分析、评估、可视化等各种工具，实现平行战场系统虚实双向的平行交互及控制需求，支撑平行战场的各种应用场景。

（5）应用层：平行战场系统的应用场景主要包括作战、训练和试验，以及由此衍生而来的各种具体应用场景。在作战方面，可解决作战的全局感知、智能决策与优化控制问题，实现作战资源的最优筹划、指挥决策的超前推演与作战行动的精确管控。在训练方面，可在统一时空环境下集成实装、模拟器、仿真系统等，提供信息实时交互的一体化训练境，从而有效支撑军事训练、提升训练效果。在试验方面，构建军事试验的全流程规划设计手段，实现指标体系与试验任务、试验资源、作战行动等因素的关联映射，促进试验效率的提升，助力解决当前军事试验中存在的问题。

2.3 系统组成

平行战场系统主要由物理战场系统、虚拟战场系统、平行交互系统和基础支撑平台共四个部分组成，如图2-3所示。

第 2 章　平行战场系统

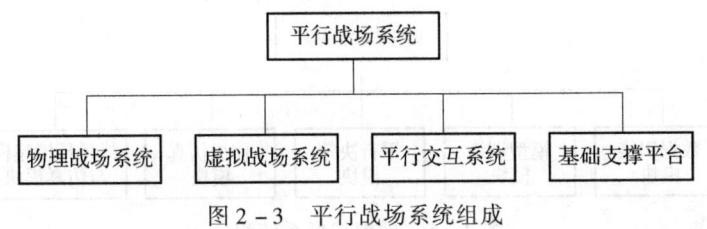

图 2-3　平行战场系统组成

2.3.1　物理战场系统

物理战场系统基于战场物理要素，依托相关感知手段，获取物理战场敌对双方参战力量状态数据、行动数据，并进行融合处理，为平行交互系统提供实时数据驱动。组成主要包括物理战场环境、兵力装备模块、战场感知模块，如图 2-4 所示。

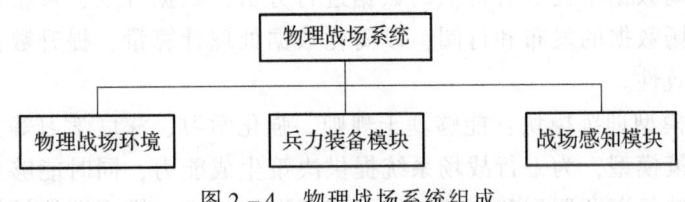

图 2-4　物理战场系统组成

（1）物理战场环境：即真实的物理战场环境，根据平行战场系统对作战、训练和试验的需求，涵盖陆、海、空、天、电磁、网络、人文等不同环境。

（2）兵力装备模块：主要为在战场中实施行动的实兵实装。

（3）战场感知模块：以各类侦察设备为支撑，实现对战场情况的多源感知、一体探测，实时获取物理战场信息，从而为平行战场系统提供战场态势数据驱动，并基于多源数据传感器，实现对作战目标的智能识别、自动跟踪、态势补齐和预测，为平行战场系统中战场环境探测、战场地理环境三维重建和战场环境变化提取等功能实施提供支撑。

2.3.2　虚拟战场系统

虚拟战场系统通过引接物理战场系统数据，在虚拟战场中利用深度强化学习、大模型和规则驱动等方式训练智能决策模型，进行智能博弈对抗和多分支超实时推演，评估作战方案，预测战场态势，得出优选决策建议，并将优选信息反馈至物理战场系统，辅助指挥员进行决策。虚拟战场系统由数据引接模块、模型训练模块、平行决策模块、作战仿真模块、战场环境建模与仿真模块 5 部分组成，如图 2-5 所示。

· 017 ·

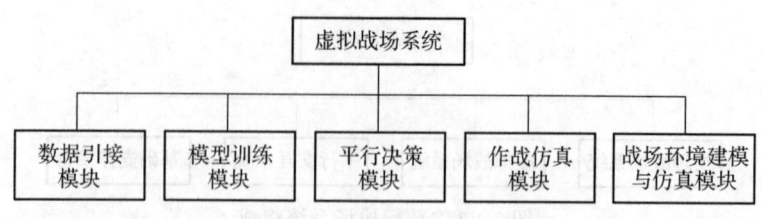

图 2-5 虚拟战场系统组成

(1) 数据引接模块：从物理战场系统接收战场数据，进行解析处理，实现态势数据理解和战场目标分析。将解析完的数据分发给平行决策等模块，进行态势匹配计算、实体模型动态修正等，为平行战场系统实现博弈对抗等功能提供支撑。数据引接模块主要由数据接入、数据解析、数据分发等部分组成。数据接入，支持接入已定义的战场数据；数据解析，主要完成从战场数据中提取有价值的数据进行分析；数据分发，可根据预制策略进行战场数据的发布和订阅，以简化数据处理计算量，提升数据处理和传输的时效性。

(2) 模型训练模块：能够基于规则、强化学习、深度学习等方式构建不同的决策模型，为平行战场系统提供决策生成能力，同时能够对模型的训练过程进行资源调配和管理，提升模型训练效率。模型训练模块主要由智能体训练、大模型训练、作战指挥模型库、资源调度监控等部分组成。智能体训练，主要基于强化学习的方法，通过与平行战场系统仿真环境进行对接，利用虚拟环境的态势数据、任务、动作指令、裁决规则等进行设计及训练，并根据训练好的智能体进行决策点生成及验证；大模型训练，主要基于通用大模型，结合军事领域知识，通过微调训练、场景优化，构建各类场景领域的专用大模型；作战指挥模型库，主要基于规则抽取、数学建模、算法匹配，构建涵盖作战筹划、指挥控制、作战保障、作战计算等内容的模型体系；资源调度监控，主要对模型的训练过程进行资源调配和管理，确保训练过程在合理的时间内完成，并充分利用计算资源，提高模型训练效率。

(3) 平行决策模块：基于实时态势，通过大模型、智能博弈对抗和多分支超实时推演等手段进行平行决策，并对结果进行评估分析，给出决策优选建议。平行决策模块主要由任务管理、场景管理、态势综合显示、运行状态监视、大模型应用交互、决策点处理、分支推演、运行控制、数据管理、结果分析和决策建议优选等部分组成。任务管理，主要提供作战任务新建、存储、浏览与查看、删除作战任务等功能；场景管理，通过设置博弈场次、演化方法、智能体配对、资源分配等方式，构建博弈对抗场景；态势综合显示，提供可视化的方式监控和管理态势数据、事件等，并通过各种态势可视化手段，帮助指挥员更好地了解战场实况，及时发现和解决问题；运行状态监视，实时监控各推演节点、推演进程的运行状态，并能对各分支推演的阶段、完成情况等进行可视化展示；决策点处理，基于人工介入、决策树等方法，通过划分数据集的特征、制定分支划分标准来实现决策点的创建、分支条件的选项配置，实现从分支生成到验证再到评估的整个过程；分支推演，通过人工或自动触发的决策点进行分支生成，对开启分支推演记录点的态势数据实时分发给对应的推演节点，并基于部署节点的数量对创建的推演分支进行动态化调度，探索不同决策路径的可能结果，以应对多变的环境和不确定性因素；大模型应用交互，基于专用大模型，通过插件编排功能将不同的插件、数据库进行整合，基于语言交互、提示词优化等功能实现对话交互，并将应用编排后的输出方案提供给指挥人员；运行控制，对虚拟过程进行运行控制，包括各分支计算资源的共享和复用，以及各分支过程的流程控制；数据管理，对过程及结果的数据进行管理，对数据进行可视化展示，并提取关键数据用于分析；结果分析，对虚拟场景下的推演结果进行分析，根据构建的评估指标体系库，按照评估模型算法对指标体系各节点进行计算，对大样本运行收敛性、多方案优劣、实验要素相关性等进行分析；决策建议优选，对大模型、智能博弈对抗和多分支及超实时推演等决策结果进行评估，给出决策优选建议。

（4）作战仿真模块：为物理战场系统的兵力、装备生成虚拟代理实体，构建一个全要素的物理战场镜像，在物理战场系统数据驱动下，调用相关行动模型，产生行动交互效果，并将行动效果反馈到物理战场系统，为训练、试验、作战等应用提供与物理战场系统同步演化的仿真推演效果。作战仿真模块主要由仿真引擎、兵力仿真、行动仿真、仿真管理等部分组成。仿真引擎，主要支撑虚拟战场中仿真资源集成、仿真任务分配、仿真进程控制、仿真模型调度、仿真数据交互；兵力仿真，主要针对作战人员、武器、装备及编成进行性能参数描述，对实体模型实例化后的参数进行修改，并通过模型装配工具实现组件及行动的装配，按需生成编成内各类装备的仿真模型和编组仿真模型；行动仿真，以仿真命令、导调指令等多维数据为驱动，调用仿真模型资源，实现虚拟战场中机动、侦察、火力打击等仿真，并按需将仿真数据输入战场环境仿真、战场信息网仿真、毁伤计算等服务，生成仿真计算效果；仿真管理，能够实现对仿真运行的管理，包括仿真的启动、暂停、继续、停止等控制，具有仿真步长设定，以及仿真过程中虚拟兵力的加载和仿真任务的迁移等功能，还可实时采集、汇总、存储仿真模型运行和交互所形成的数据，并进行数据的预处理和基于仿真结果的决策。

（5）战场环境建模与仿真模块：为虚拟战场系统构建提供基础环境支撑，为生成指挥决策建议提供环境信息支撑。战场环境建模与仿真模块主要由战场地形三维建模、地理环境实体三维建模、地理环境过程模型集成与管理、静态战场环境可视化模拟、动态战场环境可视化模拟等组成。战场地形三维建模，利用立体遥感影像、三维激光扫描点云、无人机倾斜摄影等手段，通过多尺度融合等技术，构建面向作战的高分辨率、高精度的三维地形，为虚拟战场模拟仿真提供基础地理环境支撑；地理环境实体三维建模，利用高分遥感影像、无人机影像、三维扫描等设备，耦合泛在感知下的环境信息收集与三维建模环境，完成对建筑物、桥梁、道路、防御工事等重点环境目标的三维测绘与高精三维模型构建，丰富战场环境实体要素，支持作战模拟仿真；地理环境过程模型集成与管理，针对大气模型、气象模型、风场模型、水文模型、电磁场模型等动态环境模型，包含模型高性能运行环境、模型接口、模型集成与管理等模块，实现战场环境动态过程高性能计算模拟，辅助指挥决策；静态环境可视化模拟，基于环境模拟软件，优化场景渲染、高逼真地形精细表达、高保真静态实体展示等可视化表达效果，提升软件渲染与运行效率，实现作战场景下的高精度三维地形、静态基础环境信息的三维可视化模拟；动态环境可视化模拟，基于环境模拟仿真，优化和补充天气、风场、水流、电磁、爆炸等动态过程可视化建模，实现对战场环境动态过程的高逼真三维可视化模拟。

2.3.3 平行交互系统

平行交互系统提供泛在互联网络、虚实双向映射管理、人－机－物协同交互控制、认知增强、显控增强等服务，是实现平行战场以实驱虚、以虚控实的关键支撑。系统主要包括通信网络、交互控制、交互增强、映射管理模块，如图2-6所示。

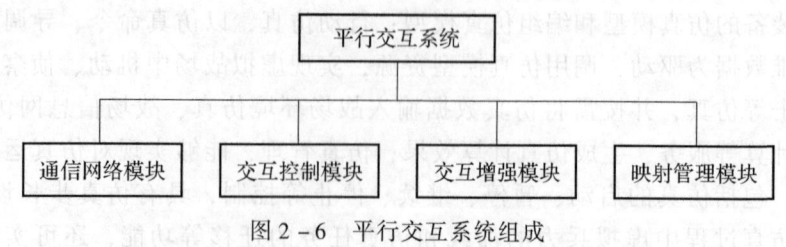

图2-6 平行交互系统组成

（1）通信网络模块：构建人-机-物有机互联的战场智能泛在网络，实现平行战场系统的信息可靠、实时、安全传输。通信网络模块主要由信息链路调度、通信资源管理、信息安全管理等部分组成。信息链路调度，通过在线监测评估路径质量、多路径选择设计、虚实数据交换协议标准、数据规模降维、资源调度、网络站点配置优化等链路调度技术，实现平行战场数据高效可靠传输；通信资源管理，利用通信、感知、算力三网融合的新型物联架构，运用宽带移动通信技术与异构网络融合互联技术，实现平行战场泛在物联网的构建及数据实时传输；信息安全管理，通过信息安全技术、虚实平行的信息安全机制等，实现平行战场数据安全传输。

（2）交互控制模块：主要为装备操作人员、指挥人员、参谋人员提供平行战场系统虚拟实体的交互操控与指挥控制服务，对人-机-物协同控制提供策略和方法。交互控制模块主要由虚实交互、协同交互，协同控制、交互控制等部分组成。虚实交互、协同交互，基于模板和模型驱动映射方法、交互策略、交互范式，构建多通道（视觉、声音、手势、体感、触觉）融合交互手段，实现虚拟体与物理战场设备的沉浸式关联操作；协同控制、交互控制，基于虚实双向映射机制，在虚实数据交互的条件下，设计实体控制行为范式，生成指挥行为控制模型，应用行为控制模型控制物理战场实体，生成一体化的协同控制策略，完成对实体行动协同交互与指挥控制功能，同时将多模态交互方法及协同交互控制策略以可视化的形式提供交互控制服务。

（3）交互增强模块：主要从人员能力和装备能力两个方面增强交互控制能力，交互增强运用物理战场信息融合增强显示等方法，拓展指挥人员感知范围，提升人员认知能力，通过单兵综合显示头盔、无人显控终端、指挥控制终端、装备操控终端、指挥所综合显控设备等不同显示设备，对虚拟战场元素进行立体自适应的交互显示，通过对环境目标特性增强、注意力引导、信息汇聚，为作战人员提供具有全面真实和沉浸的增强显示和交互体验，增强作战人员的态势理解能力，促进指挥员指挥决策水平的提升。

（4）映射管理模块：主要实现物理战场和虚拟战场的双向实时映射，并对映射内容、规模、粒度、周期进行管理，达成虚实战场一体描述、实时数据驱动、同步精准双向映射的目的。映射管理模块通过运用平行战场系统数据双向动态链接与融合映射方法、多元多层多级映射机制、任务需求与服务的映射匹配机制、虚实交互反馈模型等手段，实现对战场感知数据、仿真计算数据、基础资源数据、运行状态数据、交互反馈数据的融合映射,实现对虚实映射全方位的管理,并结合虚实交互接口提供自适应的信息交互映射策略,集成虚实网关交互协议,实现与物理战场系统及虚拟战场系统的集成互联。

2.3.4 基础支撑平台

基础支撑平台是平行战场系统的底层基础平台,为系统的构建和运行提供基础功能支撑。基础支撑平台主要包括导调管理模块、算力资源模块、资源库,如图 2 – 7 所示。

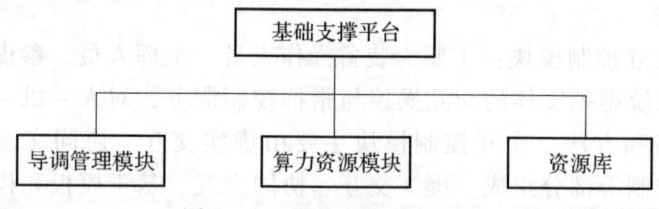

图 2 – 7 基础支撑平台组成

(1)导调管理模块:通常采用"平台+插件"的结构模式,具有导调控制、时钟同步、态势显示、网络监控、数据采集、数据回放等功能。

(2)算力资源模块:满足平行战场系统的总体算力需求,为系统运行提供基础算力"底座",主要由基础硬件、云平台、AI 服务云平台等组成。

(3)资源库:为平行战场系统运行提供相关模型资源库、战场环境资源库、数据资源库的管理与维护服务。

2.4 交互关系

平行战场系统中数据信息交互关系如图 2 – 8 所示。物理战场系统提供物理战场环境数据及敌对双方参战力量实时感知数据进行融合处理,通过平行交互系统完成虚实数据映射关系建立,并将数据传输给虚拟战场系统;虚拟战场系统结合基础支撑平台中相关模型资源,构建高可信度的平行虚拟战场,实现虚实同步演化,并在虚拟战场中进行推演决策,生成多层级决策方案(指令级、动作级、任务级),由平行交互系统将决策方案结合认知增强,生成交互控制信息(指令级、任务级、动作级),反馈给物理战场平台,以驱动相应对象执行相关动作。

第 2 章 平行战场系统

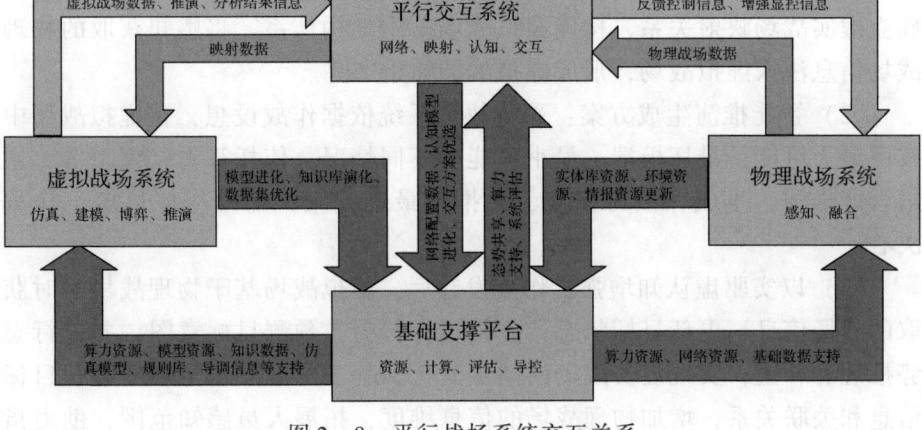

图 2-8 平行战场系统交互关系

2.5 运用流程

平行战场系统运用流程可以概括为"平行构建虚拟战场、智能推演生成方案、以实驱虚认知增强、博弈对抗辅助决策、以虚控实指挥控制、复盘评估模型演进"6 个步骤，如图 2-9 所示。

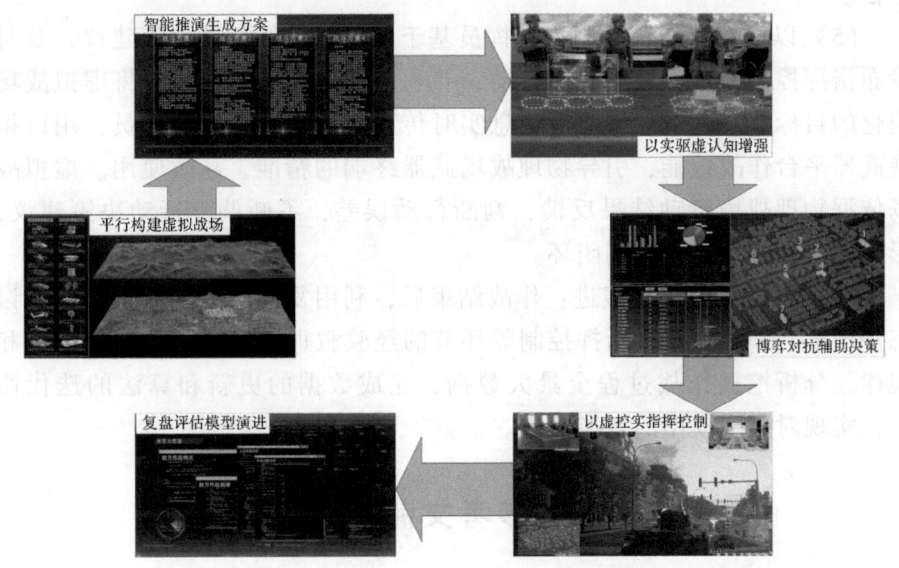

图 2-9 平行战场系统运用流程

（1）平行构建虚拟战场：明确作战任务后，平行战场系统立即构建与作战区域物理战场平行一致的虚拟战场，加载作战区域战场环境模型，依据作战任务和敌我双方力量,调度智能体模型,建立交战双方力量体系,确立虚实战场映射关系,构建虚拟战场基本架构体系,将感知获取的物理战场信息注入虚拟战场,形成虚拟战场初始态势。

(2)智能推演生成方案:平行战场系统依据作战设想,在虚拟战场中按照最大可能、最坏极端、最小可能等不同情况,依托算力、模型等,通过智能推演,生成作战方案集,并推荐最优方案,辅助指挥员定下作战决心。

(3)以实驱虚认知增强:作战发起后,虚拟战场基于物理战场实时获取的战场信息,更新目标状态,分析目标行为,预测目标意图,并进行态势推理和补全,实现虚实战场的同步演化。基于虚拟战场呈现的可视目标信息和关联关系,增加物理战场的信息维度,拓展人员感知范围,助力指挥员深度认知战场态势。

(4)博弈对抗辅助决策:战斗过程中,物理战场上作战力量按照作战计划展开作战行动,虚拟战场依据行动计划、行动条件,结合敌方可能的应对策略,生成不同任务流程,开展多分支超实时推演,并采用多智能体博弈对抗和基于大数据的智能决策等技术,快速演算不同任务流程可能的态势演变,对每个作战场景按照战损、战果、任务完成度等指标进行态势评估。

(5)以虚控实指挥控制:指挥员基于虚拟战场的行动决策建议,及时发布指挥控制指令,调整战斗行动,并利用增强现实等技术,将虚拟战场演化的目标状态及应对策略等信息实时传递给武器平台操控人员,用以拓展武器平台作战效能,引导物理战场武器终端的精准、高效使用。虚拟战场依据物理战场行动结果反馈,判断行动误差,不断调整行动决策建议,形成虚实平行的指挥控制闭环。

(6)复盘评估模型演进:作战结束后,利用复盘研究功能,集中研讨态势理解、作战方案、指挥控制等环节的经验教训,提炼敌方作战特点和规律,分析挖掘作战过程全景大数据,完成数据的更新和算法的迭代修正,实现对作战模型的智能演进。

参考文献

[1]金伟新,肖田元.基于复杂系统理论的信息化战争体系对抗仿真[J].系统仿真学报,2010,22(10):2435-2445.

[2]张明智,胡晓峰,司光亚,等.基于Agent的体系对抗仿真建模方法研究[J].系统仿

真学报,2005,17(11):2785-2788.

[3] 杨林瑶,陈思远,王晓,等.数字孪生与平行系统:发展现状、对比及展望[J].自动化学报,2019,45(11):2001-2031.

[4] 田永林,陈苑文,杨静,等.元宇宙与平行系统:发展现状、对比及展望[J].智能科学与技术学报,2023,5(1):121-132.

[5] 王飞跃.面向赛博空间的战争组织与行动:关于平行军事体系的讨论[J].军事运筹与系统工程,2012,26(3):5-10.

[6] 王飞跃.平行系统方法与复杂系统的管理和控制[J].控制与决策,2004,19(5):485-489.

[7] 王飞跃.人工社会、计算实验、平行系统—关于复杂社会经济系统计算研究的讨论[J].复杂系统与复杂性科学,2004,1(4):25-35.

[8] 杨静,王晓,王雨桐,等.平行智能与CPSS:三十年发展的回顾与展望[J].自动化学报,2023,49(3):614-634.

[9] 董志明.面向体系对抗的平行训练理论方法研究[J].装甲兵工程学院学报,2016,30(1):63-68.

第 3 章
战场感知

当前信息化战争、智能化战争中,谁占有信息优势、智能优势,谁就能掌握战争主动权。缺乏信息获取和智能处理能力的作战力量,难以应对复杂多变、快速灵活、信息爆炸的未来战场,获取信息已经成为夺取战争主动权的基本内容和基础条件,而智能处理则是全面提升战场感知效率、准确研判和预测的前提。同样,在以实驱虚和以虚控实的平行战场中,战场感知同样不可或缺,如物理战场的兵力配置、环境数据等,需要通过战场感知来提供、认证和补充。鉴于此,准确掌握战场感知概念内涵,理解现代战场感知技术框架和发展状况并从中洞察其发展规律,领悟应用平行战场技术服务作战指挥,是现代战争指战员应该纳入思维视野范畴的必备。

3.1 战场感知概述

3.1.1 基本概念内涵

战场感知是随着信息技术特别是探测技术的发展、信息优势等概念的形成,以及新军事革命理论的深化而产生的新概念。

广义上,战场感知是所有参战部队和支援保障部队对战场空间内敌、我、友各方兵力部署、武器装备和战场环境(如地理、气象、水文等环境)等信息的实时掌握的过程。战场感知主要包括信息获取、信息控制和一致性战场空间理解三个要素。信息获取是指综合运用以侦察监视技术为主的各类传感技术、手段和系统,能够及时、充分、准确获得敌-我-友等部/分队状态、行动、动向、计划以及意图等信息的能力;信息控制是指动态地控制、集成、运用(指挥、控制、通信、计算机、情报、监视、侦察)(C^4ISR)系统资源,能够基于任务、环境、力量情况,合理规划、协同、调度和利用信息的能力；一致性战场理解是指参战人员对敌、友和自然环境理解的水平与速度，能够保持突击部队、支援部队、保障部队间的一致性战场态势，并对战场态势有一致性理解的能力。可见，战场感知除传统的侦察、监视、情报、目标指示与毁伤评估等内涵外，还包括信息共享及信息资源的管理与控制，从而对敌情、我情、战场环境等有全面、准确的认识。利用这一能力，可一致性地理解及预测战情，控制战争进程，夺取作战优势。

狭义上，战场感知指采用包括侦察监视、探测传感器在内的各种技术手段和信息处理设施，获取战场上环境元素、态势信息的过程，又称战场态势感知。早在1987年，美国空军首席科学家Endsley就提出了战场态势感知的定义模型，较好解析了战场态势感知的内涵，定义模型如图3-1所示。

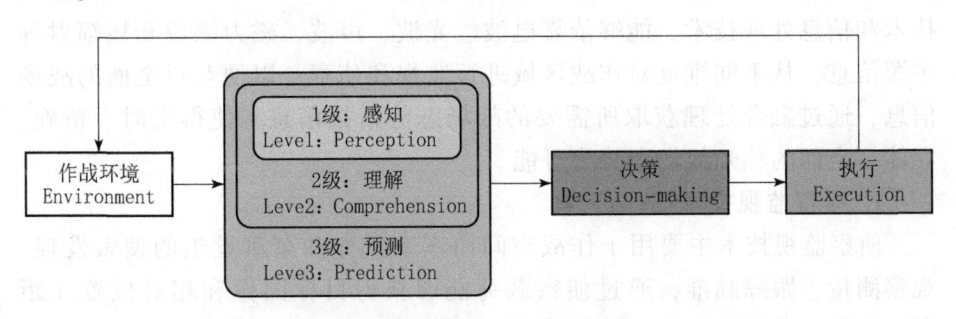

图3-1 战场态势感知定义模型

Endsley提出，态势感知是在一定时间和空间内感知环境中的元素，理解它们的含义，以及对不久将来的状态预测，其含义可以从3个层级加以解释。

1级态势感知是要感知和获取当前作战环境中相关元素的状态、属性和特点，涉及在时间、空间上对目标的感知和观察。该层级尚未涉及数据的解释和特征提取。

2级态势理解是在1层级不连贯要素集合的基础上，为了得到更加连贯而精确的态势信息，对数据进一步的处理、关联、聚合，形成单元、分队、部队、集群等实体表示的态势信息图。

3级态势预测是在1和2层级得出的信息基础上，通过综合研判，全面理解信息含义，将其与指战员的意图进行比较，提出对决策有价值的未来状态预测。通常表述为对未来系统状态和行为的心理模拟。

综合广义和狭义概念，战场感知技术特指形成战场态势的技术手段和处理方法，方便各级指战员能够基于战场态势达成对战场的"一致性理解"。因此，形成战场态势既是战场感知的行为过程，也是其归属。

战场感知充分考虑了战场的动态变化，从信息的获取、感知到信息的融合处理，再到综合态势的形成和预测，涵盖了行动者在所处环境任一时间节点的状态的信息，可以为行动者提供全面而有效的信息，既是 C^4ISR 系统实施指挥与控制的决策基础，也是实现高效指挥的重要抓手。

3.1.2 战场感知技术

战场感知技术，是以现代信息技术为主的庞大高新技术群，包括电子、光学、声学、通信、计算机、航天、人工智能和自动控制等一系列技术。可以说，现代战争已扩展为陆、海、空、天、网、电等多维空间，以情报、侦察、监视为主的战场技术和手段，也已发展到综合运用现代感知技术和信息处理技术，能够依靠电波、光波、声波、磁力感应和核辐射等多源信息，从不同维度对作战区域进行监视和侦察，以便获得全面的战场信息，通过融合处理获取所需要的战场态势情报信息，使得实时、精确、立体、全面的感知战场态势为可能。

1. 侦察监视技术

侦察监视技术主要用于作战空间内军事目标和军事设施的搜索发现、观察测量、跟踪瞄准，通过侦察载荷能够获得目标图像和相对位置（距离、方位）数据，是战场情报信息的直接产生设备。

侦察监视技术利用各种探测设备探测目标的外在特征信息，如目标的几何特性、物理特性（声、光、电、磁、热力学特性）及化学特性。一般情况下，基本以信号的方式承载目标的本质及其内在规律。

对军事目标的侦察监视，最初采用的技术手段是对人类感觉器官功能的直接延伸，让人容易直观理解的仪器，如工作于可见光波段的望远镜、照相机、探照灯等光学仪器。随着新技术的发展和军事需求的牵引，逐步发展到今天相对成熟的雷达感知技术、声呐感知技术、电子侦察感知技术、可见光无源感知技术、红外和多光谱感知技术等，成为了作战环境重要的信息获取技术。

1）光电探测技术

光电探测技术是利用目标和背景在反射和辐射光波上的差异来发现、观测并监视军事目标的集成化装备，主要用于实现战场信息获取、态势感知、武器弹药制导或目标导引。根据波段的不同，划分有可见光、红外、紫外及多光谱等成像技术，根据工作原理的不同也区分为主动探测技术和被动探测技术。

(1) 可见光成像。可见光成像的"像"与人眼观察到的场景图像基本一致，典型的有光学相机和电视摄像机。光学相机是一种经典的光学成像设备，也是无人机最早使用的侦察设备，其最大的优点是具有极高的分辨率，目前其他成像探测器还无法达到；电视摄像机应用广泛，具有体积小、质量小、功率低、灵敏度高、抗冲击振动和寿命长等优点。

(2) 红外热成像。温度高于绝对零度的任何物体，都会向外部空间以红外线的方式辐射能量。一般来说，物体向外辐射的大部分能量都是以红外线辐射这种形式体现。红外辐射本质是一种热辐射，物体温度越高，辐射出的红外线就越多，表现为能量越强。红外热成像就是通过探测目标的红外辐射，将目标红外辐射能量的"热图"转换为可见光图像的成像技术。普通可见光成像设备受光照条件限制，夜间成像效果不好，而可见光探照会暴露自身，因此在隐蔽的夜视侦察监视中，都采用红外热成像技术。

(3) 紫外成像。高压设备电离放电时会产生电晕、闪络或电弧，在电离过程中，空气中的电子不断获得和释放能量。电子释放能量即放电时，会辐射出光波和声波，还附带有臭氧、紫外线等。紫外成像技术，就是利用特殊的仪器接收放电产生的紫外线信号并成像。紫外检测放电异常，红外检测发热异常，原理完全不同，二者与可见光图像融合，互补效果明显。

(4) 激光测照。激光技术的典型应用就是激光测距和激光照射引导，兼具两个功能的一体化设备被称为激光测距目标指示器（或激光测照器）。激光测距是利用调制激光的某个参数实现对目标距离的测量，而激光照射是通过向目标发射经过编码的激光脉冲，基于接收目标反射的激光编码信号（方位、强弱），引导导弹、炮弹或其他智能弹药，实施对目标的跟踪和打击。

(5) 激光雷达。激光雷达是激光、雷达、扫描控制、探测及数字处理等技术的综合集成产物，是激光雷达对硬目标探测的一种综合应用，具备测角、测距和测速等多种功能，可采用单元探测器的扫描成像或采用阵列探测器的非扫描成像等多种工作体制。由于其具有较高的角度分辨率和距离分辨率，可以同时成目标的强度像和距离像，还可以成高分辨率的三维图像，所以非常适合军事智能武器和武器制导方面应用。与合成孔径雷达（synthetic aperture radar，SAR）相比，激光雷达的波长短，能够探测到簇叶下的目标，并对目标进行分类，为地面部队提供实时交战所需的精确目标信息。

（6）多光谱成像。多光谱成像是指多个波段范围内的成像，通过各种滤光片或分光器与多种感光胶片的组合，使其同时分别接收同一目标在不同窄光谱带上所辐射或反射的信息，即可得到几张目标在不同光谱带的照片。成像波段既可以是可见光范围，也可以是可见光向红外光、紫外光两个方向扩展的范围。

2）雷达探测技术

雷达（radar）是通过发射电磁波信号，接收来自其威力覆盖范围内目标的回波，并从回波信号中提取位置和其他信息（目标距离、速度、方位以及图像），用于探测、定位，以及进行目标识别的电磁系统。雷达作为战场警戒、目标搜索、火力打击引导的主要传感器，种类繁多，可广泛用于远程预警、防空警戒、指挥调度、侦察监视、引导打击、武器控制等方面。

3）信号情报技术

信号情报技术一般指对通信、雷达信号进行测量的无源电子侦察设备，在一定范围内执行全天候的电子信号侦察测向任务。信号情报技术通常包含信号侦收、测向和定位等功能，能够在任务地域内搜索、截获感兴趣的电磁信号，分析参数特征，并测定信号源的位置，为进一步分析多目标活动变化规律和武器平台作战能力提供战术情报信息。

2. 信息融合技术

信息融合最早被称为数据融合，最初的目标是进行多传感器数据的融合，1985年给出了数据融合定义："数据融合是对来自单一或多源的数据和信息进行关联、相关和综合，以得到更精确的位置和身份估计，对态势、威胁和其重要性进行完整的、及时的评估。这一过程的特点是持续进行估计和评估优化，并且对附加信息源的需求进行评估，甚至对过程本身也不断修正，以便获得更好的结果"。随着对战场态势感知的实时性和精确性提出了更高要求，数据的来源和表现形式更为丰富，并且融合能力也提升为态势估计和影响估计等高级功能，人们更多地开始使用信息融合这一概念。

图3-2是被广泛认可的战场信息融合5级模型，该模型从功能角度确定了数据融合的军事概念：对来自多源的信息和数据进行检测、关联、相关、估计与综合等多级多层面处理，以得到精确的目标状态与身份估计，以及完整、及时的态势与威胁估计。

第3章 战场感知

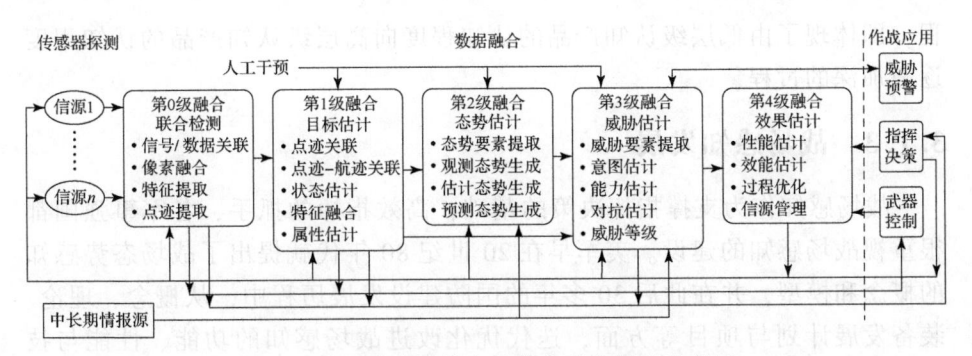

图3-2 军事应用特点的信息融合模型示意图

第0级融合：联合检测。对多类传感器原始测量数据或图像进行特征提取、目标定位与识别处理，联合进行弱信号目标（隐身目标、机动目标）的检测。

第1级融合：目标估计。对目标对象进行检测、识别、定位与跟踪，是直接在传感器的观测报告或测量点迹和传感器的状态估计基础上进行融合。这里的状态估计包括活动性、动态性实体的连续运动参数估计和目标身份、分类属性、运动特征属性等离散参数的判断与估计。该级融合输出产品是目标状态估计、属性身份识别结果、可信度估计。

第2级融合：态势估计。对战场目标及其他信息进行综合，以得到战场敌方、我方、战场环境的综合状态和形势。在战场信息融合的5级模型中，态势估计主要包括态势要素提取、观测态势生成、估计态势生成和预测态势生成。态势估计的核心目标是生成战场综合态势图，即建立关于作战行动、事件、时间、位置和兵力要素组织形式的一张视图，该视图将获得的所有战场力量的部署和活动、战场周围环境、作战意图及机动性有机结合起来，分析并确定发生的事件，估计敌方的兵力结构、使用特点，从而形成战场综合态势图。

第3级融合：威胁估计。在目标估计、态势估计的基础上进行的更高一级的信息融合。在军事应用中，威胁估计主要指在预测的可能出现的敌我交战行为中，估计对我方不利、有害的影响，其内涵包括敌方意图估计、作战能力估计、对抗估计，以及威胁等级等。

第4级融合：效果估计。包含对融合系统的性能估计、效能估计，对信息源和融合处理的过程优化和信源管理，目的是提高确定系统输出与所期望目的状态的符合性。

该模型是一个基础的信息融合模型，表示了信息处理功能层级和层级间的相互支撑关系，可以被视为一种辅助人类形成态势认知结果的处理过程，即体现了由低层级认知产品的认知程度向高层级认知产品的认知程度逐渐加深的过程。

3.1.3 战场感知发展

战场感知作为支撑指挥决策的基础，高效指挥的抓手，各军事强国都很重视战场感知的建设。美军早在 20 世纪 80 年代就提出了战场态势感知的概念和模型，并在此后 30 多年的国防建设发展历程中，从概念、理论、装备发展计划与项目等方面，迭代优化改进战场感知的功能、性能与技术。自俄格战争后，俄军也加紧实战部署不同指挥层级的一体化控制系统，为各级指挥官提供指挥控制和态势感知能力。北约根据自身联盟特点，重点发展跨成员国、跨作战域的互操作能力，谋求实现盟国的态势信息共享、行动协同。

1. 概念理论需先行

美军是战场态势感知概念、理论、模型研究的先行者。推出的共用作战图（COP）概念，以共用作战图作为战场态势感知的典型工具和重要抓手，在战场中发挥着重要作用，满足了美军不同阶段、不同军兵种的作战需要，目前还在不断演化发展中。时至今日，美军概念及理论的发展，大体可划分为三个阶段。

20 世纪 80 年代至 90 年代：提出战场态势感知理论。战场态势感知理论最早由美国前空军首席科学家、心理学家 Endsley 博士于 1988 年提出，于 1995 年提出了通用的态势认知三级模型。

20 世纪 90 年代至 2010 年：发展并推行 COP 概念。美军 1997 年提出 COP 概念，旨在让所有人看到同样的战场视图。COP 的定义为"被一个以上指挥部共享相关信息的单一相同显示。它有利于协同规划，帮助所有层次的作战部队实现战场态势感知"。为了方便运用，于 2000 年 12 月美军开始推行可互操作态势图系列（FIOP）。并于 2003 年前后，将 FIOP 概念修订为用户定义作战图（UDOP）概念，并相应提出了共用战术图（CTP）和单一合成图（SIP）概念。CTP 是战术层次的 COP，是构建更高层次 COP 的重要数据来源。

2010 年至今：概念不断发展、更新。2019 年 11 月，美空军航天司令部采用"天域感知（SDA）"替代现有的"太空态势感知（SSA）"，以突出空间为一个独立的作战域，并将 SDA 写入相关作战条令。2021 年 4 月，美陆军在最新发布的《先进态势感知》（Advanced Situational Awareness）培训教材中，在"态势感知"的基础上，提出了"先进态势感知（ASA）"的概念，通过预测性图表数据，结合周边环境观察形成的判断力和洞察力，训练士兵能够用适当的方式与对手有效作战。同年5月，美智库米切尔研究所指出，应在联合全域指挥控制（JADC2）中发展新一代共用作战图，通过强化任务驱动、情境认知、时空可视化和机器辅助理解，实现先于对手发现、理解和行动。

2. 系统建设来保障

在作战概念理论的引领下，战场感知系统建设也须跟上。特别是进入21世纪以来，人工智能、移动网络、信息栅格、大数据等新一代信息技术的迅猛发展，为实现全维战场态势感知建设提供了技术支撑。系统的建设发展体现在以下4个方面。

（1）构建全维战场传感网络体系。依托网络技术，把指挥与控制系统、战略预警系统、战场传感系统、战备执勤监控系统、装备物资管理系统等作战资源整合起来，构建为集中统一的战场传感网络体系，将战场实体基础设施和信息基础设施互联、互融、互通。战场传感网络体系主要由分布在各地各种传感器系统、传感器网构成，具有全维感知战场的核心能力。各种集成化的传感器相互协作，实时采集战场环境、目标数据，依托网络分发共享。如美国陆军在战场上部署了大量的自主传感器或机器人部件，通过自我感知、持续学习，实现与网络、人类和战场环境的相互作用，以弥补美陆军在战场传感器网络领域面临的不足。美军通过构建陆、海、空、天、电多维一体的战场感知网络，基本形成了集中统一的架构体系，实现了全域覆盖、多源融合和信息共享，达到对整个战场及作战全过程的"透彻感知""透明掌控"。

（2）构建多维战场侦察预警体系。侦察预警体系是现代战争制胜的前提和基础。侦察预警体系将全时空域、多频谱的战场信息，连续、快速、高效地获取传送、融合处理和分发利用，既是现代战场体系建设的重要组成部分，也是有效发挥体系作战能力的关键所在。美军侦察预警体系依托陆、海、空、天的多维空间侦察手段，及时获取战场情报信息，并运用各种技术对情报信息进行整编、分析和融合处理，然后基于信息网络及时准确地将战场情报提供给各级指挥员、指挥机关和作战部队。同时，运用多种信息对抗手段，有效干扰和破坏敌对方战场信息系统。当前，美军侦察预警体系的发展重点是扩大预警装备侦察覆盖范围，提高侦察预警装备精确度，拓展侦察预警装备的功能三个方面。

（3）强化战场信息网络系统的互联互通。信息通联是现代信息化战争的基础，各国军队都非常重视战场信息网络系统的建设。通过构建全天候、全天时、立体化的战场信息网络体系，围绕对各类战场数据进行多级别、多方面、多层次的智能处理，实现对战场信息的高度共享和高效利用，以提高战场的整体指挥控制能力，增强一体化联合作战效能。美军已将侦察预警体系与指挥控制、火力打击、作战力量体系实现了快速互联，以"杀伤链"为典型代表，打通了"发现目标－实时攻击"间的数据链路，为赢得战场先机奠定了基础。依据统一规范的数据链和信息共享协议，美军已经实现了各种侦察预警系统、各军种情报处理中心与作战单元间的情报实时共享。如美陆军"战场目标处理系统"、空军"综合信息系统"均可将目标情报实时传输至 C^4ISR 系统和执行打击任务的作战单元，大大缩短了"猎－杀"时间。

（4）加速推进战场传感网信息中心建设。依托战场传感信息网络，可以获得陆、海、空、天、电、网以及认知域中的多维战场空间感知信息，实时调取各类军事资源的存储、损耗、变更、补充等动态信息，在信息中心能够掌握战场态势全局，实现所有武器、平台和设备的实时互联与数据共享，最终形成可连通战场任意空间的巨型作战"神经网络"。美军对信息中心的定位是：创建智能设备在物联网、云数据中心、分析引擎和工业企业软件应用中建立一种无所不在的广泛无缝连接。

3. 感知和认知智能在加速

2018 年 9 月，美国国防部高级研究计划局宣布将投入 20 亿美元启动下一代人工智能战役（AI Next Campaign），以期引领第三次人工智能浪潮。计划局局长史蒂文·沃克（Steven Walker）在该机构成立 60 周年大会上表示："通过 AI Next Campaign，我们正在投资多项人工智能项目研究，旨在将计算机从专门工具转化为解决问题的合作伙伴。目前，机器缺乏语境推理能力，对它们的训练必须涵盖所有可能发生的情况，这不仅代价高昂，而且是不可能做到的。我们希望探索机器如何获得类似人类的交流和推理能力，以及识别新情况和环境并适应它们的能力。"智能战场感知技术作为 AI Next Campaign 中的重要方向，包括计划局和 Palantir 公司等机构布局的知识导向型人工智能推理模式（KAIROS）、盖亚（GAIA）、空域快速战术执行全面感知（ASTARTE）和可解释人工智能（XAI）等项目，这些项目大部分针对共性的基础技术开展研究，一旦突破可直接转化到作战指挥领域。在此基础上，2024 年 3 月，Palantir 公司获得了名为"泰坦"（TITAN）的美国陆军战场情报系统建设合约，该系统用于整合来自太空、高空、空中和地面的传感器数据，为美军提供可操作的目标信息，以增强任务式指挥和远程精确打击能力，"泰坦"的一个亮点是在军用车辆中引入人工智能、机器学习技术，成为美国陆军首辆 AI 定义的情报战车。

3.2 典型军事应用

应用战场感知技术的目的是解决军事问题，在信息化、智能化战争中，提供更丰富的战场信息，将对战斗力带来指数级的提升，应用战场感知协助指战员进行高效准确地感知和行动决策是信息化、智能化发展的必然。战场感知军事应用概括起来包括三类：第1类是准确有效地探测、获得战场信息，挑选关键信息；第2类是关联不同探测系统获得的信息，并将收集获得的信息进行整编、处理，去除冗余信息；第3类是进行态势分析与理解，基于战场环境建立动态的态势感知约束模型，准确高效预测未来的状态和演化趋势。第1类即涉及感知体系构建问题，第2类属于情报融合，第3类属于态势认知。下面分别加以论述。

3.2.1 多维感知体系构建

目前，作战样式已由过去单一兵种作战向多军兵种联合、各作战单元统一协调的一体化联合作战样式转变，具有空间多维、力量多元、指挥统一和行动整体的联合作战特点，这决定了战场指战员必须具有实时掌握战场态势的能力。战场态势的获取依赖战场感知系统的构建，战场感知系统是一个以信息化为基础，基于网络化的信息共享平台，覆盖陆、海、空、天等多维立体空间，以期全面、准确、快速、可靠地获得战场信息，战场感知体系要素组成如图3-3所示。

1. 陆上战场感知系统

陆上战场感知系统主要由地基雷达系统、地基光电探测系统、技术侦察以及人力搜集等组成。

(1) 地基雷达系统。根据不同的军事需求，地基雷达主要应用于警戒、预警、防空、反导。作战运用上有搜索雷达、跟踪雷达、制导雷达、火控雷达等功能区别；范围上有天波超视距雷达、远程预警相控阵雷达和地基多功能雷达等。通过构建雷达探测网，形成覆盖高空-中空-低空的雷达感知网络，对弹道导弹目标、临近空间目标、高空侦察机、各类作战飞机、低空巡航导弹和超低空飞行器等目标进行感知。

(2) 地基光电探测系统。地基光电探测系统主要指各种光学和光电探测器，以固定、车载、机载方式，能够感知各类目标，并对重要目标进行归类和分发。

图 3-3　典型战场感知体系要素构成示意图

（3）技术侦察。技术侦察一般指对敌电磁、通信以及网络等信息的截获，并对截获的信息进行加工处理，实现对敌目标的发现、识别、监视、跟踪和定位。技术侦察既是获取敌方情报的重要手段之一，也是电子对抗部分不可或缺的电子支援措施。

（4）人力搜集。人力搜集主要是指通过人的活动获得情报的过程，敌后谍报、武装侦察即是其典型形态。它是一种传统的情报搜集方式，也是陆战场感知系统不可或缺的重要组成部分。

2. 海上战场感知系统

海上战场感知系统主要区分水上和水下两种感知渠道。水上感知主要包括各类水面舰艇和渔政系统，水下感知主要由潜艇侦察组成。

（1）水面舰艇。水面舰艇包括各类作战舰艇、侦察船和监视船，主要运用舰载雷达、舰载飞机、舰载电子设备以及声呐等侦察载荷，探测发现敌方舰艇、潜艇和飞机等目标，并提取目标属性性质、位置及动态信息等情报。

（2）渔政系统。通过遍布海面的各类渔船搜集敌海上目标信息，具有较好的隐蔽性和时效性特点，其关键是需将渔政系统接入海上战场感知系统，构建军民融合互通机制，必要时，可通过渔政系统报告、查询敌海上目标。渔政系统是海上战场态势感知系统的重要补充。

（3）潜艇侦察。潜艇、无人潜航器等水下舰艇，因其具有较强的隐蔽性、安全性和长时潜伏的优点，能够担负海岸、基地和防御纵深内海区的侦察任务，是构建海上战场感知系统不可或缺的重要力量。

3. 空中战场感知系统

空中战场感知系统主要由临近空间浮空器和空中飞机组成，如平流层浮空器、预警机、侦察飞机等各类军用飞机。它们通常载有动目标检测雷达、成像雷达、多光谱相机等侦察载荷，从空中侦察监视目标和战场环境，是陆上感知系统的重要补充。

（1）平流层浮空器。典型有平流层飞艇和高空气球，具备全天候、全天时工作能力。在不影响浮空器空气动力学性能的前提下，能够搭载相控阵雷达，利用相控阵天线特有的电控扫描方式，可以对多批目标进行搜索跟踪；搭载光电设备，利用光电探测装备独有的性能，获得更加丰富的多光谱信息，以扩展情报搜集的广度。

（2）各类军用飞机。军用飞机是空中战场感知系统的主要组成部分，包括各类侦察机、预警机、巡逻机等，通过高空侦察、抵近侦察和常态部署侦察等方式，形成高空－中空－低空相结合的空中立体侦察网络，对敌敏感区域实施全方位侦察，是掌握敌最新动向、了解敌情的主要手段。

4. 太空战场感知系统

太空战场感知系统主要包括侦察卫星和轨道飞行器。相对陆上战场感知系统、海上战场感知系统和空中战场感知系统，太空战场感知系统具有更加广阔的监视范围，更长的预警时间，在战场态势感知方面具备明显优势。

（1）侦察卫星。依任务、功能的不同，侦察卫星区分为照相侦察卫星、电子侦察卫星、导弹预警卫星和海洋监控卫星等，基于星载侦察设备，以光电遥感器、成像雷达以及无线电接收机等方式，对敌目标和战场环境实施侦察、监视和跟踪，具有侦察面积大、范围广、速度快、效果好以及不受国界和地域条件限制等优点，同时还可以多星组网，对敌敏感区域内的目标进行全天候、全天时不间断探测和跟踪，是太空战场感知系统获取情报的主要手段。

（2）轨道飞行器。不同于侦察卫星，它是一种可以重复使用的太空飞机，既能在地球卫星轨道上飞行，又能进入大气层，既能同步，也能变轨，任务完成后还能返回地面，兼具卫星和飞机的特点。它搭载的侦察载荷多样而灵活，轨道飞行器是未来太空情报搜集的主要发展方向。

3.2.2 战场情报融合处理

军事情报信息是信息应用于军事领域的一种特殊形式，是在日常勤务和作战过程中表现出来的一种属性、军事活动方式、状态及其变化的直接或间接表述。军事情报信息反映了军事活动的特征及其发展变化情况，是各种情报、命令、指令、消息和资料的统称，包括文本文字、图表符号、雷达信号、语音、图像、视频和多媒体等多种形式。军事情报信息是作战指挥和决策行动的重要依据。

1. 战场情报获取

战场情报信息获取系统构建于各种信息装备上，是以计算机技术为核心、以通信网络技术为支撑平台的军事情报信息系统，主要用于情报信息的获取、处理、传输。它通常由战场情报获取系统、处理系统、传输系统组成。处理系统包括各类情报信息的分析提取、分发利用、指挥控制所需的硬件设备和计算机应用软件，这些设备和软件用于从大量原始传感器信号、信息资源中提取真实和有用的军事信息，并依据这些信息为作战指挥人员提供辅助决策。

1) 终端感知情报获取

战场情报信息处理主要包含战场目标检测、识别、定位、跟踪等典型应用，涉及两个领域的问题，即：

（1）目标检测和识别，解决目标是否存在、目标是什么的问题。根据探测设备接收到的电磁信号、声信号、图形图像信息等，判断是否存在目标。同时，对目标进行属性分类或身份估计，一般指对目标敌我属性、类型、种类的判别。目标识别是对基于不同信息源得到的目标属性数据所形成的一个组合的目标身份说明。现代战争要求指挥员能在瞬息万变的战场迅速做出战术决策，而只有在准确识别目标的基础上才能做到快速决策和有效打击。因此目标识别技术在现代战争中将始终具有重要地位。

（2）目标定位与跟踪，解决目标在哪里、怎么动的问题。测量目标位置参数、时间参数、运动参数等时空信息的技术，用于对目标进行精确定位。对于运动目标，根据传感器获取的目标点迹，确定或估计目标的有关参数，如航向、航速等运动参数，进而推算目标未来位置的过程，即实现对目标的跟踪。

2) 情报处理

广义的情报处理是指从获取情报到提供使用的整个过程，包括汇集引接、融合整编、综合研判、分发共享等主要过程。既包括了数据处理（格式转换）、信息存储、相关处理、逻辑分析和输出，也含有真伪评定、核实印证，以及敌情、环境分析。其核心技术是多源情报数据融合，涵盖技术层、表示层和认知层三个层次。

3）信息流转链路

情报信息链路是指以有线电话、卫星通信、无线电台、数据链、战术情报终端等通信手段和战场骨干网、战术互联网等网络为介质，以各级情报处理机构为节点，以各类侦察、打击平台为前端，按照标准协议和统一格式，将情报信息传输至各级情报用户的途径，通常包括情报传输、侦察指挥和效果反馈链路。

情报信息节点是指能够独立遂行计划组织、汇集融合、分析研判、分发共享、作战评估等全部或部分职责的情报侦察及处理机构，与情报信息链路是"点"与"线"的关系。一定范围内的情报节点按纵向层级可区分为上级情报节点、本级情报节点、下级营连情报节点和侦察前端情报节点，按横向交叉还有友邻情报节点、支援情报节点、辅助情报节点。

情报信息链是情报信息有效利用的重要保障，主要服务有三个方面的基本应用：

一是各级各类侦察力量利用光电、雷达、电侦、技侦等多种手段获取战场敌情、地形、环境等信息。依托战术情报终端以及战场信息网络与上级情报节点建立情报逐级上报、越级上报的通报关系。

二是各级情报处理节点利用情报处理系统对上级、友邻支援的情报信息以及所属侦察力量上报的情报信息，进行融合处理、整编分析，形成图、表或报告形式的各类情报产品。

三是为指挥决策提供敌情态势，为火力打击提供目标引导、毁伤评估的链路支持。

2. 多源异构信息融合处理

1）融合原则

各级情报信息处理节点按照统一时空基准和数据标准，对所获多源情报信息进行特征提取、对象判证和关联聚合等，以获得更加精确完整的情报和更高层次的战场态势，最终形成各类融合处理的情报产品。

（1）融合的内容。包括特征提取、对象判断、关联聚合等步骤。首先提取情报信息的信号特征、动向信息、属性特征，建立数据关联关系；然后进一步判别性质、真伪，完善属性、去重删假，消除冗余；最后分析目标对象的协同、编成和支援关系，进一步进行关联和综合，形成以单元、分队、编队、集群等为实体单元的聚合态势。

（2）融合的方法。基本有自动融合、人工融合和人机结合等方式。自动融合基于模型、算法自动实现，依赖于知识经验和规则，速度快，能动态更新；人工融合利用人工经验、知识和掌握的规则，通过人工操作完成,速度相对较慢,精度高;人机结合综合了自动融合和人工融合的优点,依托软件工具辅助完成,是当前的主流方法。

2) 融合处理典型应用

(1) 基于目标航迹的融合处理。基于目标航迹的多目标跟踪即是典型的融合处理应用,分布式信息融合结构如图3-4所示。相比而言,现有的多目标跟踪算法中,状态估计、参数辨识及目标识别都被作为一系列子问题独立、分步骤、序贯进行处理,不同环节缺乏信息交互和并行处理,导致对信息的分析与利用受限,难以在杂波分布未知、测量方差未知、系统偏差未知等不确定条件下实现对目标的准确跟踪。美军基于Link16的战术数据链航迹处理技术即是融合处理的典型应用。

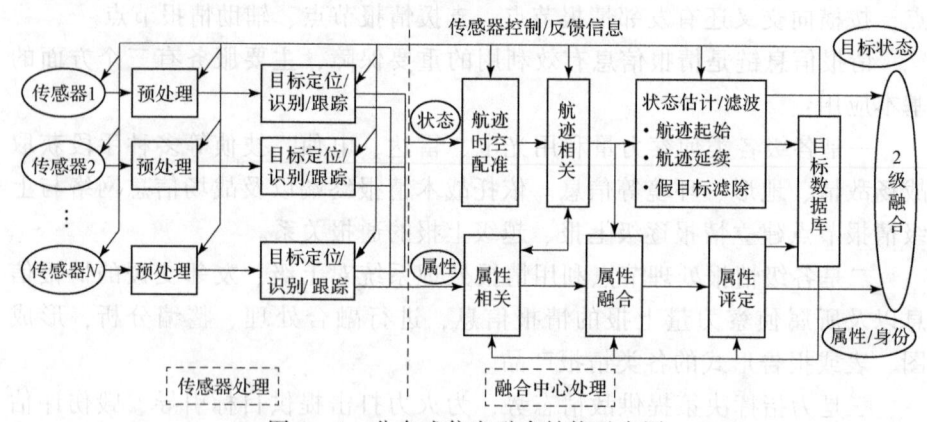

图3-4 分布式信息融合结构示意图

(2) 分布式多平台协同感知。在分布式作战中,分散的有人/无人平台可看成是统一的资源池,各平台通过自组织协同态势感知,完成各类动态变化信息的收集,并生成对战场态势的一致性感知。例如分散配置地面作战平台协同感知,信息融合本质上是对单个和多个传感数据和信息进行关联、相关和综合,以获取精确的位置和身份估计、评估态势和威胁重要程度。如图3-5所示,地面作战平台不仅有毫米波雷达、红外传感器、可见光、激光告警等车载多传感器,还有上级下发、友邻分发的目标信息。在这些多源异构信息中,各种信息表现出时变或是非时变、实时或是非实时、精确或模糊、互斥或互补的特点,而信息融合既要充分利用各信息源,在时间和空间上把互补、冗余的信息依某种准则结合起来,又要提高整个作战单元态势信息的有效性、准确性和连续性。协同感知无疑增强了系统生存能力、扩展探测时间-空间覆盖范围、提高信息的置信度,已经成为新一代地面作战系统重点发展的方向。

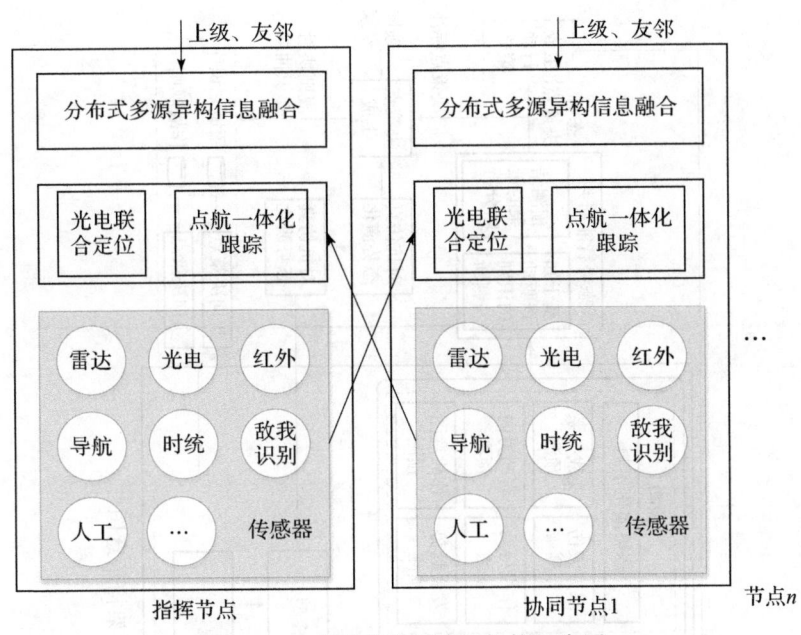

图 3-5 多平台协同感知架构示意图

3.2.3 战场态势分析研判

战场态势分析研判在形式上就是态势认知活动。长期以来，态势认知活动主要依靠人的主观认知并辅助机器研判的形式完成，时至今日，虽然认知智能还远未达到实用的阶段，但随着智能、无人作战的现实发展，自然人已很难适应这种变革带来的高强度作战对抗和复杂多变的现代战场环境。赋予战场感知系统具有智能化的态势认知能力，除了利用既有领域知识实现显性知识驱动的智能态势认知技术外，还需充分挖掘态势演化过程的既定事实性经验数据并形成知识，进而引导辅助指战员对战场态势的自主认知。

1. 态势认知基本框架

实现智能态势认知，关键在于领域知识的构建、态势研判规则的梳理和认知模型的构建，而这些知识和规则的收集，除了一些已有战例经验和书籍资料提供外，往往会根据新的作战样式、战争模式等变化，通过推演进一步修正完善。因此，通过仿真推演，复盘态势等手段，集成到态势认知框架中，形成基于信息系统的新型态势认知技术框架成为未来态势认知技术发展新方向。战场态势认知的技术框架如图 3-6 所示。

图 3-6 态势认知技术架构示意图

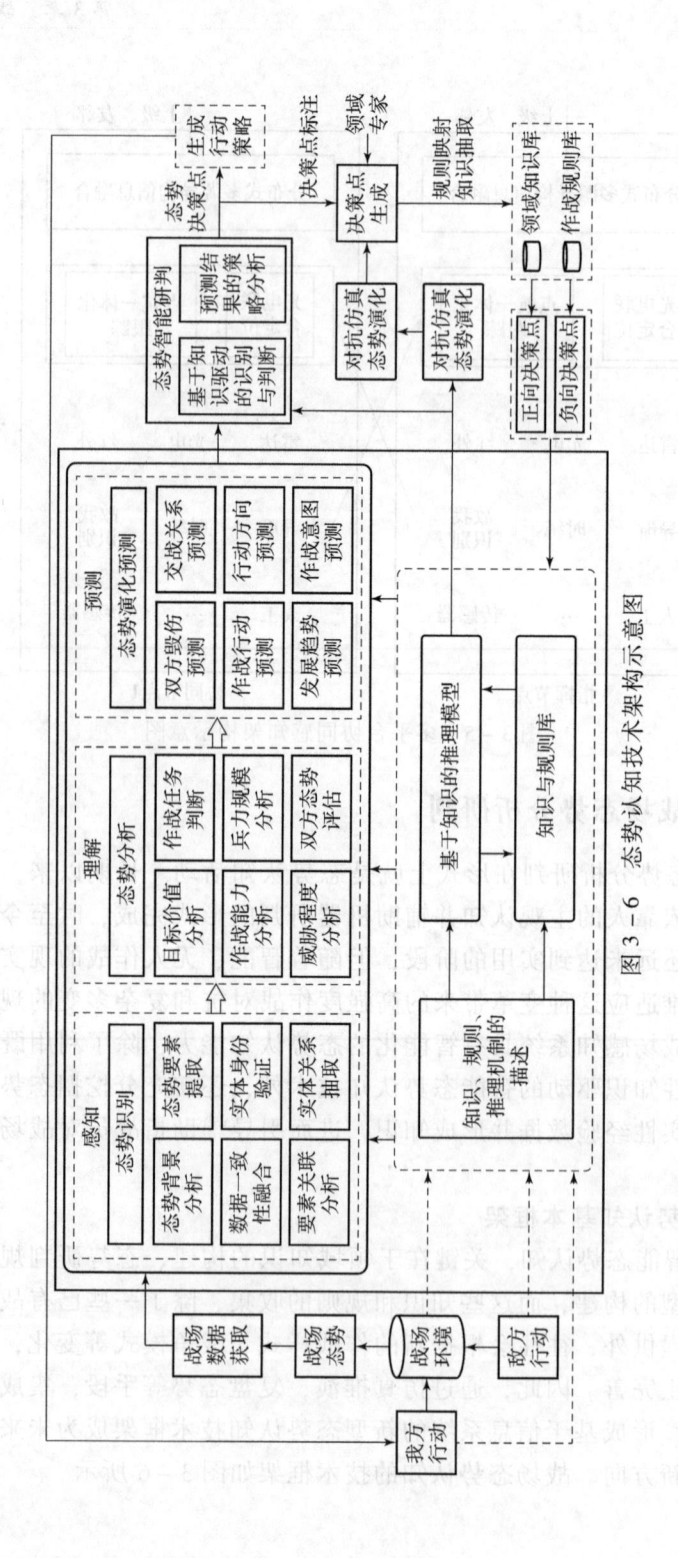

实现态势认知基础是构建于多域战场数据的"一致性态势图"。态势感知是生成"一致性态势图"的第一步，通过获取敌情、我情、环境以及任务等战场态势要素数据，对态势信息进行初步融合，并使用机器能够理解和"计算"的方式来表示态势信息，包括态势背景分析、态势要素提取、数据一致性融合、实体身份验证、要素关联分析，以及实体关系抽取等。其中又以自主目标检测识别、兵力群实体表示以及要素整理融合为热点和难点。

态势理解将根据态势状态、实体行为及态势事件检测结果分析当前态势情况，判断敌方作战部署并识别敌方的意图和作战趋势的过程，主要包括双方目标价值分析、作战任务判断、作战能力分析、兵力规模分析、威胁程度分析和双方态势评估等。其中以敌情分析、环境分析、双方能力对比分析、敌企图识别为该部分的热点和难点。

态势预测指利用态势分析和理解的结果，结合领域知识对未来一段时间内的敌我双方态势演变进行预测，包括双方毁伤预测、交战关系预测、作战行动预测、行动方向预测、发展趋势预测、作战意图预测。早期，基于贝叶斯及其改进方法的态势预测研究较多，随着深度学习发展，基于图模型、视觉语言大模型的态势预测正在兴起，但由于训练样本数据的不足，其应用发展受到制约。如何在尽可能少的训练样本数据支持下，提高基于深度神经网络的学习与预测能力，是后续研究的一个难点。

2. 态势认知研究应用重点方向

鉴于态势认知客观上的难点，有选择地重点突破是当前的主流思想。目前基本形成了对目标意图识别及航迹预测等特定领域的"点"态势智能理解，但面对图文、音视频、图像信号、雷达信号等多模态多源异构情报信息的情况下，结合地理环境、气象水文环境的态势智能认知仍然是态势认知的难点。因此，下一步需围绕算法赋能的多模态信息处理、战场环境分析、仿真的局势推演预测等方面开展研究应用。

（1）多模态信息处理，提升态势信息的综合处理能力。面对不断增长的战场数据量，依托人工智能和认知计算的最新成果，开发领域大模型和知识库，提升对多模态情报信息的处理效率，加强对军事目标的理解能力。解决多模态情报的对齐与融合问题，解决海量图像、音视频数据、电文报文难以及时处理与有效利用等难题。

（2）战场环境分析，夯实战场态势理解基础。战场环境分析包括自然环境、社会环境和信息环境分析。自然环境分析主要考虑地理、海洋、空中、气象和太空等对作战行动的影响；社会环境分析主要考虑作战行动对人文环境、经济状况、交通运输、通信与传媒情况和国际社会背景等的影响；信息环境分析主要考虑行动对网络环境和民用、军用电磁环境等的影响。

（3）仿真推演，提升指战员塑造战场态势能力。智能辅助态势认知，可有效提升指战员快速理解与准确预测战场态势的能力。通过重构复盘的仿真，指挥员不仅有机会和条件全面准确地分析、理解、判断与评估当前战场局势，更能基于当前战场的"态"准确预测未来战局发展这个"势"，更进一步展开智能博弈、人机交互融合等探索，重塑利于我方的战场态势，为辅助指战员在作战中超前决策和临机调整作战方案/计划提供练兵平台。

3.3 战场感知在平行战场中的应用

平行战场的突出特点是通过获得实时的真实物理战场信息来构建虚拟战场，并依据虚拟战场的预测来引导真实物理战场的发展。因此对真实物理战场信息的实时获取、整理、分析与融合，构建高度逼真、与真实战场平行的虚拟战场，是构建平行战场的关键所在。战场信息的实时感知与高速处理在平行战场应用中显得尤为重要，而战场感知是获取真实物理战场信息的来源，在平行战场中发挥重要作用。

平行战场中，需要精准实时获取的数据主要有：①己方人员与装备状态信息；②敌方人员与装备状态以及动向情报信息；③战场环境信息。己方人员与装备动态信息主要来源于嵌入人员与装备的数据采集系统或专用传感器网络；敌方人员与装备状态信息一是可来源于战场感知系统，二是来源于后台敌情数据；战场环境信息来自卫星、无人机等专用遥感图像系统以及专用环境感知系统。这些数据信息来源都可以称之平行战场中的感知。

3.3.1 支撑虚实同步演化

平行战场中的虚拟战场是实际物理战场的"镜像"，没有战场感知获取的战场真实数据，就没有平行战场中虚实的同步演化。在物理战场中，可以通过各种传感器、情报侦察体系、信息化武器平台、单兵可穿戴系统等，实时获取的侦察数据源源不断带来战场最新情况，具体表现为两个方面。一方面，己方数据自主汇聚。在统一时空标准的基础上，实时采集不同作战平台的导航定位、工作状态、战技性能、毁伤状况等数据信息并自主上传至云端，按需申请查看己方相关数据。另一方面，敌方数据多域侦搜。依托广域分布的传感器网络，强化新型手段运用，基于作战任务对不同作战目标全频全时自主探测、监视与协同接力跟踪，全面而准确掌握敌方信息。依托战场感知技术获取到的物理战场实时态势数据，才可支撑虚拟战场的生成及动态驱动，虚拟战场才可呈现出物理战场的真实状态。

3.3.2 支撑虚拟战场感知模型构建

在虚拟战场中，同样要模拟侦察行动，对应于物理战场的战场感知体系，需要一对一建立虚拟侦察装备体系，如侦察卫星、侦察飞艇、侦察气球、海上侦察舰船、空中无人侦察机、地面侦察车辆、单兵侦察人员与装备等。这些侦察模型的建立，必须模拟每种侦察手段的技术原理和每种侦察装备的作战性能特点以及战场环境对侦察效能发挥的影响等。战场感知技术是虚拟战场中战场感知模型构建的原理基础，不仅是单个装备模型的构建基础，还是系统、体系模型构建的原理基础。

3.3.3 支撑虚拟战场环境模型构建

虚拟战场环境模型的构建是平行战场的重要内容。战场环境要素由陆、海、空、天、电磁、网络、人文等各类环境要素组成，这些要素需要通过战场环境感知系统进行观察与测量，战场感知为虚拟战场环境模型构建提供数据驱动与手段支持，高效高精度的战场感知手段获得高质量的战场环境数据，是构建高精度虚拟战场环境模型的基础。

参考文献

[1] 王珩,李婷婷,葛唯益.战场态势认知理论与方法[M].北京:电子工业出版社,2023.
[2] 刘熹,赵文栋,徐正芹.战场态势感知与信息融合[M].北京:清华大学出版社,2019.
[3] 刘勇,陈炜,陈旺,等.装甲车辆协同作战辅助决策技术[M].北京:北京理工大学出版社,2020.
[4] 李昌玺,朱刚,黄申,等.联合作战条件下战场态势感知体系构建问题研究[J].中国电子科学研究院学报,2020,15(4):350－355.
[5] 黄俊,方学立,翁世竹.面向战场态势感知的信息融合应用及发展趋势研究[J].电光与控制,2024,31(10):52－57.
[6] 刘科.认知技术在战场态势感知中的应用[J].指挥信息系统与技术,2021,12(3):13－18.
[7] 王兴龙,蔡亚星,陈士明,等.多源信息融合在空间态势感知领域的应用与发展[J].航天返回与遥感,2021,42(1):11－20.

[8] 王永利,谢策,张永亮,等.态势认知总体框架及其关键技术[J].指挥信息系统与技术,2021,12(3):7-12.

[9] 朱丰,胡晓峰,吴琳,等.从态势认知走向态势智能认知[J].系统仿真学报,2018,30(3):761-771.

[10] 王玉虎,刘伟.一种基于人机融合的态势认知模型[J].指挥与控制学报,2023,9(1):76-84.

[11] 李婷婷,刁联旺.智能化态势认知技术与发展建议[J].指挥信息系统与技术,2020,11(2):55-58.

[12] 曹建平,王晓,贺邓超,等.基于ACP方法的平行战场情报系统[J].挥与控制学报,2022,8(3):332-340.

第 4 章
战场环境建模

平行战场的实现离不开战场环境的平行构建，战场环境建模是实现战场环境平行构建的基础，是构建与实际战场环境相匹配的虚拟战场环境的关键支撑技术，需要其可接收战场环境感知输入、耦合兵力模型、支撑智能博弈与平行决策等。本章主要介绍战场环境建模的基本内涵、技术体系、发展现状、军事应用，以及在平行战场中的应用。

4.1 战场环境建模概述

战场环境有着完整的理论体系及清晰的学科内涵，是多学科支撑下的一门综合性学科。战场环境建模是战场环境学的一部分。本节在阐述战场环境基本内涵基础上，给出战场环境建模的主要内容，梳理战场环境建模技术及其发展趋势。

4.1.1 基本概念内涵

1. 战场环境概念内涵

战场环境是指战场及其周围对作战活动有影响的各种情况和条件的统称，包括地形、地貌、气象、水文、磁力、重力等自然条件，人口、民族、交通、建筑物、工农业生产、社会情况等社会（人文）条件，网络电磁、新闻媒体和社会舆论、信息栅格网、指挥信息系统、关键信息基础设施等信息条件，以及国防工程构筑、作战物资储备等战场建设的情况（军事条件）。

根据作战的地理空间不同，战场环境可区分为陆战场环境、海战场环境、空战场环境和太空战场环境等。

陆战场环境是实施陆上作战的空间及其相关地域内影响作战活动的各种客观情况和条件的统称，主要有山地战场环境、丘陵地战场环境、平原战场环境等普通陆战场环境，以及城市、荒漠、水网稻田地、高寒山地、石林地、草原、热带山岳丛林地和沼泽地等特殊陆战场环境。针对陆地战场环境研究的主要内容包括：①战场地理形势及其战略地位、战役价值；②战场地域结构特别是战略战役通道、要塞、要点等的位置、范围、形状、方向、距离等空间特性；③战场地表形态类型和植被、水系、居民地、道路网的分布等地理景观及其军事价值；④战场在人口、经济、交通运输、医疗卫生、网络信息等方面的支援潜力。

海战场环境是实施海上作战的空间及其相关地区内影响作战活动的各种客观情况和条件的统称，主要包括以公海为主的开阔海区战场环境，由群岛、列岛、群礁、礁盘及其临近水域组成的岛礁区战场环境，以及由海湾、港口、近岸岛屿的水域和海岸组成的濒陆海区战场环境。针对海战场环境研究的主要内容包括：①气温、风、湿度、云、雾、降水、能见度、台风和寒潮等气象要素和海水的温度、盐度、密度、透明度、潮汐、波浪、海流及海冰等水文要素的分布与变化规律，以及对海上作战行动的影响；②海岸带、岛屿、海底的性质与形态及其对登陆与抗登陆作战行动的影响；③相关的海洋法也是海战场环境研究应关注的重要内容。

空战场环境是实施空中作战的空间及其相关地区内影响作战活动的各种客观情况和条件的统称，由战场垂直空间、地面场站系统配置地域、地面目标区的环境组成，包括大气近地层、对流层和平流层的飞行大气环境，地貌、地质、植被、水系、濒海地形及海岸岛屿等地表自然地理环境，太阳辐射、地球磁场、雷暴以及大气中光、电等自然电磁环境。针对空战场环境研究的主要内容包括：①影响作战飞机空中飞行活动的气温、气压、湿度、风速、风向和能见度等物理量；②日照、蒸发、凝结、升华和凝华等物理现象；③云、雾、降水、沙尘和雷暴等各种天气现象；④空中环境对不同种类作战飞机的空中作战活动与保障的影响。

太空战场环境是实施太空作战的空间及其相关地区内影响作战活动的各种客观情况和条件的统称，由航天器飞行、遂行作战的空间和航天发射场及测控站部署区、地面目标区的环境组成，包括中高层大气，电离层，太阳电磁辐射，等离子体，高能离子辐射，地磁场，地球、太阳及其他星体引力场，真空等。针对太空战场环境研究的主要内容包括：①各种星球的引力场、地磁场和高层大气扰动磁层中的等离子体对军用航天器的运行轨道和姿态，以及空间武器命中精度的影响；②电离层对通信、导航、侦察和预警的影响；③太空碎片对航天器识别与跟踪的影响。

2. 战场环境建模概念内涵

战场环境建模是指通过运用计算机技术手段，对战场中存在的各种环境要素和环境过程进行抽象化、数字化表达，并构建相应模型及其接口的一种系统化过程。通过模拟战场中涉及的地理空间、气象、水文等多种环境特征，为作战规划与决策提供精确且动态的环境信息支撑。战场环境建模旨在将现实世界中复杂且多变的战场环境，通过技术手段转化为可操作、可预测的虚拟数据模型，以支持作战行动的设计、推演、优化以及决策分析等多种用途。

在战场环境建模中，环境要素涵盖了陆地、海洋、空中以及太空等多个作战空间的各类特征，包括地形、气象条件、植被水文、风速温度以及其他影响作战的自然和人工因素。通过对这些要素的数字化建模，系统能够准确反映出战场环境的动态变化，例如天气演变、潮汐变化以及地理特征的空间分布等，从而使得战场模拟更加贴近现实。

环境过程建模则着重描述战场中各类环境要素的变化规律和相互影响，例如山地战场的地形变化对部队机动的影响，海洋环境中波浪与潮汐对舰艇行动的影响，或是空战场环境中大气条件对飞行性能的影响。这些环境过程的建模需要通过大量的历史数据、物理规律以及数学模型来实现，并通过模拟仿真技术展示其在作战中的动态演化。

此外，模型接口构建是战场环境建模中的重要环节，它使不同类别的环境模型可以互相耦合和集成，构建成更加全面的战场环境仿真系统。模型接口的设计不仅要考虑各环境要素之间的关联和相互影响，还要保证不同类型数据在同一系统中的兼容性和可操作性，从而为复杂作战情景的推演和作战计划的形成提供有力支持。

4.1.2 战场环境建模主要内容

要阐述战场环境建模的主要内容及方法，首先需要了解环境建模和战场环境建模，战场环境建模本质还是属于环境建模的范畴。

1. 环境建模

环境建模通过计算机技术在虚拟空间中构建自然或人造环境，其核心任务是在数字空间中通过几何、光影、材质等手段，精准地表现现实中的物体及其周围的环境，赋予场景真实感、复杂性和可操作性。这种技术广泛用于模拟真实或虚构的环境，如城市街景、自然景观、建筑结构等，为用户提供沉浸式体验。无论是小型建筑模型，还是广阔的自然地形，环境建模的目标都是尽可能地还原真实世界或创造性地构建虚拟世界。

环境建模通常采用多种方法来实现复杂环境的构建，根据应用需求的不同，选用程序化建模、手工建模、测绘方法建模，以及人工智能建模等多种方法。程序化建模是通过数学算法自动生成复杂的自然环境，如山脉、河流、森林等，这种方法能够快速创建大规模的场景，同时保持一定的随机性和自然感，适合生成地形、植被等动态复杂的场景。常见的程序化技术有基于分形理论的地形生成算法、基于植物生长数学模型（lindenmayer，L）系统的植物生成等。手工建模则依赖于设计师的创造力，通过3D建模工具（Blender、Maya等）手动创建环境对象。这种方式具有更高的精度和控制力，适合需要精细雕刻的环境元素，如建筑物、家具、交通工具等。现代测绘中的扫描和摄影测量技术是一种基于现实世界的环境建模方法，其通过三维激光扫描、无人机摄影测量等手段，采集真实世界的几何数据，生成高保真度的三维模型。此外，随着人工智能和机器学习技术的发展，智能建模逐渐兴起，借助深度学习技术，系统可以根据少量的参数输入自动生成逼真的场景和细节，大大简化了建模流程，提高了效率。

2. 战场环境建模

战场环境建模通过计算机技术，针对战场环境要素、环境过程等进行建模以及模型接口的构建。环境要素建模包括地形建模、地物建模、植被建模、气温场建模、气压场建模、风场建模、重力场建模、磁力场建模等；环境过程建模包括大气过程建模、水文水动力过程建模、交通流建模、社会经济活动建模、舆情动态变化建模等；环境模型接口包含环境模型对外感知输入、模型输出与表达等。从学科的角度看，战场环境建模可以区分为战场自然地理环境建模、战场人文地理环境建模、战场地质环境建模、战场大气环境建模、战场水文环境建模、战场气象环境建模、战场太空环境建模等。

战场环境建模是通用环境建模技术在军事中的应用，其实质还属于环境建模的范畴。虽然战场环境建模与一般的环境建模在技术上有许多相似之处，如都使用程序化建模、手工建模和扫描技术等方法构建地形和物体，但二者有明显的侧重点和功能差异。

首先，普通环境建模的核心任务是创造视觉上逼真和高度沉浸的虚拟环境，通常用于娱乐、设计或教育等领域，如游戏开发、建筑可视化和虚拟现实体验。它们主要侧重于美学和体验感，以吸引用户或展示设计效果。而战场环境建模则更强调功能性和精确性，不仅需要表现地形的外观，还必须忠实于战场的物理特性、军事规则和作战条件。例如，战场环境建模需要模拟地形对车辆行驶的影响、不同地貌对战术部署的影响等。

这意味着战场环境建模不仅要提供真实的视觉效果，还要兼顾复杂的战术模拟和动态场景变化，如弹药消耗、资源分布、后勤支持等。

其次，战场环境建模的核心之一是对动态环境因素的实时建模与更新能力。例如，气候条件的快速变动可能直接影响作战部队的机动性和火力运用，炮弹爆炸或火焰燃烧引发的地形破坏可能改变部队的行军路线，而建筑物的损毁程度则可能影响掩体的可用性。这些场景要求战场环境建模能够通过多源数据感知技术实时获取物理环境的变化信息，并借助动态建模算法快速完成虚拟战场环境的更新。这一能力不仅体现在高精度的物理仿真和动态场景交互能力上，更通过"以实驱虚"的方式，使虚拟战场与现实环境高度同步。例如，虚拟模型中的地形或气象模拟可以随着物理战场中实际情况的变化而实时调整，为指挥决策提供可靠依据。与普通环境建模相比，这种动态更新建模技术更能直接反映战场环境的快速变化，是军事仿真中不可或缺的技术能力。同时，战场环境建模还需综合考虑军事领域的复杂逻辑，如敌我双方的实时动态互动、资源的调度和消耗、后勤保障的灵活性等。这些因素通过与动态建模的有机结合，全面支持作战行动的推演、优化与实施，对战局的实时调整具有直接影响。

此外，战场环境建模往往与军事仿真系统相结合，如指挥控制系统、战争模拟平台（如美国的OneSAF或VBS3），并通过这些系统为军事人员提供更加精确和可信的战术训练。而普通环境建模在很多情况下与娱乐或商业目的紧密相关，其目标在于提升用户的感官体验，而非对现实中战术和战略的严格模拟。这种区别决定了战场环境建模对物理细节的要求更加严格，对复杂场景的动态模拟要求也更高。尤其是在现代战争场景中，无人机、卫星影像、自动化武器系统等高科技元素的引入，使战场环境建模需要具备极强的技术适应性，以准确模拟这些现代战争工具对战局的影响。

总之，战场环境建模是一项高度专业化的技术，其核心目标是为军事训练和作战演练等提供真实的战场场景模拟。与普通环境建模相比，战场环境建模不仅需要表现环境的外观，还必须结合军事特性，准确反映战斗场景的物理、动态变化。通过逼真地形、战术元素和实时变化的模拟，战场环境建模能够帮助军事人员在虚拟战场中获得宝贵的作战经验，提升实际战斗中的决策能力和战术素养。这种技术在现代战争的训练和指挥中起着至关重要的作用，也是军事科技发展的重要组成部分。

4.1.3 战场环境建模技术现状及发展

战场环境建模包含环境实体几何建模、环境物理过程建模、环境特效建模等。环境实体几何建模是针对建筑、道路、桥梁等实体的外观，进行几何形状上的等比例三维重建，是实体的外在形态模型构建；环境物理过程建模是针对空气环流、温度场、湿度场、水流、电磁场等具有时空特征的动态过程进行建模；环境特效建模是针对战场环境中的爆炸、光照、雨雪等进行建模。不同建模内容使用的建模方法及技术也不同。

1. 战场环境实体几何建模

计算机和摄影测量等技术的发展，推动战场环境实体几何建模技术从传统的手工建模向程序化建模、扫描与摄影测量建模方向发展。

1) 手工建模技术

手工三维建模是一种通过人工操作软件来创建三维对象和场景的技术，其技术流程如图4-1所示。

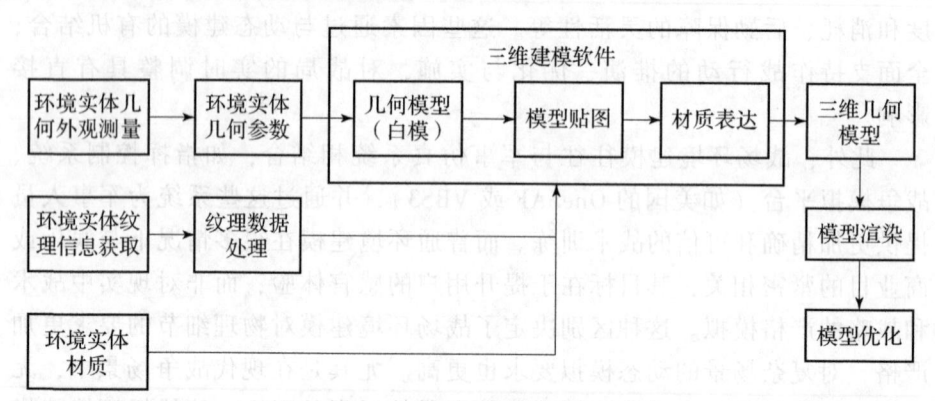

图4-1 手工三维建模技术流程

针对环境建模，手工三维建模通常包括以下步骤：

第一步，数据采集与处理。即对实体的外观尺寸量测、纹理拍摄、材质信息记录等，并对采集后的数据进行预处理。外观尺寸量测通过现场测量、图上依比例尺量算、照片估算等方式实施。手工外观尺寸量测通常只能获取部分信息，且数据误差较大。纹理拍摄主要利用照相机，以尽量垂直于拍摄面的角度对实体进行拍照，拍摄后的照片作为后续纹理生成的素材。由于拍摄角度误差、照相机镜头误差、光照不均匀等问题的影响，导致纹理拍摄结果通常需要通过专业图像处理软件进行纠偏和润色才能使用。材质信息的记录主要是针对实体的材质类型进行登记。

第二步，几何轮廓构建。即利用三维建模软件（如3D Max、Maya、

Blender 等）创建环境的几何形体。首先是基本几何形体构建，这些基本形体代表建筑物、地形等的粗略轮廓，主要用于确定整体空间布局和比例。在此阶段不关注细节，只需确保大致位置和规模的正确性。然后是对模型进行雕刻与优化，即在完成基本形体后，逐步增加模型的细节。对于建筑物，可能需要添加窗户、门、装饰等细节；对于自然环境，则包括树木、石头、山脉等元素的细化。这一步需要灵活使用各种建模工具，如多边形建模、曲面建模、网格细分等技术，同时结合高精度雕刻工具（如ZBrush）进行局部细化。

第三步，纹理与材质应用。模型的几何形体完成后，然后为模型赋予材质和纹理。通过 UV 将三维表面展平，接着在外部软件（如 Photoshop、Substance Painter）中绘制或生成材质纹理，最后将其应用到模型上。纹理的准确性和材质的逼真度对环境模型的视觉效果至关重要。

第四步，模型渲染。即在三维软件中设置合适的光源，模拟自然光、人工光或其他特殊光照效果。完成灯光设置后，通过渲染引擎（如 V–Ray、Arnold、Unreal Engine）输出最终图像或场景的动态表现。

第五步，模型优化。在实际应用中，模型的多边形数量和材质复杂度需要根据平台的性能要求进行优化。优化包括减少不必要的多边形数量、合并小对象、压缩纹理等步骤，以保证模型能够在不同设备或引擎上流畅运行。优化完成后，模型被导出到指定格式，供后续的应用或展示。

手工建模优点概括有以下几点：一是定制性好。手工建模具有高度的定制化，因此也就允许艺术设计人员根据具体需求自定义每个细节，能够精确地呈现复杂环境或独特设计。二是灵活性强。建模的过程是可控的，模型设计人员可以根据项目的进展灵活调整模型的细节、结构和外观，对于需要频繁修改或调整设计的任务，手工建模提供了足够的操作空间。三是艺术表现力丰富。相比程序化或自动生成的建模方法，手工建模能赋予作品更多的艺术表现力。每个细节都可以通过设计者的审美和创造力进行塑造，能够更好地体现环境的个性化和独特的视觉风格。

手工建模有以下几点不足。一是耗时费力。通常需要大量时间和精力，尤其是对于复杂的环境建模，需要人工采集大量数据，手工构建每个元素并进行细致调整，这使得项目开发周期较长，不适合大规模或快速交付的项目。二是技术门槛高。手工建模对设计师的专业技能有较高要求，需要熟练掌握三维建模软件、了解几何构造、具备材质贴图和灯光渲染等能力。三是资源消耗大。手工建模生成的模型，尤其是未经优化的高精度模型，往往包含大量的多边形和复杂的纹理数据，这可能对硬件设备、渲染时间和实时引擎性能造成较大负担，特别是在大型项目中，处理高精度模型会占用大量计算资源。四是难以扩展和重复使用。手工建模针对特定场景和细节的定制化较强，导致模型不容易在不同项目中直接复用。

2）程序化建模技术

程序化环境三维建模是一种通过算法和规则生成三维环境模型的技术，通常用于大规模场景的自动化生成，如自然环境、城市景观等。相比于手工建模，程序化建模能够以较少的人工干预生成复杂的几何结构和多样化的场景，具有较高的效率。

程序化战场环境三维建模的主要流程如图4-2所示，包括以下几步。

```
环境实体参数自动获取
        ↓
   定义规则和参数
        ↓
   模型几何形态生成
        ↓
   纹理贴图与材质生成
        ↓
   场景元素的布设与生成
        ↓
   优化与细节处理
        ↓
     交互和编辑
```

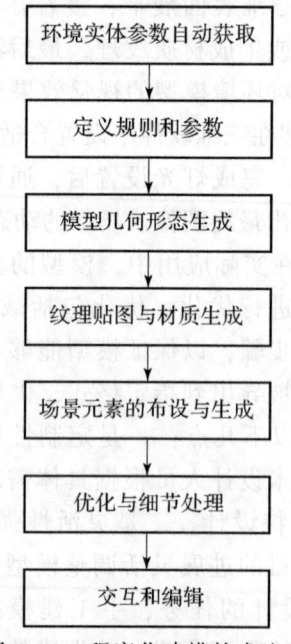

图4-2 程序化建模技术流程

第一步，环境实体参数自动获取。通常利用遥感、传感器网络、网络泛在感知等技术手段，获取战场环境的全部或局部信息。然后利用信息提取技术，从影像、视频、图像等数据中，提取出所关心的环境实体的外观尺寸数据，用于支撑环境实体的几何建模。

第二步，定义规则和参数。程序化建模的核心是预设生成规则和参数。通过设定一系列规则来控制环境中各种元素（如地形、建筑物、植被等）的生成方式。这些规则可以包括几何形状的分布、大小、密度、形状变换等。参数化设计允许用户输入变量值来生成不同的场景，使生成的结果在保持一定规则下具有多样性和随机性。

第三步，模型几何形态生成。利用实体的空间特性，通过常用的实体生成算法，自动拟合出环境实体的几何形态。例如，在地形实体的几何形态构建中，利用高度图、分形和噪声（perlin noise）等多种算法，构建地形的三角网格。这些算法可以通过数学函数创建复杂的地形结构，如山脉、平原、丘陵等。

第四步，纹理贴图与材质生成。通过规则或算法来自动选择和应用合适的材质，例如，不同地形所对应的沙漠、草地、岩石等不同地貌。常用的材质生成方式包括基于规则的纹理映射或分层技术，根据地形坡度、高度和角度为其分配适合的材质。对于大范围的环境实体，可以通过遥感影像生成对应的纹理。随着人工智能技术的发展，环境实体纹理可以自动生成。

第五步，场景元素的布设与生成。通常在地形实体生成之后，需要在环境场景中放置其他环境元素（如树木、石块、河流、建筑等）。这些元素的分布通常由预设规则控制，如树木的种类、密度、分布范围等。算法可以基于地形特征（如高低起伏、湿度等）自动确定这些对象的生成位置。例如，河流生成可以基于地形的流动路径自动生成，而建筑物则可以基于道路网络生成。

第六步，优化与细节处理。程序化生成的场景往往非常庞大，因此需要通过优化技术来减少计算资源的占用。通常，使用几何细节层次（LOD）技术，在远距离减少模型的细节，近距离时呈现高精度模型。此外，还可以使用遮挡剔除、纹理合并等技术提升渲染效率。对场景的细节优化可以确保生成的环境在不同场景下都能高效运行。

第七步，交互和编辑。虽然程序化建模是自动化的，但大多数系统允许开发者在生成的基础上进行手动编辑。可以通过对参数进行微调，或直接修改生成的场景元素，以获得更符合需求的结果。

程序化环境三维建模的优点有以下几点：一是高效性和自动化。通过设定规则，模型可以批量生成，避免了手工建模中繁琐的重复性操作，极大地提高了效率。能够在短时间内生成大量复杂的三维环境，特别适用于大规模场景的创建。二是可扩展性和灵活性。通过调整参数和规则，程序化建模可以快速生成不同的环境变化，这使程序化建模特别适用于需要频繁调整或扩展的场景。三是一致性和多样性结合。能够确保在保持整体一致性的前提下，生成具有随机性的环境元素，既保证了场景的自然感，又避免了重复感。四是适合大规模场景生成。通过规则和算法，设计人员可以快速生成数千平方千米的虚拟世界，而无需耗费大量的人工。

程序化环境三维建模的缺点有以下几点：一是控制精度较低。尽管程序化建模提高了效率，但其生成结果依赖于预设规则，导致难以精确控制每个细节。对于需要高精度设计的场景，程序化建模的灵活性可能受到限制，自动生成的结果通常不能满足所有场景的精确要求，可能需要额外的手工调整。二是随机性难以完全控制。程序化建模的一个特性是通过随机性来生成多样化的场景，但过度依赖随机性可能导致某些结果不符合预期。尽管规则能够约束某些特征，但场景中某些细节的分布可能无法完全控制，这对于追求高质量视觉效果的项目来说是个挑战。三是复杂性增加了开发成本。虽然程序化建模能够提高大规模场景生成的效率，但构建和维护生成规则、算法本身需要复杂的开发工作。编写和调整规则往往需要具备高度的数学和算法知识，开发初期成本较高。此外，随着规则复杂度的提升，系统的调试和优化也变得更加困难。四是生成的结果可能缺乏个性化。程序化建模依赖预设的规则，这可能导致生成的场景在风格上趋同，缺乏艺术设计的个性化和独特性。尽管能够生成多样化的场景，但这些场景的整体风格容易显得机械化或程式化，缺少人工设计的创意和细腻表达。

3) 无人机摄影测量技术

无人机摄影测量支撑下的三维建模技术，利用无人机搭载高分辨率相机对地表、建筑物或目标区域进行多角度拍摄，获取大量高精度影像数据，通过摄影测量原理与计算机视觉算法，重建目标区域的三维模型。这一技术结合了无人机的灵活性和摄影测量技术的精度，广泛应用于地形测绘、城市规划、建筑建模、灾害监测等领域。通过无人机获取多视角的图像，结合点云生成、纹理映射等处理手段，能快速、高效地生成高精度的三维数字模型。

基于无人机摄影测量技术的战场环境重建技术，主要用于大范围地形三维重建，用于生成数字高程模型、实景三维模型等。其技术流程如图4-3所示，包括以下几步。

第一步，任务规划与航线设计。在进行无人机摄影测量之前，首先需要设计航线和拍摄任务。根据待测区域的大小、地形特征和分辨率要求，确定无人机飞行的高度、速度、航线及相机角度。合理的航线规划可以确保采集图像的重叠度足够高（通常前后重叠度为70%~80%，左右重叠度为60%~70%），从而保证三维建模的精度。

第二步，图像采集。无人机根据预设航线进行飞行，沿途采集多角度、多视点的高分辨率图像。无人机能够以高效率覆盖大面积区域，并能通过不同高度、不同倾角的拍摄获取目标区域的详细信息。这一步骤的关键是图像的精度和重叠度，这直接决定了后期建模的质量。

第 4 章 战场环境建模

```
任务规划与航线设计
      ↓
    图像采集
      ↓
 图像处理与匹配
      ↓
 点云生成与稀疏重建
      ↓
 模型生成与纹理映射
      ↓
 模型优化与后期处理
```

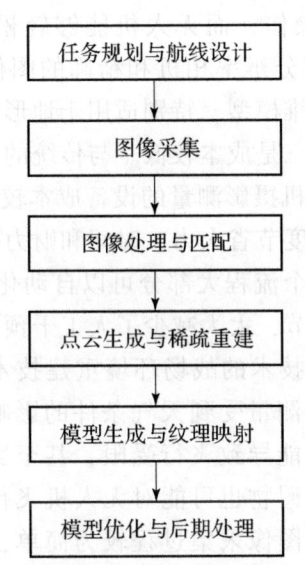

图 4-3　基于无人机摄影测量技术的战场环境三维建模技术路线

第三步，图像处理与匹配。采集到的图像经过预处理（如色彩校正、图像对齐等），使用特征提取和匹配算法（SIFT、SURF）对多张图像中的特征点进行检测和匹配，从而获得各张图像之间的相对位置关系。这一步是基于摄影测量原理，结合图像间的重叠部分，推算出物体的三维坐标和相机的位置参数。

第四步，点云生成与稀疏重建。首先通过多视角图像的匹配数据，构建初步的稀疏点云模型。稀疏点云是通过三角测量法生成的三维坐标点，表示物体表面的粗略形态。然后使用多视几何重建技术对这些点云做进一步处理，生成密集点云，逐步提升三维模型的精度。

第五步，模型生成与纹理映射。密集点云生成后，使用算法将点云连接成网格模型，生成物体的三维几何形态。再将图像的纹理信息映射到网格模型表面，生成具有真实感的三维模型。这一过程通过光照和阴影处理，提升模型的视觉效果，使其接近实际场景的外观。

第六步，模型优化与后期处理。在模型生成后，还须对模型进行进一步的优化，如去噪、平滑、修复等操作，以提高模型的精度和视觉质量。针对复杂地形或建筑物，可能还需要手动进行部分调整，确保模型的完整性和精确度。

基于无人机摄影测量技术的战场环境重建技术优点有以下几点：一是高效灵活。无人机可以快速覆盖大范围区域，尤其在复杂、危险或难以接近的地形条件下，表现出极大的灵活性。传统地面测量方式在崎岖地形或高空建筑区域往往难以操作，而无人机能够轻松获取这些区域的影像数据。二是高精度。通过高分辨率相机和精确的图像处理算法，无人机摄影测量能够生成高精度的三维模型，特别适用于地形测绘、建筑物精细建模等需要高精度数据的应用。三是成本较低。与传统的测量方法（如使用全站仪或激光雷达）相比，无人机摄影测量的设备成本较低，尤其是在大面积测绘或复杂场景中，能够大幅度节省人力、时间和财力。四是自动化程度高。从图像采集到三维建模的整个流程大部分可以自动化完成，特别是图像处理、点云生成和模型构建等环节，大大减少了人工干预，提升了效率和可靠性。

基于无人机摄影测量技术的战场环境重建技术缺点有以下几点：一是受环境限制。无人机摄影测量受到天气条件的影响较大，例如强风、降雨或雾霾等恶劣气候条件可能导致飞行受限，甚至影响图像采集的质量。此外，复杂的城市环境或障碍物也可能对无人机飞行和拍摄造成干扰。二是数据处理复杂度高。尽管图像采集过程较为简单，但后续的数据处理，如图像拼接、特征点匹配、点云生成和模型优化等，依赖于高性能计算设备和复杂算法。大规模数据处理可能耗时较长，对硬件性能要求较高。三是精度受飞行高度影响。无人机的飞行高度直接影响到图像分辨率和模型的精度。较高的飞行高度可能导致图像分辨率降低，从而影响三维模型的精确度；而较低的飞行高度虽然能提高分辨率，但覆盖范围减少，飞行时间和成本相应增加。四是法律和飞行限制。由于无人机飞行涉及空域管制问题，在某些特定区域（如军事基地、机场等），无人机飞行受到严格限制。此外，操作无人机还需要遵守当地的法律法规，并获得相应的飞行许可。

2. 战场环境过程建模

战场环境过程建模是指通过数学、统计学和计算机科学等技术手段，将战场中的环境变量和过程（如气候、地形、水文、火灾、爆炸波等）转化为物理模型。它涉及对复杂自然现象的抽象化描述，并通过定量化的方式来分析、模拟和预测环境变化。战场环境过程建模可以通过以下步骤实施。

1）定义模型目的和系统边界

首先，建模的首要任务是明确问题的性质和模型的目的。在战场环境中，模型的目的可能是为了预测天气变化对军事行动的影响，或者模拟核、生化等武器在特定地形下的扩散范围。明确的建模目的有助于确定模型的基本结构、参数和复杂性。其次，定义模型的系统边界非常关键。系统边界决定了哪些因素会被纳入模型，哪些因素会被忽略。战场环境模型的边界可能涉及地形特征、大气状况、水文循环等方面，也包括军事行动的时空尺度。

2）概念建模

在明确建模目的和系统边界后，需要对问题进行概念化建模，即将现实世界的复杂过程简化为一系列逻辑关系和过程。这是从抽象的实际问题到模型框架的过渡阶段。对战场环境建模来说，这可能涉及对天气模式、地表条件、地下结构等方面的概念化。概念化模型的过程中，必须选择合适的空间和时间尺度，以确保模型能够反映实际战场环境中的关键过程，并避免过度简化或过度复杂化。

3）建模方法选择

根据模型的目的、概念化模型以及系统的复杂性，选择适当的建模方法至关重要。常见的环境建模方法包括物理过程模型、统计模型、经验模型和混合模型等。在战场环境建模中，物理过程模型常用于模拟大气动力学、水文循环等自然过程，而统计模型和经验模型则可以用于预测复杂的战场变量，如社会行为模式。通常情况下，混合模型结合多种建模方法以提高预测的准确性。

4）数据获取

模型数据通常包括初始条件、边界条件、参数数据和验证数据。在战场环境建模中，数据来源广泛，可以包括遥感数据、气象站数据、地理信息系统（GIS）数据等。此外，军事行动本身产生的各种数据（如侦察数据、历史战例数据）也是重要的数据来源。数据的质量直接影响到模型的准确性和可靠性，因此确保数据的准确性、完整性和时效性非常关键。

5）参数化与校准

模型的参数化是指根据已知的观测数据和理论知识，为模型中的每个变量设定初始值或参考值。参数化过程通常涉及多个迭代步骤，以确保模型输出与观测数据尽可能匹配。校准是调整模型参数的过程，使模型输出能够与实际观测结果相符合。对于战场环境建模而言，校准过程往往需要通过大量的历史数据或模拟实验进行验证，以确保模型在不同战场条件下具有足够的适应性和准确性。

6）模型合理性验证

模型验证是为了确保模型的内部逻辑结构是正确的，模型能够按照预期的方式运行。验证工作可以通过单元测试、集成测试等方式进行，以确保模型的代码实现和算法设计没有逻辑错误。对战场环境建模来说，验证工作至关重要。模型必须在不同的环境条件下、不同的操作模式下，始终如一地输出合理的结果。

7）模型预测能力验证

验证模型的预测能力是指检验模型在现实条件下的表现。这一步是通过对比模型输出与实际观测数据来评估模型的有效性。在战场环境建模中，验证通常需要通过历史数据或现场实验来进行。由于战场环境复杂多变，模型的预测能力可能在不同条件下表现不同，因此需要在尽可能广泛的情景中对模型进行验证。

8）不确定性分析

所有模型都包含不确定性，环境模型尤其如此。不确定性可能来自输入数据的误差、模型参数的偏差、模型结构的简化等方面。战场环境建模中的不确定性分析通常需要通过蒙特卡洛模拟等方法来进行量化和评估，以帮助指挥员了解模型预测结果的可信度范围。

9）模型适用性评估

不同的模型有不同的适用范围，评估模型的适用性是为了确保模型能够在特定的战场环境下发挥预期作用。例如，一个用于模拟沙漠地形的环境模型可能无法直接应用于热带雨林地形，因此需要根据实际情况对模型进行调整。

10）模型迭代

战场环境过程建模是一个持续迭代的过程。随着新数据的出现、新技术的发展以及新的战场需求，模型需要不断更新和改进，以保持其在不同战场条件下的适用性和准确性。

3. 战场环境特效建模

1）自然光照

模拟一天中太阳位置的变化，呈现不同时间段的光照效果，进而产生阴影、颜色变化等。自然光照的实现，主要通过光照模型、天体位置计算、实时渲染三个关键技术实现。

光照模型是实现对光照仿真的物理模型，如 Phong 模型和 Blinn – Phong 模型，或更加先进的全局光照（global illumination，GI）技术。后者能够处理光的多次反射，实现更加真实的效果。光照模型的光源为太阳光、月亮光或天空光。天体位置计算主要通过精确计算太阳在不同时间和地理位置的方位角和高度角，生成光源的运动轨迹。实时渲染则使用实时光照算法（如实时光线追踪、光照贴图）处理动态光源和阴影变化，以适应白天、黄昏、夜晚等不同场景。

目前自然光照仿真技术已经较为成熟，尤其是在高性能图形处理器支持下，结合了全局光照、实时光线追踪等技术，使得自然光照模拟非常逼真。当前，流行度很高的游戏引擎如 Unity 和 Unreal Engine 已经具备强大的全天候光照渲染能力。

2）天气和气象条件

天气和气象条件在虚拟环境中的模拟旨在再现现实中的各种天气现象，如风的吹拂、云层的变化、雨雪降落以及雾霾弥漫等。风效应可以通过物理模拟来影响虚拟环境中的植被、火焰、水面等，使用粒子系统和刚体力学来模拟风的作用。云层的生成通常采用程序化生成（procedural generation）技术，利用噪声函数（perlin noise）或体积渲染（volumetric rendering）来渲染出逼真的三维云层。雨雪天气效果一般通过粒子系统（particle system）实现，大量粒子在场景中运动并受到重力影响。雨水还需模拟与地面碰撞的溅射效果。雾霾效果通过体积雾渲染技术实现，使用雾的散射模型来计算光线在空气中的散射，影响物体的可见性和远处的模糊感。

3）动态特效

动态特效旨在模拟诸如火焰燃烧、水流、爆炸等物理现象，这些现象在虚拟环境中不仅具备强烈的视觉冲击，还可通过互动增强沉浸感。火焰和燃烧通常使用粒子系统来模拟火焰的动态运动，并结合流体动力学模拟来处理火焰的涡流和燃烧过程。温度、烟雾生成、光照与阴影也需要实时计算。水流模拟是一项复杂的物理计算，需处理流体动力学（computational fluid dynamics，CFD）方程来逼真地再现水的流动、波浪、溅射以及与物体的交互。基于光滑粒子流体力学（SPH）是常见的流体仿真方法。爆炸特效不仅涉及火焰和烟雾，还包括碎片飞溅、冲击波以及场景物体的物理破坏。粒子系统与刚体力学通常结合使用，实时计算碎片的运动和碰撞。

4. 战场环境建模新技术

1）生成对抗网络用于环境程序化生成

生成对抗网络（GANS）能够生成逼真的自然场景、纹理和天气效果，广泛用于程序化生成复杂的自然环境，例如，程序化云与天气的生成、地形生成与纹理映射。在程序化云与天气生成中，GANS通过学习大量真实世界天气数据或图像，可以生成高保真的动态云层、雾霾、雨雪等效果。这类技术可以实时调整场景中的天气条件，生成无缝过渡的天气变化，如从晴天过渡到暴雨、从白天过渡到黄昏等。在地形生成与纹理映射中，GANS还能用于程序化地形生成，通过学习真实的地理数据，生成极为逼真的地形纹理、山川河流等复杂自然环境。这为虚拟现实中的大规模场景创建提供了自动化工具，大大减少了人工设计时间。

2）强化学习用于互动优化

强化学习是一种通过试错学习决策的人工智能技术，应用于虚拟环境与用户的互动优化，比如智能风力与物体互动、动态特效自适应调整等方面。智能风力与物体互动中，强化学习可以用于优化虚拟环境中的风力对树木、布料、火焰等物体的互动效果。人工智能（AI）通过不断学习如何在不同条件下调整风力强度和方向，使得虚拟环境中的物理现象更加自然。例如，当用户在虚拟场景中移动时，AI可以动态调整风对周围环境的影响，增强沉浸感。动态特效自适应调整中，AI可以通过强化学习，实时调整火焰、烟雾、爆炸等动态特效的表现形式，依照用户的动作和环境变化自适应调整效果。例如，当用户与爆炸发生交互时，系统可以学习如何产生最具沉浸感和视觉冲击的爆炸效果。

3）AI加速的光照与阴影计算

传统的光照与阴影计算往往非常复杂，计算耗时，难以用在实时仿真中。利用AI技术，可以加速光照和阴影的计算效率，提升计算速度。其中比较常用的技术包括神经光照模型和快速阴影生成技术。神经光照模型使用深度学习模型预测场景中的光照分布，从而加速复杂场景中全局光照的计算。这类技术通过训练神经网络来学习光线与物体的相互作用，使得光线追踪等渲染技术能够在高复杂度场景中实时运行。快速阴影生成中，AI技术能够根据场景中的物体和光源的变化实时生成阴影，并动态调整阴影效果。传统的实时阴影计算需要消耗大量的资源，而基于AI的阴影生成方法能够智能预测阴影变化，减少计算量。

4）AI驱动的材质生成

智能材质生成通过AI技术自动生成高质量的材质贴图，用于虚拟环境中的物体表面，从而提升场景的真实感和细节，如智能纹理映射和程序化材质生成。智能纹理映射中，AI技术能够基于少量地输入数据或参考图像自动生成高精度的材质纹理。例如，生成逼真的水流、岩石、金属或树叶的表面纹理。这些纹理不仅视觉效果逼真，而且能与光照和环境动态互动，提升沉浸感。程序化材质生成中，AI可以根据不同的环境和物体类型，自动生成相应的材质。例如，AI能够基于给定的天气条件（如雨天或雪天）自动调整地面或建筑物的材质，模拟出湿润或积雪的效果。

5）自然语言处理用于环境交互

自然语言处理（NLP）在虚拟现实中可以用于增强用户与环境的交互体验。例如，用户可以通过语音命令改变虚拟环境中的天气、时间或者动态效果。在语音控制的天气与环境变化中，用户可以使用语音指令来改变虚拟现实中的天气状况（如"让天空下雨"或"开启大风"），AI通过NLP技术理解指令并实时改变环境。这种技术不仅提升了交互体验，还减少了用户手动控制的复杂性。虚拟环境中，可以通过语音控制的方式与AI进行互动，AI根据用户语音生成自然语言反馈，并能根据用户的语音指令动态调整环境特效。

4.2 典型军事应用

战场环境作为军事活动的承载体，直接影响武器装备作战性能的发挥以及指挥决策的科学合理性，在军事上的应用极其广泛。战场环境建模是对战场环境抽象化的过程，其形成的战场环境模型是支持战场环境军事应用研究的关键基础。

4.2.1 在装备论证中的应用

战场环境建模在装备论证中具有重要作用，能够为装备的设计、研发、测试和验证提供虚拟环境支持，提升论证的效率和准确性。在装备论证阶段，尤其是新型武器装备的研发过程中，战场环境建模通过构建虚拟的作战场景和战术环境，模拟装备在真实战场条件下的性能表现，为装备的性能分析和决策提供依据。

战场环境建模可以创建不同地形、气候、作战条件的虚拟战场，模拟装备在各种复杂条件下的作战表现，例如，装甲车辆在不同地形（山地、沙漠、森林等）的机动性如何表现，或者导弹系统在恶劣天气（风暴、降雨等）下的命中率如何变化。这些虚拟测试能够在装备正式生产前帮助工程师发现潜在问题，避免在实际部署中出现不可预见的风险。战场环境建模可以用于装备的交互论证，即在多种装备协同作战的情况下，分析其性能和配合效果，例如，在虚拟战场中模拟步兵、坦克、无人机等装备的协同作战，评估它们在不同任务中的战术效果和相互支持能力。这有助于确定新型装备的最佳应用场景以及与现有装备的兼容性，优化装备的组合和配置，提升作战效能。战场环境建模还能够进行实时仿真，对未来可能面临的作战环境和威胁进行预测，帮助设计者根据未来战场需求优化装备的设计。通过虚拟战场的测试和论证，装备的研发团队可以在理论阶段进行多次试验，减少昂贵的实地测试次数，缩短研发周期并节约成本。

总之，战场环境建模为装备论证提供了精准的虚拟测试平台，能够高效评估新型装备在复杂战场环境中的适应性、作战性能和协同效能，极大提升了军事装备研发的科学性和可靠性。

4.2.2　在作战试验中的应用

　　战场环境建模在作战试验中发挥着关键作用，能够为军事人员提供虚拟的战场环境，以模拟真实作战情境中的装备、战术和战术指挥，从而进行有效的作战方案测试和评估。在作战试验中，战场环境建模通过精确模拟地形、气候、敌我态势以及其他关键因素，为各类军事行动提供逼真的训练和演练环境，使部队在不需要进入实际战场的情况下进行全面的战术测试和作战评估。战场环境建模可以模拟各种复杂的作战条件，包括不同地形地貌（如山区、沙漠、森林等）、不同天气变化（如暴风雪、沙尘暴等）以及敌方力量的不同部署和战术策略。这些虚拟环境能够在训练中帮助指挥员测试和验证不同战术方案的可行性，评估在不同作战条件下的最佳应对策略。例如，士兵可以在虚拟战场中演练突袭、撤退、防御等战术行动，并通过多次仿真实验优化行动计划。战场环境建模还可以测试装备在不同环境下的性能表现。在作战试验中，装备的可靠性、耐久性以及在极端条件下的作战能力都可以通过虚拟模拟进行全面评估。这些测试可以在不消耗实地资源的情况下发现装备可能存在的弱点，并为装备的改进提供参考数据。此外，指挥系统和通信系统在复杂环境中的运作效果也可以通过战场环境建模进行评估，从而确保作战指挥的高效性和可靠性。战场环境建模还支持联合作战的试验，通过多军兵种协同的虚拟演练来测试部队之间的合作效果。例如，陆军、空军和海军在同一虚拟战场中的协同作战可以通过建模来分析和优化，评估在复杂战场条件下的联合行动效果。

　　总之，战场环境建模为作战试验提供了安全、经济且高度仿真的虚拟平台，能够帮助军事人员评估战术、装备和指挥系统的有效性，从而提升整体作战效能。

4.2.3　在军事训练中的应用

　　战场环境建模在军事训练中具有重要应用，能够通过虚拟化的战场场景为军队提供逼真的训练环境，提升军事人员的作战技能和战术素养。该技术通过构建高度还原的虚拟战场，包括地形、建筑、天气、动态战术元素等，使训练人员能够在安全、可控的环境中模拟真实作战条件，进行多样化的战术演练。

　　战场环境建模能够模拟多种复杂的作战环境和不同类型的战斗场景，如城市巷战、山地作战、丛林战等。这种逼真的虚拟场景帮助士兵在模拟中熟悉各种作战环境的特点，掌握不同战术的运用技巧。例如，在城市巷战模拟中，士兵可以演练如何在狭窄街道、复杂建筑物中进行机动和掩护，提升其在真实战斗中的应对能力。战场环境建模支持多人协同训练，能够模拟复杂的作战编队、协同作战任务，以及部队间的战术协作。通过虚拟战场，指挥员可以在训练中演练和评估战术部署、资源分配和作战指挥，帮助指挥员提升指挥能力和部队的整体战斗效能。此外，通过战场环境建模，还可以模拟敌军行动和不可预测的战场变化，如突袭、伏击等，增强部队的应变能力。战场环境建模还为远程训练和分布式训练提供了技术支持，允许不同地点的军事单位通过网络在同一虚拟战场中进行联合训练。这不仅节省了实地训练的高昂成本，还提升了训练的灵活性和频率。

总之，战场环境建模通过高度逼真的虚拟战场，为军事训练提供了安全、可控且灵活的环境，帮助士兵和指挥员提升战术技能、战略决策能力以及部队协同作战的能力。

4.2.4 在作战指挥中的应用

战场环境建模在作战指挥中具有重要应用，通过虚拟战场的构建和实时仿真，为指挥员提供全面、精确的战场态势感知和决策支持。这项技术能够模拟真实战场的地形、气候、作战单位部署和敌我动态变化，使指挥员在虚拟环境中预演战术部署、分析敌情和优化作战计划，从而提高决策的准确性和执行效率。

战场环境建模能够为指挥员提供实时的战场态势图，使其能够清晰掌握战场中的关键因素，如敌军位置、地形特征、部队分布、火力覆盖范围等。通过这些虚拟模型，指挥员可以快速评估当前局势，预判敌方行动，并据此调整己方部署和战略。虚拟战场还能进行多次模拟，帮助指挥员评估不同作战方案的效果和潜在风险，为制定最佳作战决策提供依据。战场环境建模支持多方位的战术推演和演习。指挥员可以在虚拟战场中模拟复杂的战术场景，如多兵种协同作战、跨区域调度、火力打击等，实时分析这些行动的战术效果。通过虚拟演练，指挥员不仅能够训练部队，还能验证作战方案的可行性，优化指挥流程。战场环境建模还有助于应对突发状况，如敌军突然进攻或后勤中断，借助虚拟场景，指挥员能够快速评估各种应急方案，并对部队进行及时调整。其动态模拟能力使作战指挥具备更强的灵活性与响应能力。

总之，战场环境建模通过提供逼真的虚拟战场和动态仿真能力，帮助指挥员进行态势分析、战术推演和决策优化,是现代作战指挥中的重要技术手段。

4.2.5　在后勤保障中的应用

战场环境建模在作战后勤保障中具有重要应用,能够有效提升后勤计划的合理性、资源分配的效率和供应链管理的精准性。在现代战争中,后勤保障对于作战成功至关重要,而战场环境建模通过模拟真实的战场条件,为后勤保障的规划和执行提供了科学依据和动态预测能力。

战场环境建模能够精确模拟战场地形、天气等环境条件,对后勤补给路线进行合理规划。例如,在模拟的战场中,可以评估不同补给路线的通行性和风险,分析敌方火力覆盖范围、交通基础设施的完备性以及天气变化对运输的影响,帮助指挥员选择最佳的补给线路,确保物资能及时、安全送达作战部队。此外,战场环境建模还能够模拟突发状况,如道路破坏或敌方干扰,并在此基础上制定备用计划,保证补给不中断。在物资需求分析方面,战场环境建模能够通过模拟不同作战场景下的消耗情况,精确预测部队所需的燃料、弹药、医疗物资等。通过对部队行动、作战节奏和消耗速率的建模,后勤部门可以提前计算出物资的需求量,优化物资的储备和运输,避免过量囤积或短缺。同时,还能够模拟医疗救援的紧急状况,优化前线和后方的物资调配流程,确保伤员和物资能够快速、有效地流转。战场环境建模有助于后勤保障的实时监控和动态调整。在实际作战过程中,战场环境可能会发生不可预见的变化,借助建模技术,后勤指挥部门能够实时更新环境信息,并根据最新战场态势调整物资供应和人员调配方案。这种动态调整能力可以大幅提升后勤保障的灵活性和响应速度。

总的来说,战场环境建模为后勤保障的规划、执行和监控提供了精准、动态的支持,使后勤保障更具科学性、高效性和灵活性,从而确保作战行动顺利开展。

4.3　战场环境建模在平行战场中的应用

战场环境建模是实现平行战场的核心支撑技术,直接支撑战场环境平行构建。同时,战场环境建模能够为平行战场中的环境感知、环境重建与仿真、智能指挥决策等提供重要支撑。

战场环境是平行战场的承载体,平行战场的实现,必须首先解决战场环境构建问题。如图 4-4 所示，平行战场环境构建包括战场环境感知、环境建模与模拟、环境分析与决策支持、环境演化、反馈控制等几个部分。环境建模在平行战场中具有重要的地位，能够支撑平行战场环境感知与交互、环境模型构建与更新、环境信息分析与决策等。

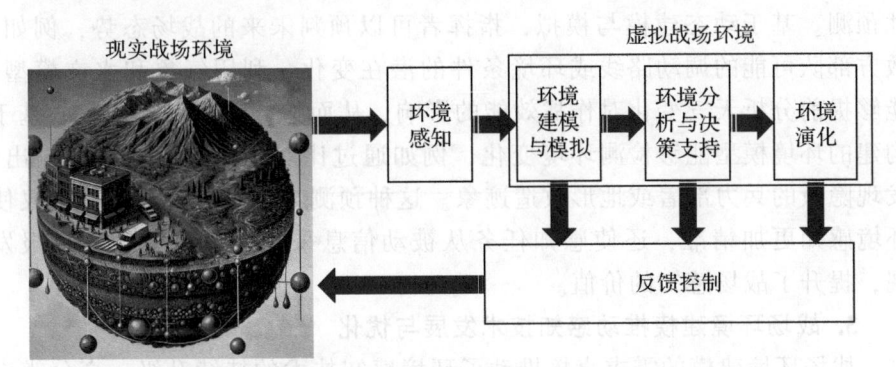

图 4-4 平行战场环境构建的基本流程和关键内容

4.3.1 支撑平行战场环境感知与交互

平行战场中需要解决由物理战场感知并映射形成虚拟战场，以及由虚拟战场开展模拟并反馈到物理战场的双向交互通道。战场环境建模则从战场环境的角度入手，同时兼顾环境感知与虚实环境交互问题，是支撑平行战场感知与交互的重要基础。

1. 战场环境建模为环境感知提供任务框架与技术体系

战场环境建模通过对战场关键要素的抽象化处理，为环境感知提供清晰的任务框架和技术体系。环境建模能够构建包括地理特征、气象条件、水文变化等在内的综合模型，帮助感知任务精准识别需要关注的战场环境核心内容。在实际操作中，环境模型通过明确重点关注的区域和要素，如关键地形、部队部署、工事构建等，将感知任务与监测解耦，大幅度提高感知效率。此外，环境建模还能优化感知设备的部署与调度。例如，通过地形建模可以分析最适合传感器布设的位置，确保感知设备的覆盖范围与性能达到最优。对于多领域的数据采集任务，如无人机、卫星遥感和地面传感器网络的协同感知，环境建模还能起到统筹规划的作用，减少重复采集或资源浪费。整体而言，战场环境建模通过提供结构化、体系性的理论支撑，让环境感知更具目标性、效率更高，为战场信息的全面感知和智能化处理奠定坚实基础。

2. 战场环境建模提升感知精度与预测能力

战场环境建模能够将感知数据与结构化模型相结合，显著提升数据解读的精度和感知的整体效能。通过将感知数据输入模型进行分析处理，可以实现对环境数据的深层次挖掘。例如卫星遥感和无人机获取的地形影像数据，与高精度三维地形模型结合后，能够校正感知数据中的空间偏差，确保感知结果的准确性。此外，战场环境模型能为环境感知任务提供前瞻性预测。基于动态建模与模拟，指挥者可以预判未来的战场态势，例如，敌方部队可能的调动路线或环境条件的潜在变化。利用气象和水文模型，能够提前分析天气变化对作战效能的影响，从而指导作战计划调整。基于构建的环境模型能够检测环境变化，例如通过比对不同时期的模型输出，发现隐蔽的兵力部署或地形改造迹象。这种预测与动态分析能力，不仅使环境感知更加精准，还使感知任务从被动信息采集转变为主动的情报发现，提升了战场感知的价值。

3. 战场环境建模推动感知技术发展与优化

战场环境建模的需求直接推动了环境感知技术的持续升级。高分辨率的建模要求感知设备能够采集更精细的数据，例如，现代无人机传感器需要具备厘米级的空间分辨率，以满足三维地形建模的精确性需求。动态建模对实时性提出了更高的要求，促使感知技术向实时数据传输与处理方向不断发展，例如，无人机视频流的实时分析和动态环境模拟的更新。此外，跨领域综合建模，例如，地理、水文和气象等多领域数据的融合，推动了多源数据融合技术的突破。这种融合需要感知设备兼容不同类型的传感器数据，并具备高效的处理与解析能力。建模还通过为感知结果提供验证基准，推动感知任务不断优化。例如，利用地形模型对传感器数据进行偏差分析，发现潜在的误差来源并及时调整感知算法。整体来看，战场环境建模不仅驱动了感知技术的创新，还通过其优化验证机制，持续提升感知任务的可靠性与执行效能。

4. 战场环境建模为平行战场提供虚实交互通道

虚实交互是实现现实战场环境与虚拟战场环境平行演化并达到信息同步的关键。战场环境建模不仅包含对现实环境信息的感知与提取，同时基于所构建的环境模型的运行与模拟结果驱动指挥决策进而实现以虚控实的信息反馈。战场环境建模的对象包含战场环境要素的时空分布状态、各要素之间的作用关系以及环境动态演化过程。战场环境建模需要从现实环境中提取环境要素分布、属性、行为等环境信息。这些环境信息具有广泛的空间异构特征，是传统的通过单一点状传感器所无法全面感知的。战场环境建模更多的是以大空间卫星遥感信息输入为主，同时结合无人机感知、地面传感器、泛在网络等方式实现对环境信息的广泛收集。所构建的环境模型运行过程中，通常也会以多源、异构、多模式、大范围环境感知信息为输入，驱动环境模型运行。在虚拟战场环境向现实战场环境反馈控制方面，有一些模型运行结果直接驱动指挥决策模型，提升指挥员决策合理性；也有一些环境模型输出结果与打击平台耦合，为打击平台提供环境约束信息。目前，有研究利用构建的环境模型，模拟并指导人工影响天气，这是虚拟战场环境对现实战场环境反馈控制的最直接体现。

5. 战场环境建模为平行战场提供态势感知能力

战场环境建模增强了对战场态势的感知能力。环境建模使得战场态势感知不仅限于单一作战单元的视角，而是形成了一个多维度的全局视图。通过整合各种传感器数据和情报信息，指挥员能够获取更为全面的态势感知。这种全面的态势感知对于评估战场的变化、识别潜在威胁和把握机会至关重要。基于环境预测模型，通过对历史数据和当前战场态势的分析，能够推理环境变化与态势演化。这些预测结果能够帮助指挥员预判敌方的可能行动和反应，从而制定更为有效的应对策略。

4.3.2　支撑平行战场环境建模与更新

战场环境建模与更新是战场环境建模在平行战场中最为直接的应用，也是实现战场环境平行构建最为关键的一环。战场环境建模与更新主要包括地形三维重建与更新、植物三维重建与动态表达、地物三维重建与形态变化表达、环境过程建模等关键步骤。

1. 地形三维重建与更新

地形三维重建是指将现实世界中的地形、地貌转化为数字三维模型的过程。这一过程不仅涉及数据采集、处理与分析，还包括对地形特征的可视化表现。三维重建可以应用于城市规划、环境监测、灾害评估、虚拟现实等多个领域。通过构建精准的三维模型，用户能够更直观地理解和分析地形的空间特征与变化。支撑地形三维重建的技术手段有多种，其中较为普遍的有遥感技术、摄影测量技术、激光扫描技术、计算机视觉技术等。

遥感技术利用卫星、无人机或飞机搭载的传感器，进行地面特征遥感数据的采集，基于卫星遥感立体像对、无人机倾斜摄影测量影像，通过技术算法，能够生成数字高程模型（DEM），结合正射影像（DOM）生成技术，实现 DEM 与 DOM 的匹配叠加，最终实现对地形的三维重建。基于遥感技术构建三维地形模型具有获取范围大、地形分辨率高、手段可靠、安全无风险等显著优势，适用于广阔区域的地形重建。

摄影测量技术通过航空摄影或地面摄影，结合图像处理技术，提取地形特征。摄影测量通过多视角的照片重建三维模型，适用于地形特征明显的区域。

激光扫描（LiDAR）技术通过发射激光束并接收反射信号，精确测量地面物体的距离，从而生成高精度的三维点云数据，基于三维点云构建地形表面，生成数字高程模型。这种方法适合复杂地形的重建，能够捕捉细微的地貌特征。

计算机视觉技术通过对视频流或静态图像的处理，提取特征并进行三维重建。该技术常应用于动态场景的建模和变化检测。

战场环境动态变化明显，因此需要完成对地形的动态性建模。动态地形三维重建旨在实时监测和重建地形变化，例如炮弹触地爆炸引起的地形变化。当前，动态地形重建技术已经在一些应用中取得进展，如灾害监测、环境保护与城市管理。例如，在灾后评估中，借助激光扫描、无人机和遥感技术，用户能够快速获取动态地形变化的信息，通过及时的三维重建，可以有效分析灾害影响，制定应急措施。动态地形重建需要处理大量的实时数据，这对数据存储、处理和分析能力提出了更高要求，如何高效地从海量数据中提取有价值的信息，仍然是一个亟待解决的问题。另外，在动态环境中，地形特征快速变化，现有技术在实时性和精度之间往往存在矛盾，如何在保持高精度的同时实现实时重建是一个重要挑战。动态地形重建一般需要多种数据源的融合，包括地面、航空和卫星数据，如何有效整合不同来源的数据，以提升重建的全面性和精度，这也是一个重要的技术挑战。

2. 植物三维重建与动态表达

植物三维重建是指通过对植被结构的三维数据采集、处理与建模，生成具有几何和生理特征的三维模型，以表达植被的空间分布和形态特征。

植物建模的技术手段多种多样，主要包括基于规则的建模、基于点云和图像的三维重建技术、数据驱动的建模、基于物理的模拟等，每种技术手段各有其特点和应用场景，不同植物建模技术的优缺点如表4-1所列。

基于规则的植物建模，即通过规则或数学模型来模拟植物的生长和形态。这种方法通常采用Lindenmayer系统等算法，通过递归和迭代规则生成树木和植物的分枝结构。这个技术方法的优点包括：①控制性好，通过调整参数和规则，可以生成具有不同形态特征的植物；②灵活性高，能够模拟不同种类的植物结构，适合生长模拟和植物形态演化的研究；③可视化美观，特别适用于计算机图形学中的植物建模和生成自然景观。但是，缺点也比较明显。①真实感较低，基于规则的模型可能缺乏真实的细节，特别是对于复杂形状和细致的枝叶部分；②人工参数调优复杂，需要大量的人为调节和参数优化，以生成逼真的模型；③要表达环境影响，难以精确模拟植物受到外部环境（如风、阳光）的影响过程。

表 4-1 不同植物建模技术优缺点对比

技术手段	优点	缺点
基于规则的建模	控制性好，灵活性高，适合美观可视化	真实感较低，参数调优复杂，难以模拟环境影响
基于点云和图像的三维重建	高精度，真实感强，适合真实场景建模	成本高，数据处理复杂，动态特性捕捉困难
数据驱动的建模	自动化程度高，适合大规模建模，高效	对数据依赖强，通用性有限，计算资源需求高
基于物理的模拟	真实感强，能够模拟动态变化	复杂度高，计算成本高，适用性有限

基于点云和图像的三维重建技术利用激光雷达（LiDAR）或多视图立体重建等方法获取植物的几何信息，并通过三维建模生成植物的空间结构。其优点主要包括以下几点：①高精度，激光雷达能够捕捉植物的精细结构，特别是树冠、枝干和叶片的形状，适合获取大范围植被的几何信息；②真实感强，能够真实反映植物的外形特征，适合用于真实场景建模和生态研究。缺点也比较明显：①成本高，激光雷达设备昂贵，数据采集和处理也需要较高的计算成本；②数据处理复杂，点云数据的处理需要去噪、配准和简化等步骤，处理复杂且计算量大；③动态特性捕捉困难，对于植物的动态变化，如风吹或生长过程，难以实时捕捉和重建。

数据驱动的建模是通过机器学习和深度学习算法，利用大规模植物数据（如图像、点云数据）进行模型的训练，最终生成植物模型。这类方法结合了统计学与深度学习技术，模拟复杂的植物结构。该方法的优点主要包括：①自动化程度高，利用数据驱动的方法，可以减少人工干预，直接从数据中生成模型，过程自动化；②适合大规模建模，特别适合生成大量不同种类的植物模型，可以有效地实现模型的多样化；③高效，能够利用现有的大量图像或点云数据，实现对植物复杂结构的建模。该方法的缺点包括：①对数据依赖强，建模效果高度依赖于训练数据的数量和质量，如果数据不足或质量低下，模型的准确性和真实感会受到影响；②模型的通用性有限，训练好的模型可能只能在特定种类和环境下使用，难以推广到其他种类的植物；③计算资源需求高，模型的训练过程需要大量的计算资源，特别是深度学习模型的训练和优化。

基于物理的模拟是通过物理模型来描述植物的生长过程、受力状态和对外界环境的响应。常见的基于物理的建模方法包括使用生长方程、光照模拟和风载模拟等手段。该方法的优点有：①真实感强，物理模型能够模拟植物在受力、光合作用和养分吸收等过程中的形态变化，生成的模型更为真实；②方便动态变化的模拟，能够反映植物生长过程中的动态变化，如风的作用下树枝的摇动、光照变化对叶片位置的影响等。该方法的缺点包括：①复杂度高，物理模型的建立往往需要对植物的生长机理和环境因素有深入的了解，建模过程复杂且计算量大；②计算成本高，进行基于物理的模拟需要大量的计算资源，特别是涉及细致的环境模拟和生物过程时；③适用性有限，这种方法更适合特定的植物种类和环境下的细致研究，不适用于大规模的多样化植物建模。

3. 地物三维重建与形态变化表达

战场环境的地物包括房屋、道路、桥梁、碉堡、防御工事、地道等物体。这些地物会以本来的形态存在，也可能会因外力作用而发生形态改变。因此，地物的建模需要同时考虑三维重建与形态变化表达。

地物的三维模型的最终呈现形式为贴有纹理的三角网格。为了构建这些三角网格并完成纹理映射，可以采用传统的手工建模与当前较为先进的自动建模技术。

手工三维建模需要依赖功能强大的建模软件。以下是一些常用的三维建模软件，涵盖不同类型的建模需求。

（1）Maya 是功能齐全的三维建模、动画和渲染软件，适用于多边形建模、NURBS 曲线建模和细分曲面建模，广泛应用于影视动画和游戏开发。适用于复杂的角色、场景建模和动画制作等场景。

（2）3D Max 拥有强大的建模工具，支持多边形建模、样条曲线建模、体积建模等，擅长建筑可视化和游戏场景建模。适用于建筑设计、游戏场景和道具建模。

（3）Blender 是一款开源且免费的三维建模软件，功能涵盖建模、雕刻、动画、渲染等。它支持多边形建模、曲面建模，并且内置了强大的雕刻工具。适用通用建模，尤其适合个人创作和小团队开发。

（4）ZBrush 专注于细节雕刻，提供强大的数字雕刻功能，适用于添加复杂细节如肌肉、皱纹等。它通常与其他建模软件配合使用，用于角色和生物的细节雕刻，高精度模型制作。

（5）Cinema 4D 以易用性著称，拥有强大的建模和渲染功能，尤其在运动图形方面表现出色。该软件主要适用于广告、影视动画、运动图形。

（6）Rhinoceros 是一款基于 NURBS 的三维建模软件，擅长创建复杂的曲面和精确的几何形状，广泛用于工业设计和建筑设计。它主要用于产品设计、建筑设计。

（7）SketchUp 是一款易于学习的三维建模软件，适用于建筑、室内设计等领域，强调快速创建和简单操作。它多用于建筑设计、室内设计、概念模型制作。

手工建模通常针对地物的固有形态进行建模，地物的随机性动态形态变化则很难实现。自动三维建模技术则既能够实现对实体原状态的建模，也能够实现对动态形变的建模。自动三维建模技术通常通过一系列步骤实现，从数据采集到模型生成，以及后续的优化和应用，整个过程借助专业的算法自动完成。环境实体自动三维建模主要依赖点云扫描和自动模型封装两项关键技术。环境实体自动三维建模是当前测绘领域的热门研究技术。

常用自动点云三维建模软件有以下几种。

（1）Autodesk ReCap 是一款用于处理点云数据的专业软件，适合从激光扫描和照片中生成三维模型。它可以将激光扫描数据转换为精确的三维网格，适用于建筑和工程项目。

（2）Agisoft Metashape 是一款摄影测量软件，主要用于从二维图像生成高质量的三维模型。它广泛应用于文物保护、测绘和视觉效果制作中。

（3）Reality Capture 是一款高效的摄影测量软件，支持从图像和激光扫描数据生成三维模型。它以处理速度快和高质量重建著称，适用于游戏开发和数字内容制作。

（4）MeshLab 是一款开源的三维网格处理工具，主要用于点云数据的处理和三维模型的优化。它可以对点云进行清理、简化、平滑等多种操作，是点云预处理的常用工具。

（5）Blender 是一款开源且功能强大的三维建模和动画软件，支持从零开始的三维建模以及点云和网格处理。Blender 还具备丰富的插件，适合从事视觉效果制作和三维动画的用户。

（6）Cloud Compare 是一款用于处理点云和网格数据的开源软件，适合点云配准和比较。它提供了多种工具用于分析点云数据，例如配准、去噪和重建。

（7）3DF Zephyr 是一款摄影测量软件，支持从图像自动生成三维模型。它的用户界面友好，提供了从点云生成到纹理映射的完整建模流程，适合各类用户使用。

（8）Geomagic 是一款专业的逆向工程软件，适用于高精度的三维扫描数据处理和模型生成。它支持点云到 CAD 模型的转换，广泛应用于工业设计和制造。

以上自动建模软件虽然能够快速实现对地物的快速建模，但是其依然很难达到随着地物变化而自动调整地物模型的效果。此种目标的实现，则需要基于模型形态改变的物理驱动模型，结合专业软件三维快速建模算法，通过自行开发实现。

4. 环境过程建模

时空过程变化是战场环境的最为突出的特点，因此战场环境建模则必须能够实现对战场过程的建模。环境过程建模是战场环境建模内容最为综合与复杂的内容，也是实现虚拟环境与现实环境动态平行演化的关键。

战场环境过程建模是一个系统性的工程，涵盖需求分析、数据收集、环境建模、动态过程建模、模型验证、仿真分析和结果展示等多个步骤。每个步骤都需要精确的数据和高效的建模工具来实现。通过对战场环境的过程建模及模拟，充分发挥虚拟战场超前验算能力，提高军事决策的科学性和有效性，为塑造现实战场向有利于自身的方向发展。为了实现高效、真实的战场模拟，众多软件工具应运而生。这些软件具备强大的功能，支持从地理信息系统（GIS）到仿真模拟的多种应用。以下是一些主要的战场环境过程建模与模拟支撑软件。

（1）地理信息系统软件：地理信息系统软件最常用的为 ArcGIS。ArcGIS 是由 Esri 公司开发的一款强大的 GIS 平台，能够进行空间数据分析、地图制作和地理信息管理。该软件可用于创建战场环境的地形模型，分析地理特征对战术的影响，并支持多种数据格式的集成。其强大的分析工具能够帮助用户进行战场地形的可视化和动态分析。另一个是地理信息软件 QGIS。QGIS 是一款开源 GIS 软件，具备丰富的功能和扩展性。用户可以使用 QGIS 进行地形分析、数据可视化和地图制作。它支持多种插件，可以集成各种地理数据，适用于战场环境的建模和分析。

（2）环境仿真模拟软件：VBS3 是由 Bohemia Interactive 开发的军事仿真软件，广泛应用于军事训练和战术分析。它提供一个真实的三维战场环境，支持多种武器系统和战术情景的模拟。VBS3 具有高度的可定制性，用户可以根据实际需求创建不同的战场场景。AnyLogic 是一款多方法建模软件，支持离散事件、系统动力学和代理基础模型。它能够进行复杂的战场环境模拟，帮助用户分析不同战术选择的影响。AnyLogic 的可视化功能使得战场过程的建模和结果分析更加直观。

（3）环境决策支持与分析工具：C2Sim 是一款用于指挥控制模拟的软件，专注于军事指挥过程的建模与仿真。它能够帮助军事指挥员模拟决策过程，评估不同战术选择对战局的影响，提供决策支持。MANA 是一款基于多代理系统的仿真工具，主要用于战场环境中的战术模拟。它允许用户定义不同的代理（如部队、车辆等），并模拟其在战场环境中的行为和互动，从而评估战术效果。

（4）通用环境建模与模拟集成平台：Unity 和 Unreal Engine 是两款流行的三维虚拟环境开发引擎，近年来也广泛应用于军事仿真和训练。它们支持高质量的三维建模和真实感渲染，用户可以创建虚拟战场环境，进行战术训练和决策支持。

4.3.3 支撑平行战场环境分析与决策

智能分析与决策支持是平行战场的重要组成部分。实现作战指挥的智能与科学决策，必须有战场环境信息的支撑。战场环境建模是支撑战场环境分析的重要基础，基于构建的虚拟战场环境，开展多种情景下的过程模拟，能够有效分析战场环境对装备作战效能和作战过程的影响，从而实现对作战指挥决策的支持。

1. 战场环境分析基本方法

时间和空间是战场分析和事件关联最为关键的两个要素。时空分析是战场环境分析的根本方法。战场环境时空分析的基本方法包括空间叠加分析、缓冲区分析、空间拓扑分析、时空关联性分析等。

空间叠加分析是一种广泛使用的地理空间分析方法，其基本内涵是将多层空间数据通过几何和属性上的叠加进行综合分析，以揭示各类空间要素之间的关系和互动。它通过将不同的地理信息层，如土地、地形、植被、交通等进行重叠，从而生成新的信息，帮助用户理解空间现象、评估环境影响和支持决策制定。叠加分析的核心是通过对比多个地理数据层，提取出有用的信息。例如，通过叠加地形、土壤类型和行军路线图层，可以评估行军风险与所需时长；将敌方火力分布与进攻路线叠加，可以确定高风险作战区域并制定相应的应对措施。空间叠加分析主要包括几种方式：一是矢量数据的叠加，如点、线、面之间的空间关系分析，通过布尔运算得出交集、并集、差集等结果；二是栅格数据的叠加，基于栅格单元的叠加计算，用于综合分析连续空间信息。

缓冲区分析是地理空间分析中的一种基本方法，用于研究特定地理对象周围一定距离范围内的空间特征和关系。缓冲区分析的核心是基于几何距离的空间扩展，即以某个地理要素（如道路、河流或建筑物）为中心，在其周围生成一个固定或可变半径的区域，这个区域就称为缓冲区。缓冲区可以是圆形（点要素）、条带形（线要素）或包围区域（面要素）。缓冲区的主要目的是对空间邻近的关系进行分析。通过创建这些区域，可以更直观地评估某个特定地理对象与其周围环境之间的空间关联。缓冲区分析常用于环境影响评估，以帮助理解和量化某一地理对象对其周边环境的影响或与其他空间要素的关系。缓冲区分析的类型有固定缓冲区分析、可变缓冲区分析、多重缓冲区分析。固定缓冲区是最常见的类型，其半径为固定的距离。固定缓冲区适合分析地理要素在一定距离内的影响范围，可广泛应用于侦察半径、火力打击范围等场景。可变缓冲区的范围会根据某些条件或属性值而变化。这种类型的缓冲区通常用于考虑地理要素的不同影响程度，适用于复杂环境影响的评估。多重缓冲区是在同一个地理对象周围创建多个同心的缓冲区，用于研究不同距离范围内的影响。

拓扑分析涉及空间要素之间的关系分析，而不是关注它们具体的地理位置。拓扑分析的基本内涵在于研究地理要素之间的空间关系，包括邻接、包含、相交等，而不受具体尺度、方向和形状的影响。它通过抽象和简化地理实体之间的关系，帮助理解空间结构和模式。在地理信息系统中，拓扑关系主要用于描述点、线、面等地理要素之间的连接和位置关系，以实现精确的空间分析。邻接关系（adjacency）描述的是两个地理要素是否彼此相邻。邻接关系在栅格数据和矢量数据中都有应用，通过这种关系，用户可以研究相邻区域的属性差异，揭示区域间的相互影响。包含关系（containment）用于描述一个地理要素是否完全包含在另一个地理要素内部。例如，驻扎营地是否完全位于敌方的火力覆盖范围内。相交关系（intersection）描述两个地理要素是否相交或重叠，如河流与道路是否相交。接触关系（connectivity）用于描述线要素之间的连接关系，例如，道路网络中的道路相连、河流网络中的支流汇入主流等。这类关系有助于理解空间结构和网络特性，用于网络分析如交通流量、路径规划等。

时空关联性分析是一种探究地理环境在时间和空间维度上相互关系的方法。它的基本内涵在于，通过分析地理环境在不同时刻和不同位置之间的相互关系、变化规律和演化特征，揭示隐藏的空间模式和趋势。这种分析对于理解地理环境的动态变化、评估时空影响因素、制定空间规划等方面具有重要意义。时空关联性分析强调将"时间"与"空间"这两个维度结合起来，以全面描述地理环境的动态变化。传统的地理分析多侧重于空间维度，忽略时间的动态特性，而时空关联性分析通过将时空数据整合起来，可以深入研究某一现象随时间演变的空间分布特征，以及随空间变化的时间演化特征。时空关联性分析的一个核心内容是对地理环境的动态过程进行描述和建模。地理环境往往具有时间连续性和空间依赖性，其变化过程受到多种复杂因素的共同影响。时空分析通过对时间序列的跟踪和空间位置的关联，可以描述这些现象的动态过程和行为模式。时空关联性分析还涉及挖掘地理环境之间的相关性。通过将时间和空间数据结合，可以分析不同时空位置的地理要素之间的相互关系，识别潜在的影响因素。时空关联性分析的主要方法包括时空数据挖掘、时空统计分析、时空回归模型、时空可视化等。

2. 战场环境建模为平行战场装备作战效能分析提供环境基础模型

战场环境建模是支撑战场环境对武器装备作战效能分析的环境模型基础，它通过综合考虑多种环境要素及其动态变化，提供了科学的分析工具和方法。例如，地形环境模型与装备机动能力、通信距离、通视范围等的耦合分析，大气环境模型与装备可视距离、雷达侦察距离、无人机飞行安全性等的耦合分析。

地形环境模型能够提供地形的详细信息，包括地形的起伏、坡度、土壤类型等，这些因素直接影响装备的机动性能。通过模拟不同地形条件下装备的运动，可以分析其在各种环境中的速度、加速度和稳定性。地形坡度能够用于分析车辆爬坡通行能力，进而指导车辆路径规划。用于反应不同的土壤类型（如沙土、泥土、硬土）的土壤模型，能够计算不同地面土质对车辆的牵引力和移动性的影响。地形环境模型同样在通信距离的评估中发挥重要作用。通信系统的有效性往往受地形的影响，尤其是在山区、丘陵和城市等复杂地形中。通过模型可以进行通信视距分析和信号衰减分析。在视距分析方面，地形的高低起伏会影响信号的传播，导致某些区域的通信盲区。通过模型可以识别这些盲区，并调整通信设备的布置。在信号衰减方面，不同的地形和植被会导致信号衰减的程度不同，模型可以帮助评估在特定地形条件下通信信号的强度，进而优化通信网络。地形模型也是作战中通视分析的核心支撑模型，如分析观察点位置、分析隐蔽区域等。利用观察点分析，可以识别最佳观察位置，以获取更广泛的视野，便于敌情侦察和火力支援。在隐蔽区域分析中，地形模型帮助评估敌方或己方位置的隐蔽性，识别可利用的遮挡物，制定相应的战术。

大气环境模型在装备可视距离、雷达侦察距离和无人机飞行安全性等领域中发挥着至关重要的作用。通过对大气层的物理和化学特性进行建模，能够更准确地预测不同气象条件下的视觉和电磁波传播特性，从而为军事和民用应用提供有效支持。装备的可视距离指的是在特定的光照条件和环境下，观测者能够清晰辨认目标的最大距离。大气环境模型通过考虑诸如气溶胶、湿度、温度和光照条件等因素，能够预测可视距离的变化。例如，在雾霾、雨天或夜间等不利天气条件下，模型能够评估可视距离的衰减，帮助操作人员选择合适的观测时机和地点。此外，模型还可以用于优化光学设备的设计，确保其在各种气象条件下都能发挥最佳性能。雷达侦察距离受到多个因素的影响，包括天线的高度、发射频率，以及大气的折射率。大气环境模型可以帮助分析和模拟雷达信号在不同气象条件下的传播特性，如雨、雪、霾等天气现象对雷达波的影响。这对于确定目标的最大探测距离至关重要。例如，在湿度较高的情况下，雷达信号的衰减可能会显著增加，模型能够提供相应的数据支持，以优化雷达系统的运行参数。此外，通过对大气层中温度和湿度分布的建模，能够更好地理解大气折射效应，进而提高雷达探测的精度。这对于军事侦察和空中监视任务尤为重要，能够提高对潜在威胁的探测能力。无人机的飞行安全性与大气环境密切相关。大气环境模型能够提供气流、风速、气温和湿度等信息，这些都是影响无人机飞行稳定性和安全性的关键因素。通过实时监测和预测大气条件，无人机可以在飞行计划中做出相应调整，以避免在强风、暴雨等恶劣天气下飞行，从而提高安全性。

3. 战场环境建模为平行战场指挥决策提供全流程环境信息支援

平行战场的智能指挥决策，离不开战场环境的参与。战场环境要素参与指挥决策的形式，即可以是战场环境感知数据的直接参与，也可以基于战场环境模型计算结果的耦合。在指挥决策过程中，战场环境模型可以帮助指挥员深入分析战场形势，做出快速反应。例如，在面对复杂的地形和敌方强大火力时，构建的环境模型可以评估不同进攻路线的可行性，辅助指挥员制定合理的战术。战场环境建模在平行战场指挥的全流程中均能发挥重要作用，包括战前任务规划、战时指挥控制、战后分析评估等。

平行战场战前任务规划，既需要规划物理战场的任务分配与时空演进，又需要规划虚拟战场环境中的任务与演进。在战前任务规划过程中，战场环境建模是一个重要的工具，其作用体现在以下几个方面：一是提供可视化支持。战场环境建模能够通过三维模型或虚拟现实技术，为指挥员提供直观的战场视图，帮助其理解复杂的地形、建筑物及障物的位置和布局。二是模拟战斗场景，通过对战场环境的建模，可以进行战斗场景的模拟与推演，评估不同战术方案在特定环境下的可行性和有效性。这有助于指挥员在决策时做出更科学的选择。三是分析敌方行动，战场环境建模可以结合敌方战术特征，对可能的敌方行动进行预测和分析，帮助指挥员制定相应的对策。四是支持信息共享，战场环境建模提供了一个统一的平台，使不同作战单元之间可以共享战场信息，增强协同作战的能力，提高整体作战效率。五是提高决策效率，战场环境的建模与分析，可以帮助指挥员快速评估各种选择的优缺点，从而提高决策的效率和准确性。

平行战场战时指挥控制中，战场环境建模能够发挥以下作用：一是提高对战场态势的理解，战场环境建模能够帮助指挥员更好地理解战场的整体态势，包括敌方部署、地形变化和气象影响等。这种可视化的信息能够为决策提供更为直观的支持。二是模拟不同作战方案，通过建模，指挥员可以在虚拟环境中模拟不同的战术方案，评估其可行性和潜在效果。这种预测能力使得指挥员能够提前发现并规避可能的风险。三是优化资源配置，战场环境模型可以分析各类资源（如兵力、物资等）的最佳配置方案，确保在多个战场上资源得到高效利用，提升整体作战能力。四是动态调整和反馈，环境建模还可以结合实时数据，对战场情况进行动态调整和反馈。当战场环境发生变化时，模型可以及时更新，从而为指挥员提供最新的信息支持。

平行战场战后分析评估中，战场环境建模能够发挥以下作用：一是可视化与模拟，通过对战场环境的建模，可以实现对复杂战斗情境的可视化。这种可视化能够帮助分析者更直观地理解战斗过程中的各种因素及其相互关系，从而更准确地进行评估。二是虚拟实验，环境建模允许进行虚拟实验，分析不同战术在相似环境下的效果。研究人员可以在模拟环境中调整变量（如地形、天气、敌我兵力等），观察其对战斗结果的影响，进而提供理论依据。三是情景再现，模型能够再现特定的战斗场景，分析者可以重现战斗中的决策过程和结果。这种再现能够帮助指挥员理解当时的情境以及采取特定的行动的原因。四是风险评估，通过对战场环境的建模，可以评估不同决策带来的风险。这种风险评估有助于在未来的行动中减少意外损失，提高作战成功率。五是多因素分析，战场环境建模能够同时考虑多个因素的影响，包括天气、地形、技术装备和敌方反应等。这种多因素分析能够更全面地评估战争中各种决策的效果。六是决策支持，环境建模提供了一个决策支持工具，可以帮助指挥员在面对复杂局势时，快速而有效地做出判断。这在动态变化的战场上至关重要。

4. 战场环境建模为平行战场指挥决策优化提供环境模型底座

平行战场需要数据底座和模型底座的双支撑。战场环境建模是构建战场环境模型底座的关键。战场环境涉及陆、海、空、天等全领域,以及地理、自然、人文、交通、地质等多学科。战场环境要素复杂,要素与要素之间深度耦合,使战场环境模型体系庞大,必须有专业的学科知识支撑方能实现对战场环境模型的科学构建。同时,体系化的战场环境模型,必将有效支撑平行战场指挥决策优化。

战场环境模型底座是指构建用于模拟和分析战场环境的基础模型框架,它为战场态势感知、决策支持以及作战模拟提供核心支撑。该模型底座综合了战场环境复杂模型体系,包括地理环境、人文环境、气象条件、地质条件等环境模型,同时涵盖模型与数据、模型与模型之间的耦合关系。战场环境模型底座的构建强调数据的精确性和时效性,同时依赖先进的建模技术,实现高精度环境模拟和多场景动态仿真。

战场环境模型底座以多维信息为基础,包括地理信息、气象信息、敌我态势等静态与动态数据,通过融合地理空间数据、实时传感器数据和历史作战数据,形成高精度的动态战场环境模型集,为作战模拟提供细粒度模型支持。模型底座通过模块化和开放性构建,能够快速适配不同的作战需求。其次,通过模型分层,可以针对战略、战役、战术等不同层次提供定制化支持。战略层侧重于大区域环境宏观掌控,战役层着眼于区域性战场动态,战术层则聚焦于具体目标的精确打击与资源配置等。在指挥决策应用方法上,战场环境模型底座通过嵌入指挥模型体系,实现对不同战场情境进行快速模拟、推演与评估,实现与指挥信息系统无缝集成,提供可视化与智能化的决策支持界面,帮助指挥员快速理解复杂的战场信息。

参考文献

[1] 李俊山,王蕊,李建军. 三维视景仿真可视化建模技术[M]. 北京:科学出版社,2011.

[2] 许捍卫. 地理信息系统教程[M]. 北京:国防工业出版社,2010.

[3] 韩军强. 高精度 GNSS 实时滑坡变形监测技术及环境建模分析研究[J]. 测绘学报,2020,49(3):397.

[4] 余卓渊,闾国年,张夕宁,等. 全息高精度导航地图:概念及理论模型[J]. 地球信息科学学报,2020,22(4):760-771.

[5] 郭仁忠,陈业滨,应申,等. 三元空间下的泛地图可视化维度[J]. 武汉大学学报(信

息科学版),2018,43(11):1603-1610.

[6] 林珲,陈旻.利用虚拟地理环境的实验地理学方法[J].武汉大学学报(信息科学版),2014,39(6):689-694.

[7] 徐丙立,龚建华,林珲.基于HLA的分布式虚拟地理环境系统框架研究[J].武汉大学学报(信息科学版),2005,30(12):1096-1099.

[8] 林珲,朱庆.虚拟地理环境的地理学语言特征[J].遥感学报,2021(2):158-165.

[9] 林珲,徐丙立,肖昕,等.数字孪生人文地理环境[J].遥感学报,2024,28(5):1131-1144.

[10] Zare F, Jakeman A J, Elsawah S, et al. Bridging practice and science in socio-environmental systems research and modelling: A design science approach[J]. Ecological Modelling, 2024, 492: 110719.

[11] Jones H F E, Özkundakci D, Hunt S, et al. Bridging the gap: A strategic framework for implementing best practice guidelines in environmental modelling[J]. Environmental Science & Policy, 2020, 114: 533-541.

[12] Elsawah S, Filatova T, Jakeman A J, et al. Eight grand challenges in socio-environmental systems modeling[J]. Socio-Environmental Systems Modelling, 2020, 2: 16226-16260.

[13] Jakeman A J, Letcher R A, Norton J P. Ten iterative steps in development and evaluation of environmental models[J]. Environmental Modelling & Software, 2006, 21(5): 602-614.

[14] Jakeman A J, Elsawah S, Wang H H, et al. Towards normalizing good practice across the whole modeling cycle: its instrumentation and future research topics[J]. Socio-Environmental Systems Modelling, 2024, 6: 18755-18755.

第 5 章
作战仿真

仿真技术经过长期研究和实践，已经在众多领域中取得了重大的进展，其应用领域也变得更为广泛和深入。作战仿真是仿真技术在军事领域的典型应用，在军事训练、战法评估、武器装备试验、作战理论验证上均有广泛而深入的应用，目前越来越多国家已认识到作战仿真的重要作用，作战仿真技术也得到大力发展。同样，在平行战场中，作战仿真也发挥重要作用，虚拟战场中的方案推演、博弈对抗、兵力模型的智能演进等均需要依托作战仿真实施。本章围绕平行战场中的作战仿真问题，重点介绍作战仿真的相关理论、典型系统及下一步的发展，作战仿真的典型军事应用，以及作战仿真在平行战场中的应用等内容。

5.1 作战仿真概述

5.1.1 基本概念内涵

基本概念的内涵与外延决定了一个领域的研究内容和范围，概念的区分有利于把握研究方向和研究内容，这里阐述相关概念内涵，首先阐述系统、模型和仿真的概念。

（1）系统的概念是：由相互联系、互相制约、相互依存的若干部分结合在一起形成的具有特定功能和运动规律的有机整体。对系统的研究主要包括实体、属性和活动。实体是组成系统的具体对象；属性是实体所具有的有效特征；活动是系统对象随时间推移而发生的状态变化。

（2）模型的概念是：对客观事物的简化反应和抽象。模型实质是用某种形式来近似地描述或模拟所研究的对象或过程，模型可以描述系统的本质和内在的关系，通过对模型的分析和研究，达到对原系统的了解。模型的表达形式一般为物理模型和数学模型。

(3) 仿真的概念是：一种基于模型的活动。

通过以上概念可以得出，仿真与系统和模型有着密切关系，首先系统是研究的对象，要对系统进行研究，可以基于建模技术或方法，构建系统对应的模型（模型是系统的抽象），而后利用仿真手段，通过对模型的实验以达到研究系统的目的。这里提到的建模是指建立模型，即建立系统的一种表达。

下面简要阐述计算机仿真，计算机仿真是一种在计算机上"复现"真实系统的活动。它依赖间接相似原则，将系统模型通过一定的算法，建立能被计算机接受且能够在计算机上运行的仿真模型，这个仿真模型可以方便地在计算机上修改及反复运行。计算机仿真系统不同于普通的数值计算，其具有专门的系统软件，能够为系统的研究和最优方案的搜索创造良好的条件。

计算机仿真在军事中的应用即为军事仿真。军事是指与军队或战争有关的事情，军事仿真是通过应用计算机仿真技术执行与军队或战争有关的模型，对军事问题进行研究和分析。

本章介绍的作战仿真，即为军事仿真的一种应用，作战是指军队之间的对抗厮杀，作战仿真是在实际的或假想的作战环境下，按照设计的规则、数据和行动的两支或多支部队之间进行对抗的仿真。该定义体现了作战仿真的相关组成要素，包括仿真环境、作战规则、作战数据、作战过程、作战行动等。

5.1.2 典型作战仿真系统

美军经过几十年发展，研制开发了一些典型的作战仿真系统，主要有联合战区级模拟系统（JTLS）、联合作战系统（JWARS）、联合建模与仿真系统（JMASS）等，同样我国在作战仿真系统研究上，也有相关成果，包括 MAXSIM、XSimStudio 等，上述仿真系统成功应用于军事方案推演、装备论证与评估、战法研究、军事训练等各个方面。

1. 联合战区级模拟系统

美军联合战区级模拟（joint theater level simulation，JTLS）系统是计算机辅助的交互式仿真系统，最多可以模拟 10 方参加的空战、海战、陆战、后勤、特种部队作战和情报支援等行动，各方又可进一步细分为无数个不同级别的部队。它还支持有限的核、化武器的影响、低强度冲突和冲突前的行动等模拟。该系统于 1983 年开始开发，其最初设计目的是用于联合和联军作战计划的开发与分析，现在常被用作训练支持模型。它由 6 个主程序和众多支持程序组成。6个主程序是：想定准备和支持工具、系统设置和初始化程序、战斗事件程序、操作员接口程序、网络支持工具和网络支持的JTLS系统的执行程序。支持程序用于准备作战想定、运行模拟和分析结果等。作为作战计划的开发和分析工具，JTLS系统可用于独立战区，既可在单个或多个计算机上运行，也可在单个或多个站点运行。

2. 联合作战系统

联合作战系统（joint warfare system，JWARS）是美军支持联合战役作战方案分析的作战仿真系统，主要用户包括国防部、参联会、各军兵种、各作战司令部等。其目的是为了给这些用户提供对联合作战分析的工具，以支持作战计划制定与执行、兵力评估研究、系统效能评估与作战分析、作战概念、条令的开发与评估等。JWARS从20世纪90年代中期开始研发，是美军最新、最先进的战役级仿真系统。几十年来，已发放至64个美国国防部支持的单位，其强大的分析能力为美军军事研究提供了有力的支持。为更好地反映该系统的内在潜力，2006年美军将其更名为联合分析系统（joint analysis system，JAS）。JAS非常灵活，可以分析当前、近期和未来的作战概念、条令、系统，还能描述美国的机构、盟军、非政府组织/个人自愿组织、平民和潜在的对手；既能够代表多联盟中的多国，也能代表中立方和敌对方。JAS至今仍在开发之中。

3. 联合建模与仿真系统

20世纪90年代初，美国国防部决定开发联合建模与仿真系统（joint modeling and simulation system，JMASS）。JMASS通过把所要研究的武器系统放置于一个虚拟的对抗环境中，对其设计和性能进行分析。JMASS是一个提供共享、重用和互操作的仿真支持环境，最初用于武器系统开发和采办工程的交战级分析，包括一系列定义明确的建模接口标准，提供软件体系结构用于模型开发、将模型配置到仿真中、执行仿真和对仿真获得的数据进行后处理等功能，可用于构造作战情况和模拟及评估当前和未来的作战系统。JMASS还提供建模和仿真重用库（MSRL），该建模和仿真重用库支持武器系统的分析、开发、采办、测试和评估。

JMASS主要服务于采办、测试和评估等部门，是实现基于仿真的采办（SBA）的重要技术手段。从1998年开始，JMASS扩展为一个三军联合项目，美国陆、海、空三军及国防部、国防情报局都参与了该项目的开发，它有近700个注册用户。

4. 分布式作战仿真系统

MAXSIM系统是基于通用黑板（GBB）和分布式多智能体系统

（DMAS）先进内核技术开发完成的分布式作战仿真系统，实现了巨大实体数量（100万个）的实时仿真，具有精细全面的装备建模能力、可视化行为建模能力和强大的运行管理能力。能够提供装备建模、行为建模、想定制作、运行监控、过程回放等一系列工具，可支持军事模型建立、仿真想定制作、仿真运行管理、仿真数据分析等功能实现。

MAXSIM系统主要包括装备模型编辑器（MAXTKE）、行为编辑器（MAXBE）、想定编辑器（MAXSE）、想定运行与监控（MAXSMCS）、数据记录器（MAXLogger）、数据回放器（MAXPlayer）、想定评估（RTPAM）、综合管理工具（MAXSM）、三维态势显示（MAX3D）等工具，以及配置文件读写开发包（XMLSDK）、地理信息开发包（MAXGisSDK）、建模工具开发包（MAXToolsSDK）、基本模型库（BasicModels）、仿真引擎开发包（MAXEngineSDK）、仿真运行环境（MAXRuntime）、GBB编辑器开发包（GBBEditorSDK）、GBB浏览器开发包（GBBExploreSDK）等开发包。具体使用时可根据应用需求，选用具体工具或开发包进行应用。工具为成型软件，直接调用即可；开发包提供拓展开发功能，使用人员可基于开发包开发出满足使用需求的软件。

5. 作战仿真系统平台

XSimStudio可扩展仿真平台（XSIM）是面向军用仿真领域，以多智能体建模仿真方法为基础，以面向对象组件化建模和并行离散事件仿真技术为核心，支持C^4ISR体系建模和OODA过程仿真的作战仿真系统平台。平台贯穿仿真全生命周期过程，在模型准备、方案拟定、系统运行、分析评估及态势展现各个阶段，提供集成开发、运行管理和资源服务等全方位支持。平台内置通用建模体系，支持模型及应用软件的二次开发，可为分析论证、模拟训练、试验评估等各领域各层级仿真系统的研制集成和运行管理提供一揽子解决方案。

XSimStudio包括模型开发与组装、数据管理、想定编辑与运行、态势显示等完整的CGF建模仿真功能/工具，支持通过DIS、HLA、TENA等分布式仿真技术与异构异地系统互联。配套的XSimModels提供了陆、海、空、天等作战域装备和行为仿真模型，可以快速构建联合作战仿真。同时允许使用人员在已有模型基础上进行扩展，自定义相关模型，包括运动、探测、数据处理、通信、交战、行为、环境、毁伤裁决等模型，以满足高度个性化的作战仿真需求。

5.1.3 作战仿真发展

在军事需求和技术推动的共同作用下，作战仿真发展呈现以下趋势。

1. 智能化与自主化程度不断提高

1）智能决策支持

作战仿真将能够更加智能地模拟参战各方的决策过程。通过运用人工智能和机器学习技术，对大量的历史作战数据和模拟数据进行学习和分析，为指挥人员提供更准确、更具参考价值的决策建议。例如，在模拟作战中，可以根据敌我双方的兵力部署、武器性能、地形条件等因素，快速生成多种作战方案，并评估各方案的可行性和效果，辅助指挥人员选择最优方案。

2）自主行为模拟

对于作战单位的行为模拟将更加逼真和自主。作战仿真能够让虚拟的作战单位具备自主感知、判断和行动的能力，使其行为更加符合实际作战中的情况。例如，虚拟的士兵可以根据战场上的敌情、地形等信息自主选择隐蔽、进攻、撤退等行动，虚拟的武器装备可以根据目标的特征和威胁程度自动选择攻击方式和时机。

2. 跨平台与分布式协同能力增强

1）跨平台兼容性

作战仿真系统将具备更好的跨平台兼容性，能够在不同的操作系统、硬件设备上运行，方便军事人员在多种环境下使用。例如，既可以在高性能的军事指挥中心的大型计算机上运行，也可以在基层部队的便携式设备上使用，满足不同层级军事人员的需求。

2）分布式协同仿真

随着网络技术的不断发展，分布式协同仿真将成为作战仿真发展的重要方向。不同地点的军事人员和作战单位可以通过网络连接，共同参与到同一个作战仿真场景中，实现信息共享、协同作战。这种分布式协同仿真可以提高协同性和效率，更好地模拟实际作战中的联合作战场景。

3. 与新兴技术深度融合

1）虚拟现实与增强现实技术

虚拟现实（VR）和增强现实（AR）技术将与作战仿真深度融合，为军事人员提供更加逼真的作战场景体验。通过佩戴 VR 或 AR 设备，军事人员可以身临其境地感受战场环境，更加直观地了解敌我双方的态势，提高指挥决策的准确性和效率。例如,在城市作战的仿真中,指挥人员可以通过增强现实(AR)技术在真实的城市地图上叠加虚拟的作战单位和战场信息,更好地制定作战计划。

2)大数据与云计算技术

大数据技术可以为作战仿真提供海量的作战数据支持,帮助仿真更加准确地模拟作战过程和结果。云计算技术则可以为作战仿真提供强大的计算能力和存储资源,支持大规模作战仿真场景的构建和运行。例如,利用云计算技术可以快速构建出包含数千个作战单位、复杂地形和气象条件的大规模作战仿真场景,并实时计算和模拟各作战单位的行为和战斗结果。

4. 高逼真度与精细化建模

1)物理模型精细化

作战仿真将更加注重物理模型的精细化建模,提高对武器装备的性能、战场环境的物理特性等方面的模拟精度。例如,对于导弹的飞行轨迹、爆炸效果、坦克的机动性、防护性能等,都将进行更加精确的模拟,使作战仿真结果更加接近实际作战情况。

2)人员行为模型真实化

在人员行为模型方面,将更加关注人员的心理、生理等因素对作战行为的影响,使虚拟的作战人员行为更加真实可信。例如,考虑到士兵在长时间作战中的疲劳、恐惧等心理因素,以及受伤后的生理反应等,对士兵的作战行为进行更加真实的模拟。

5. 开放性与可扩展性提升

1)开放接口与标准

作战仿真将提供更多的开放接口和标准,方便与其他军事信息系统进行集成和数据交互。例如,与情报系统、指挥控制系统等进行无缝对接,实现作战数据的实时共享和传输,提高作战指挥的效率和准确性。

2)可定制化与二次开发

为了满足不同用户的个性化需求,作战仿真将具备更高的可定制化和二次开发能力。用户可以根据自己的需求,对仿真场景、模型参数、算法等进行定制和修改,开发出适合自己的作战仿真应用系统。

5.2 典型军事应用

在军事应用中,作战仿真可为模拟训练、作战方案优化分析、武器装备试验研发、军事理论研究等应用提供支撑。

5.2.1 支撑模拟训练

可支撑单兵技能训练，如在射击训练上，通过模拟不同的战场场景、天气条件、目标类型与运动轨迹等因素，使士兵能够在虚拟环境中进行反复练习，提高射击精准度与反应速度；在军事地形学相关技能训练上，基于作战仿真可以构建复杂的虚拟地形，让士兵在其中进行模拟行军与定位训练，增强他们在实际战场中应对复杂地形的能力。

可支撑战术协同训练，作战仿真能够模拟多兵种协同作战场景，不同兵种的作战单元可以在虚拟战场上进行联合演练。例如，模拟城市巷战场景，步兵与装甲兵协同推进，炮兵提供火力支援，通过仿真精确设定各兵种的作战参数、行动规则与信息交互机制，能够有效检验和提升部队的战术协同能力，发现协同作战中存在的指挥不畅、火力误伤等潜在问题并及时加以改进。

可支撑指挥训练，作战仿真可以提供良好的的指挥决策训练平台，可以根据历史战例或虚构的复杂作战态势，构建虚拟对抗战场。指挥员将面临各种战场情况，如敌方突然调整、兵力增援等，进行作战指挥决策训练。通过多次模拟演练，指挥员能够积累丰富的指挥经验，提高在复杂战场环境下的决策准确性与时效性，培养其临机应变能力。

5.2.2 支撑作战方案优化分析

1. 作战方案预演

在军事行动前，制定多种作战方案是常规操作。依托作战仿真能够对这些作战方案进行全面预演模拟。通过输入详细的作战计划参数，包括兵力部署、武器装备配置、进攻或防御路线规划等，在虚拟战场上模拟作战过程，并分析不同方案下各阶段的作战效果，如对敌方关键目标的打击效果、己方兵力与装备的损耗情况、作战时间预估等。基于预演结果，军事决策者可以筛选出最优作战方案，提高作战成功率并降低风险。

2. 作战效能评估

作战仿真可对已实施的军事作战行动进行效能评估。通过收集实际作战数据并与仿真模拟结果进行对比分析，能够精准地评估作战过程中各要素的表现。例如，分析部队协同作战效果，找出影响作战效果的关键因素，为后续的军事行动改进提供有力的数据支撑。

3. 作战风险预测

军事作战面临诸多风险与不确定性，作战仿真可以基于历史数据与作战模型，对作战过程中可能出现的风险进行预测。例如，预测敌方可能采取的隐蔽战术、突然的反击行动、作战环境中自然灾害等不可抗力因素对作战行动的影响。以便提前制定应对策略，降低风险发生时对作战行动的不利影响，增强军事行动的稳健性与适应性。

5.2.3 支撑武器装备试验研发

1. 装备性能测试

在新型军事装备研发阶段，可基于作战仿真构建装备虚拟测试平台，将尚未实际生产制造的装备设计参数输入仿真中，模拟其在各种作战场景下的性能表现。如测试新型战斗机的飞行性能、武器挂载与发射能力等，可在虚拟环境中与不同类型的敌机或防空系统进行对抗测试，获取大量性能数据，为装备的设计优化提供依据，降低实际试飞或实装测试的成本与风险。

2. 装备体系兼容性验证

现代军事作战依赖多种装备构成的体系化作战力量，作战仿真能够验证新研发装备与现有装备体系的兼容性。可模拟新装备加入现有装备体系后在信息传输、指挥控制、火力协同等方面与其他装备的交互情况，确保装备体系的整体性与协同性不受破坏，避免因装备兼容性问题导致作战效能降低甚至作战失利。

5.2.4 支撑军事理论研究

新的军事理论不断涌现，作战仿真为军事理论创新提供了验证平台。将创新性的军事作战概念、战术思想等转化为仿真模型与参数，在虚拟环境中进行验证与完善。例如，验证新型网络中心战、分布式作战等理论在不同作战场景下的可行性与有效性，通过模拟结果对军事理论进行修正与优化，推动军事理论研究不断进步。

5.3 作战仿真在平行战场中的应用

虚拟战场是平行战场的三大组成部分之一，虚拟战场的核心是通过作战仿真的方式实现对真实作战的模拟，依托作战仿真在虚拟战场中可进行超前推演。因此，作战仿真是实现超前推演、以虚控实的关键所在，在平行战场应用中发挥基础支撑作用。

5.3.1 支撑高精度战场环境模拟

平行战场旨在构建与真实战场高度相似的虚拟空间，作战仿真需精确呈现战场地理环境，包括地形地貌（山脉、河流、森林、城市等）的细致特征，以及气象条件（温度、湿度、风向、降雨、沙尘等）对作战行动的实时影响。例如在山区作战模拟中，准确的地形数据能决定部队的行军路线、隐蔽场所和火力覆盖范围；不同气象条件下，武器装备的性能、可视距离、通信信号传播等都会发生变化，仿真必须精准模拟这些因素，为作战决策提供可靠依据。

5.3.2 支撑多样化作战实体建模与行为仿真

（1）武器装备建模：对各类武器装备从外观到内部构造、性能参数进行深度建模。如战斗机的飞行性能（速度、航程、机动性）、武器系统（导弹类型、射程、命中率等）、雷达与电子战设备的功能模拟；坦克的装甲防护、火力强度、越野能力等。并且要能模拟装备在不同使用状态和受损情况下的性能变化，以及新装备的概念性设计与效能测试。

（2）作战人员行为模拟：依据军事战术、心理学等，模拟作战人员个体的战斗技能（射击精度、近战能力等）、战术决策过程（根据战场态势选择攻击或防御策略）、团队协作行为（班排连等作战单位的协同作战动作）以及在压力环境下的心理变化和应对方式，使虚拟战场中的人员行为符合实际作战逻辑。

5.3.3 支撑高可信度的作战效果评估

（1）毁伤评估：精确计算各类武器对不同目标的毁伤效果，包括直接毁伤（如炮弹对建筑物、导弹对舰艇的破坏程度）和间接毁伤（如爆炸引发的二次灾害、对周边作战单位士气的影响等）。考虑目标的材质、结构、防护措施以及武器的威力、命中精度等多因素，为作战效能分析提供量化依据。

（2）任务完成度评估：根据作战任务目标（如占领特定区域、摧毁敌方关键设施、保护己方重要目标），综合评估作战行动在规定时间内的完成进度与质量。分析各作战单元在任务中的贡献、行动的合理性与有效性，以便总结经验教训，优化作战方案。

5.3.4　支撑方案快速生成与推演

（1）方案生成：根据作战任务、兵力兵器配置、战场环境等条件，快速生成多种作战方案。如在应对边境冲突模拟中，能迅速生成不同兵力部署、不同战术运用（如正面强攻、迂回包抄、特种作战等）的作战计划，并可对方案进行初步筛选与优化。

（2）推演功能：支持对作战方案在虚拟战场中的快速推演，以时间加速或实时模式展示作战过程。在推演过程中，能随时调整方案参数（如投入兵力的增减、作战时机的改变等），观察不同调整对作战结果的影响，辅助指挥人员选择最佳作战方案。

5.3.5　支撑智能决策辅助与数据分析

（1）智能决策支持：运用人工智能技术，对战场海量数据（如侦察情报、作战态势数据、装备性能数据等）进行实时分析，预测战场态势发展趋势，为指挥人员提供智能决策建议。如预测敌方可能的攻击方向、推荐我方最佳防御或反击策略，帮助指挥人员在复杂战场环境中快速做出科学决策。

（2）数据分析挖掘：具备强大的数据挖掘能力，能从多次作战模拟数据中提取有价值信息。例如分析不同作战环境下胜率较高的战术、特定武器装备的最佳使用场景、部队协同作战中的薄弱环节等，为指挥人员决策提供数据支撑。

参考文献

[1] 刘思峰.系统建模与仿真[M].北京:科学出版社,2012.
[2] 刘兴堂.复杂系统建模理论、方法与技术[M].北京:科学出版社,2008.
[3] 彭鹏菲,任雄伟,龚立.军事系统建模与仿真[M].北京:国防工业出版社,2016.
[4] 杜晓明,蔡纪伟,李前进.装备保障仿真智能指挥实体建模方法[M].北京:国防工业出版社,2020.
[5] 徐享忠,于洪涛,徐豪华.作战仿真试验[M].北京:国防工业出版社,2013.
[6] 杨小强,申金星,史长根.装备模拟技术[M].北京:冶金工业出版社,2019.
[7] 于广海.军事模拟训练研究[M].北京:海潮出版社,2016.
[8] 许瑞明.作战建模与仿真[M].北京:军事科学出版社,2012.
[9] 曹占广.面向服务架构的作战行动建模与仿真[M].北京:国防大学出版社,2012.
[10] 邢维艳,闫雪飞,刘东.装备体系多Agent建模与仿真方法[M].北京:国防工业出版

社,2020.
[11] 张昱,李仁见,毛捍东.美军一体化联合仿真[M].北京:国防大学出版社,2015.
[12] 邱志明,李恒,周玉芳,等.模拟仿真技术及其在训练领域的应用综述[J].系统仿真学报,2023,35(6):1131-1143.
[13] 李江涛,张京涛,张波,等.联合作战仿真实验中仿真引擎运行策略研究[J].指挥控制与仿真,2022,44(3):80-87.
[14] 毛子泉,高佳隆,龚建兴,等.虚实结合仿真在军事领域的应用综述[J].系统仿真学报,2023,35(11):2289-2311.
[15] 张鑫宇.面向作战仿真的动态可编辑建模方法及仿真引擎设计与实现[D].北京:北京理工大学,2018.
[16] 赵坦,吴琳,等.元宇宙概念及其军事应用[J].系统仿真学报,2023,35(7):1405-1420.
[17] 郭颖.组件化并行仿真引擎关键技术研究[D].北京:北京理工大学,2015.
[18] 李泽民,王小振.基于实体模型的通用作战仿真引擎设计[J].电脑知识与技术,2010,6(3):677-680.

第 6 章 智能博弈

随着人工智能技术的蓬勃发展，作战空间由物理域、信息域向认知域加速拓展，对作战的精确性、时效性、实用性提出了更高要求，"智谋""智算"的重要性凸显，基于OODA模型的智能化指挥控制和智能博弈成为大势所趋。融合虚拟战场与物理战场的人-机、机-机对抗博弈技术成为各国抢占新一轮军事斗争的制高点，牵引着智能化武器装备的发展和智能化作战的前瞻设计。平行战场中的智能博弈将重点研究深度强化学习理论军事应用、虚实结合的智能博弈方法与实现手段以及面向军事对抗的模型与算法设计，辅助指挥员进行"筹划"与"精算"，支撑虚拟战场先验感知、超前推演和预先实践，引导物理战场的科学决策与优化实施，从而赢得战场主动。

6.1 智能博弈概述

6.1.1 基本概念内涵

博弈是指个人或者组织，在一定的规则和环境条件约束下，依靠所掌握的信息分析对手可能的行动方案，选择并实现各自的行为或者策略，最终取得利益最大化和风险成本最小化的决策过程。博弈的基本要素包括参与人、行为、信息、战略、支付函数、结果、均衡。博弈问题体现在人类生活的各个方面，可以说是无处不博弈。例如，商家与消费者之间的买卖博弈，国与国之间的经济、军事、人才和科技的竞争博弈，体育比赛各个比赛选手之间的博弈等。

博弈论（game theory）是在竞争或者合作环境下交互式决策的数学理论，交互式决策是关键特征。博弈论主要分为两大领域，即非合作博弈理论与合作博弈理论。这两种理论的差别在于所使用的基本假设不同，即承诺的强制力不同，因此它们在研究方法和结论上存在较大差异。在非合作博弈理论中，决策主体根据利益最大化的原则来决定自己的选择，没有任何强制力量能够使他们遵守一个违背自己利益的承诺。非合作博弈研究人们如何独立进行博弈决策，强调的是个人理性和个人最优决策。军事博弈，特别是作战博弈，大多属于非合作博弈。

博弈论与智能有着密切的联系，核心都是一种从交互中获取优化结果的方法与手段，目前具有代表性的人工智能系统都以博弈论思想或模型为重要基础。例如，AlphaGo、AlphaZero系统的场景对象都是博弈双方态势信息完全可见的围棋，模型是决策树构建的完全信息动态博弈，采用基于深度学习的蒙特卡洛树搜索算法计算。

智能博弈通常是指利用人工智能技术通过人-机对抗、机-机对抗和人-机协同对抗等方式研究博弈领域相关问题的方法。其核心是利用人工智能方法中的搜索和学习技术替代传统数值优化计算进行博弈问题求解，从而解决高复杂度博弈场景中的快速求解问题，本质是利用计算机和各种算法探索人类认知决策智能形成过程，为人工智能决策走向成熟和应用提供支撑。初始，智能博弈以下棋等序贯决策问题为主要研究形态，然后逐步扩展到竞技游戏、兵棋推演以及军事对抗。

军事智能博弈（military intelligence game，MIG）是指将军事问题转化为博弈问题，综合利用博弈论和人工智能技术寻求军事对抗中的策略均衡解。博弈论为解决军事问题提供了理论框架，人工智能技术为策略求解提供了高效方法。随着智能理论与技术的迅猛发展，博弈论和人工智能技术在现实应用中结合得更加紧密，为突破军事决策智能发展瓶颈提供了新思路。

由于军事问题的独特性，智能博弈应用在军事领域与民用领域有很大区别，并且更具有前沿性、挑战性和严苛性，核心技术问题是军事对抗中智能体决策与行为模型的构建与训练，是智能化军事应用的基础和共性技术，同时也是模拟训练、自主集群无人化作战等军事领域智能化建设的核心技术基础，将重点解决指挥控制中作战方案生成、任务规划及临机决策等问题。

按照应用任务，军事智能博弈技术可以划分为指挥所智能辅助决策、分队行动控制实时决策、平台自主决策三个层次；按照参与军事对抗时间可以分为战前和战中两个阶段；按照作战流程又可具体分为侦察博弈、认知博弈、规划博弈、控制博弈等。

（1）指挥所智能辅助决策：需要相关技术应用于不同级别的作战指挥

机构，提高指挥决策速度、准确性与整体水平问题。战前，辅助指挥员及指挥机关完成任务意图理解、作战设计和作战行动推演评估，生成作战计划、任务清单、作战行动序列和作战指令等；战中，辅助指挥员及指挥机关进行作战任务实时监控、临机行动计划调整。

（2）分队行动控制实时决策：需要相关技术应用于营连分队，以分队对抗决策、作战智能体生成、军事应用数据库和加速推演技术为基础，在博弈对抗思想的指导下，建立分队作战规则智能体和强化学习智能体，实现从兵力配置、火力分配到有人/无人协同的分队级协同指挥控制，为地面作战分队的战术级作战指挥提供实时决策支持。

（3）平台自主决策：需要相关技术应用于无人智能作战平台，采用智能决策技术实现平台的战术行为决策与即时控制，提升无人平台的自主能力，使无人平台能够自主发现、自主机动、自主打击。

结合上述应用需求，军事智能博弈需要解决的核心技术问题包含如下5个方面。

（1）如何构建和表示异构装备的操控动作库、战术动作库，不同力量编成的战术行为库，以及战役知识库和常识库，探索其推理机制，形成真实、可信的研究基础；

（2）如何有机融合知识驱动的作战经验模型与数据驱动的统计学习模型，发展以实驱虚的对抗性智能决策模型和算法，实现在不确定、不完全信息、动态变化等条件下的学习、推理、决策等任务；

（3）如何系统借鉴基础人工智能领域的进展，发展数据高效和可理解的军事智能算法，实现强泛化能力、高适应性和"小数据、大任务"的学习范式；

（4）如何发展符合陆战特点、虚实融合的学习理论和模型，系统刻画和评价作战指挥与行动控制模型的泛化性、对抗鲁棒性、可解释性等多维度的性能；

（5）如何发展适应作战需求的边、端型智能理论和技术，构建云、边、端一体化的决策框架，支持模型和算法的创新与迁移，形成以虚控实态势，促进落地应用。

6.1.2 发展现状

1. 博弈类游戏算法研究进展

游戏作为人工智能与博弈论的一个交叉领域，在博弈决策算法方面已经取得了较大进展，并达到或超越了人类的水平。

在棋类博弈游戏中，2016 年 DeepMind 提出了 AlphaGo，利用深度强化学习和监督学习的方法，最终分别以 4∶1 和 3∶0 的比分战胜了围棋世界冠军李世石和当时围棋世界排名第一的柯洁，2017 年，DeepMind 又提出了 AlphaGo 的进化版本 AlphaGo Zero，在不利用任何人类专家经验数据等先验知识的情况下，经过三天的自我博弈以 100∶0 击败了 AlphaGo。

足球机器人在智能博弈算法研究中也发挥了重要作用。Robocup 作为目前世界上级别最高、影响力最广的机器人足球赛事，每年参赛队伍都针对如何组织多个机器人通过协调合作去完成同一个任务、如何在激烈的竞争中选择获胜概率大的比赛策略、如何选择最优的策略去接近目标球、如何根据环境和比赛态势的动态变化去调整战术策略等问题进行了深入研究。

在策略类游戏中，2015 年 DeepMind 公司提出了基于深度神经网络的强化学习算法 DQN，在 49 个雅达利（Atari）游戏中取得了与人类相当的游戏水平。在多智能体博弈游戏中，2017 年 AlphaStar 同样在先使用监督学习后使用深度强化学习的方法，通过使用具有优先级的虚拟自我博弈和联盟训练的方法，达到了人类大师级职业选手的水平。此外，OpenAI Five 和腾讯的"绝悟"分别在需要超强个体智能水平和良好团队协作的即时策略类游戏 Dota2 和王者荣耀中取得了优异的成绩。

兵棋推演作为一种利用兵棋进行战争博弈模拟的方法，国内也有很多单位对其进行深入研究。中国科学研究院研发了"庙算·智胜"陆军兵棋即时策略智能博弈对抗系统，并研发了一种知识型的人工智能程序"CASIA-先知 v1.0"，该程序在全国首届兵棋推演大赛—"赛诸葛"兵棋推演人机大赛中，以 7∶1 的战绩战胜全国决赛阶段 8 强的人类选手。国防科技大学研发的"战颅"系统，将传统的优化方法和智能优化算法相结合，在第三届全国兵棋推演大赛"人机挑战赛"中以 22 场全胜战绩赢得冠军。

2. 自主博弈对抗系统及人机混合博弈系统研究进展

在自主博弈对抗系统方面，美国空军与辛辛那提大学联合开发了空战人工智能系统 Alpha AI，采用遗传模糊逻辑的方法进行自主决策，响应速度比人类快 250 倍，并在模拟对战中以 100% 的胜率击败了具有丰富作战经验的人类选手。我国启元世界公司开发了采用自博弈学习训练的近距离空战智能体"天羽"，在没有编写专家系统和模仿人工飞行数据的情况下，通过数亿局的自博弈学习，实现了在快速变化的格斗态势中的自主决策。

在人机混合博弈系统研究方面，2015 年，美空军研究实验室正式启动了"忠诚僚机"的概念研究，对第四代战机使用无人驾驶技术进行改装，并将其与第五代隐身战机配对，使第五代战机（长机）的驾驶员可以对无人机（僚机）进行控制，从而让双方的作战能力大大加强，形成了有人/无人机编队作战的能力。2021年1月，美国空军进行了"忠诚僚机"测试，实现了 XQ-58A "女武神"与 F-22 和 F-35 战斗机的半自主编队飞行。此外，2017年美国陆军通过"联合能力技术演示验证"项目发展武装机器人作战车辆，使其能与士兵进行编队作战。

6.1.3 发展趋势

1. 作战决策方式逐步从"人类智能决策为主"向"人机混合决策"转变

随着未来战场逐渐向强对抗、高动态、强干扰、强不确定性等高度复杂环境转变，智能博弈技术促使机器的作战辅助决策能力跃升，利用人工智能技术生成的博弈策略，能够帮助指挥员进行态势感知预测并形成高级认知，甚至可以通过机器自博弈训练方式学习到超越人类认知的陆战策略，以及利用不确定性认知等智能技术给出快速临机处置建议，突破人类固有生理机能限制，是一种全新的以机器智能为主的人机混合协同的发展模式。

2. 智能化无人装备的发展逐渐从"单体博弈"向"集群协同博弈"转变

随着智能技术的蓬勃发展，为适应现代战争环境复杂、多变，战场信息多源、异构等特点，无人装备的智能程度逐步从单智能体间博弈向群体智能协同博弈发展。随着单体智能装备的自博弈功能不断增强，装备的自主智能水平不断提高，应对复杂战场环境下的协同作战能力需求将变得更为迫切。无人集群作战的规模将不断增大，群体与群体之间对抗博弈的烈度也会越来越高，对解决群体智能指挥控制和智能博弈的可解释性、可迁移性以及可协同性问题提出了更高要求。

3. 智能博弈能力生成方式逐渐从"经验学习"向"自我进化"转变

目前，智能博弈系统可以根据以往积累的经验知识，通过人为控制的大量仿真对抗性训练和演训实践，快速生成应对策略。随着作战仿真、虚拟现实、数字孪生、平行训练、智能软件、机器学习等技术的发展应用，未来的智能博弈系统可以通过不完整信息的自博弈学习能力，在演习训练和作战实践中不断优化和自我完善、自我进化。单一任务系统将具备类似生命体的特征和机能，多任务系统具有森林中种群般相生相克、优胜劣汰的循环功能和进化机制，具备复杂环境条件下的博弈对抗和竞争能力，成为可进化的类生态和博弈系统。

6.2 典型军事应用

目前，各国都在对作战行动指挥和自主协同作战等军事智能决策方法进行深入研究，力图在未来战场环境下利用决策的优势打赢对手，获得战争的胜利。例如，2017年8月，美国国防高级研究计划局提出了马赛克战的概念，意在利用人工智能和自主系统实施决策中心战，通过不断叠加决策的优势，形成对竞争对手的核心优势，掌握作战的主动权。当前用于军事智能决策的方法主要包括知识驱动和数据驱动两大类。

6.2.1 基于知识驱动技术路径的军事应用

基于知识驱动的方法通常采用行为树、有限状态机和目标导向型行动计划等方法，利用已有的经验、规则或模型与算法等知识对策略进行建模，构建规则推理机或专家系统，以此实现有效的推理。知识作为数据和信息高度凝练的产物，基于知识驱动的智能决策方法往往具有较好的可解释性、可重用性和较高的算法执行效率，但该方法需要采用人工的方式对战场规则和战场环境进行描述和建模，在面对大规模群体复杂协同任务时，一方面难以实现对集群协同行为庞大解空间的完备覆盖，无法实现策略的持续学习与迭代进化，另一方面，在面对高度动态、强不确定性和巨复杂的作战环境时，基于程序化的决策规划方法无法及时准确地对战场进行全局判断，降低了作战动作选择和对抗策略评估的合理性，另外专家系统的决策可信度和执行效率高度受限于专家样本数据的丰富程度。目前，常将遗传算法、模糊数学等方法与基于知识驱动的决策方法相结合，通过规则演进的方法实现更加高效的推理。

美国国防高级研究计划局在2008年启动了"深绿"项目，用于支持旅级和营级指挥员作战行动指挥的辅助决策。"深绿"将人机交互的多模式交互技术与知识推理技术相结合，自动将指挥员或参谋的意图转化为旅级行动方案，通过SimPath仿真系统快速仿真各种作战计划，生成可能的未来态势，并使用动态贝叶斯网络实现对未来态势的在线评估。

2016年6月，美国空军研究实验室与辛辛那提大学联合开发了空战人工智能系统Alpha，它通过大量收集来自战斗机上种类繁多的传感器所采集的数据，协助处理这些信息，并理解它的背后含义，从而提供合适的建议。Alpha 是美国空军研究实验室"仿真、集成和建模高级框架"项目的一部分，该程序采用了基于模糊逻辑的人工智能技术，以模拟空中作战任务为研究目的，专为无人作战飞行器的使用而设计。在其最早的迭代中，Alpha 的表现优于先前实验室中使用的计算机程序，即 Alpha 击败了其他的 AI 对手。在这些模拟作战中，12 名战斗机驾驶员既与 Alpha 驾驶的平台一起飞行模拟空战任务，也与后者进行了对抗。在模拟器"人机大战"中，Alpha 多次击败具有丰富作战经验的人类选手，并能在模拟中针对人类专家在飞行速度、转向、导弹性能、传感器等多方面设置的故意阻碍中胜出。

Alpha 属于"动作及简单战术行为"人工智能，能够组织全部传感器数据构建战斗场景的映射，在 1 毫秒内做出行动决策，在动态环境中其反应速度是人类对手的 250 倍，能够同时躲避数十枚来袭导弹并对多目标进行攻击、协调队友，并观察学习敌人战术，仅需要一台普通个人计算机即可运行。辛辛那提大学将继续开发 Alpha，让其与飞行员一起训练并扩展其功能，并且通过构建更加真实的空气动力学和传感器模型提升拟真度，计划未来将 Alpha 人工智能用于空战实战中。

此外，波音公司和西英格兰大学针对空中对抗博弈问题，研发的双边对抗学习系统，通过大规模遗传算法进行自博弈对抗学习，创造了全新的空中对抗战术策略。

我国南京航空航天大学李维等在分析归纳影响无人机自主决策相关因素的基础上，将无法用数学模型描述的军事规则使用产生式规则来表达，建立了作战规则库，提出了一种基于知识库的自主决策方法，通过动态贝叶斯网络模拟了人对态势的认知，并加入实体的状态描述来控制决策流程，实现了无人机的自主决策。

6.2.2 基于数据驱动技术路径的军事应用

基于数据驱动的方法多采用人工神经网络或深度强化学习（DRL）等方法，在无须精确建模的情况下能够实现解空间的大范围覆盖和探索以及策略的优化迭代，但该方法存在典型的"黑箱"特性，需要大量的数据进行训练。

在具体军事问题中，基于 DRL 的作战决策方法就是利用以 DRL 为主的 AI 技术，通过对战场环境的感知和与对手的博弈对抗，训练出具有从感知到决策的博弈对抗策略模型，实现战场对抗环境下战场态势到对抗行动的映射。

美陆军于 2016 年启动"指挥官虚拟参谋"项目，其利用 DRL 等机器学习算法，实现对复杂战场情况的分析和预测，生成相应的智能化决策建议，同时该系统还利用数据挖掘技术，对海量军事情报、历史战斗数据等进行分析和挖掘，从而对战场情况进行多维度分析，生成关于战场形势、敌对部队实力及其部署情况的预测，进一步为指挥官的决策提供支持和参考。

"指挥官虚拟参谋"借鉴了美国苹果公司 Siri、谷歌公司 Google Now 等人工智能语音系统产品的思路综合应用认知计算、人工智能和计算机自动化等智能化技术，来应对海量数据源及复杂的战场态势，通过提供主动建议、高级分析及针对个人需求和偏好量身剪裁的自然人机交互，为陆军指挥官及其参谋制定战术决策提供从规划、准备、执行到行动回顾全过程的决策支持。根据美陆军公开的信息，"指挥官虚拟参谋"将利用自动化和认知计算技术来应对战场上大量的数据源和高度复杂的态势，从而作为"参谋"帮助指挥官做出更准确的决策。因此，"指挥官虚拟参谋"具有数据聚合、集成敏捷规划、计算机辅助运行评估、基于事件的当前任务和态势的持续预测等功能。

此外，兰德公司的 Tarraf 以美俄部队之间的连级作战为背景，利用 DRL 探索了具有自主探测、识别和打击能力的 AI 武器系统在地面作战环境中如何有效运用的问题。

我国启元世界公司开发了采用基于 DRL 自博弈学习训练的近距离空战智能体"天羽"，在没有使用任何专家和人工飞行数据的情况下，通过数亿局的自博弈学习，实现了在快速变化格斗态势中的自主决策。

6.3 智能博弈在平行战场中的应用

6.3.1 具体应用

平行战场的应用赋能主要包括平行智能作战、装备试验和对抗训练三个方面，智能博弈与决策技术作为平行战场的"大脑"，聚焦了海量知识图谱构建与推理、协同决策行为建模、决策智能体演化、多分支博弈策略等问题，研究决策智能体生成、平行战场态势理解、基于融合推演的策略优选等技术，构建平行战场智能博弈与决策方法体系，引导物理战场的科学决策、优化实施。具体而言：

（1）基于智能博弈技术推动军事理论和战法创新。设计开发智能化作战概念，探索算法战、认知控制战等作战样式，在局部感知战场态势的不完整信息条件下，让机器进行自我博弈对抗，对所有可能战法开展计算推演与价值评判，从中寻"奇招"和"妙招"。

（2）基于智能博弈技术提高战场态势认知水平。运用知识图谱、模式识别、多源信息融合等技术和深度学习算法为机器建立感知智能，生成敌我战场态势图。基于战场环境多元和信息不完整等情况，应用多智能体学习和增强学习等算法，一定程度消减不完整信息和不明确机理带来的影响，推演预测未来态势，为指挥决策提供参考。

（3）基于智能博弈技术有效提升作战辅助决策分析能力。依托大规模计算实验的作战数据，结合指挥员的认知流程和经验，借鉴AlphaGo、AlphaStar等模式输出作战行动方案的概率分布和价值估值，实现多种作战计划的优选优化和滚动迭代，辅助指挥员进行任务规划。同时在战场环境突然改变时为指挥员临机决策处置提供优选方案建议。

（4）基于智能博弈技术提高装备试验与训练水平。通过建立不同层级的对抗博弈仿真环境，按照装备典型编组模式和作战运用方式，围绕典型运用环境和作战对手，自动构设交战环境和虚拟蓝军，启动红蓝双方兵力对抗实验，引导作战对抗态势演进，为试验装备实战化运用创设条件，并根据试验装备行为状态和智能计算试验装备作战效能，为准确研判试验装备体系贡献率提供依据。同时通过虚拟现实、增强现实、混合现实等技术，为士兵和指挥员提供近似真实的仿真训练环境，有效增强士兵的战场经验知识和操控技能体验。

6.3.2 应用基础

智能博弈实施过程中通常需要技术基础、环境基础等基础支撑。

1. 技术基础

深度强化学习是深度学习和强化学习的结合，同属于机器学习的范畴。深度学习利用深度神经网络与强化学习进行结合，解决了复杂的人工提取特征的过程，实现了端到端的训练，可以直接输入状态，由神经网络拟合价值函数和策略网络直接输出动作。深度强化学习采用探索学习的方式来解决复杂决策问题，由于不局限于人类经验，在实际应用中往往可以表现出超越人类的水准，目前已广泛应用于AI游戏、机器人控制、军事智能决策等领域，为破解高动态的对抗决策难题提供了全新思路。深度强化学习智能体构建通常包括智能体框架构建和智能体模型构建两个部分。

1）智能体框架构建

智能体框架构建通常包括确定智能体网络结构、神经网络模型、观测态势输入、决策动作输出等问题。

（1）智能体网络结构。智能体网络结构是构建智能体的编程框架，主要由特征编码器、特征聚合器和特征解码器三个模块构成，使用者可基于框架自定义智能体的神经网络结构，框架的基本组成如图6-1所示。

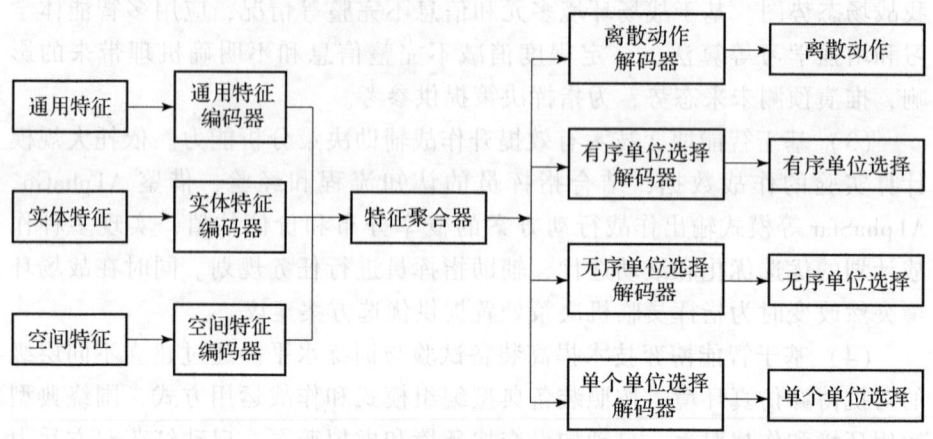

图6-1 智能体网络结构框架

（2）神经网络模型。神经网络模型是人工智能领域发展迅速的方向，长期处于快速迭代发展的态势。目前，国内外能够用在决策领域的典型神经网络模型如表6-1所列。

表6-1 神经网络模型总结表

序号	适用场景	神经网络模型	模型特点
1	线性分类	全连接网络（MLP）模型	由输入层、隐含层（一层或者多层）及输出层构成的神经网络模型，它可以解决单层感知器不能解决的线性不可分问题
2	图像处理，自然语言处理，时序信息处理	卷积神经网络（CNN）模型	以卷积计算为基础，通常搭配激活函数、池化、全连接层等操作使用的网络，主要适用于处理图像输入或类似图像的，需要保留空间信息的输入数据，从而提取输入数据中的空间特征
3		深度残差网络（ResNet）模型	以卷积神经网络为基础的变体，通过残差网络等优化解决了由卷积神经网络过深而造成的梯度消失、梯队爆炸等问题

续表

序号	适用场景	神经网络模型	模型特点
4	图像处理，自然语言处理，时序信息处理	循环神经网络（RNN）模型	考虑前一时刻的输入，网络会对前面的信息进行记忆并应用于当前输出的计算中，这允许它展示时间序列的时间动态行为
5		长短期记忆网络（LSTM）模型	使用梯度下降方法来优化 RNN 的一个主要问题就是梯度在沿着序列反向传播的过程中可能快速消失，由于 LSTM 能够学习长期依赖，所以被用于解决梯度消失的问题
6		门控循环神经网络（GRU）模型	是循环神经网络 RNN 中的一种门控机制，GRU 是 LSTM 的一种简化结构，可以在保留长期序列信息下减少梯度消失的问题
7		注意力机制（attention）模型	一种模拟人脑注意力机制的模型，它可以看成是一个组合函数，通过计算注意力的概率分布，来突出某个关键输入对输出的影响
8		指针网络（pointer net）模型	是 seq2seq 网络模型的一个变种，将输入映射为一系列按概率指向输入序列元素的指针，能有效用于学习到中低维度的组合优化问题，并能高准确度预测出问题的解
9	决策控制	专用单智能体神经网络模型	由单个神经网络组成，支持指挥决策智能体模型的构建，适用于大场景指挥控制
10		专用多智能体神经网络模型	由多个基础神经网络和复合神经网络组成，支持多决策智能体模型的构建，适用于需要不同单位间进行协同的场景，可支撑多智能体个体数量 100 个以上的算法训练

(3) 观测态势输入。精准的战场态势是保证作战决策的前提条件，观测态势输入模块主要用来在实时作战过程中形成作战态势，综合战场态势信息，为决策智能算法提供整体的战场态势，包括全局的态势，还包括我方单位的局部态势和敌方单位的局部态势等。在经过态势融合模块提取、融合、整理后，形成一致、共享的整体战场态势信息，作为神经网络主要输入。

观测态势输入通过建立多种标准的态势数据结构，如空间态势表征、时间态势表征、统计态势表征等，支持研发人员按照统一标准根据智能体模型输入战场态势数据结构，实现智能体对仿真平台的实体状态读取和整体态势获取。智能体策略网络的态势输入模块通过仿真环境对接接口，获取到我方单位状态、敌方单位状态以及推演全局态势，输入至态势数据预处理单元，进行态势融合、数据预处理、特征归一化等工作。

智能体的指挥决策训练结构是对全局态势、我方单位局部态势以及敌方单位局部态势进行态势融合，将处理后的特征信息作为神经网络的输入后，利用态势融合信息分别生成预测模型以及相关的若干中间层模型结构，包括记忆力读写单元、注意力单元、通信单元以及推理单元。这些中间层模型结构将会被组合使用，从部队选择、动作选择、位置选择以及目标选择等方面控制智能体的行为。此外，预测模型的输入会被进一步处理，从而生成态势评估网络。态势评估网络会直接对当前场上的胜率进行评估，从而间接影响智能体模型的决策。

(4) 决策动作输出。决策动作输出模块将智能体部署模块发出的动作信息转换成仿真推演平台可以接收的决策指令，用于控制仿真平台实体的运动。决策动作类型包含指令选择、我方单位选择、敌方目标选择、机动位置选择等。决策动作输出模块包括目标选择单元、传感器选择单元和动作选择单元，能够根据推理决策信息，解码成具体的目标选择指令、传感器选择指令和动作选择指令，通过仿真环境对接接口对仿真实体进行控制。

决策动作输出通过建立多种标准的决策数据结构，如多选数据结构、单选数据结构、多分类数据结构、二分类数据结构、连续值预测数据结构等，支持研发人员按照该接口进行动作建模和开发，支持不同人员按照统一标准进行智能体模型的输出决策动作数据结构，实现智能体对仿真实体的控制。

2）智能体模型构建

基于深度强化学习技术构建的智能体需要与其对应装备的仿真模型之

间形成标准的数据调用接口，能够实时获取仿真模型的传感器数据、武器系统性能数据以及毁伤数据，使仿真模型能够合理利用并完成基本战术动作。智能体模型构架过程中，主要包含输入、输出、决策推理以及奖励函数设计，其中神经网络结构和奖励函数设计最为重要。

为实现对态势的准确评估，决策结果生成过程中的推理决策单元神经网络参数需要结合仿真环境，进行奖励函数设计。常见深度强化学习智能体训练任务的奖励函数设计主要分为两种思路，一种是全局性质的奖励，即每完成一局给出一个全局奖励；另一种则是在一局中根据态势实时信息给出若干奖励值。相比前者，第二种思路对智能体的学习将有更多的引导，但第一种思路给出的奖励值相比第二种要更加准确，通常可以帮助智能体探索到更优解。

智能体训练过程中，通常采用以全局奖励为主，局部奖励为辅的方式塑造奖励函数。通过这种方式，一方面可以通过全局奖励引导智能体向最终目标方向进行学习，另一方面也可以通过局部奖励解决奖励稀疏的问题，加快学习速度。此外，还可以通过灵活调整局部奖励函数的方式（增加扰动、探索奖励值）增加智能体的探索能力，避免陷入局部最优解。

典型奖励函数设计示例如下：

（1）局部奖励：

w_1 * 探索区域奖励 + w_2 * 相对距离惩罚 + w_3 * 开火奖励

（2）全局奖励：

w_1 * 我方战损惩罚 + w_2 * 敌方战损奖励 + w_3 * 时间惩罚

其中，w_1、w_2、w_3 为权重系数用于调整不同奖励项对智能体的影响因素。

对于局部奖励，此奖励函数设计的目的在于鼓励 Agent 探索区域的同时，不要相互靠得太近。因为时间有限的情况下，虽然小队探索能有效保证存活率，但这会大大降低探索的效率。设计开火奖励的目的是，在存活和消灭敌方选择中消灭敌方应该获得更大的奖励，进而防止 Agent 只会选择探索，而不选择打击。

对于全局奖励，此奖励函数设计的目的是尽量用最小的损失换取最大的杀伤，同时设计时间惩罚，促使智能体不要一味地沉迷探索而忽略进攻。

典型神经网络结构设计示例如图 6 – 2 所示。

3）大规模分布式训练

大规模分布式训练技术是智能体生成的必备技术之一，传统的分布式强化学习引擎采用数据生成 – 训练双层架构。其中，数据生成引擎模块负

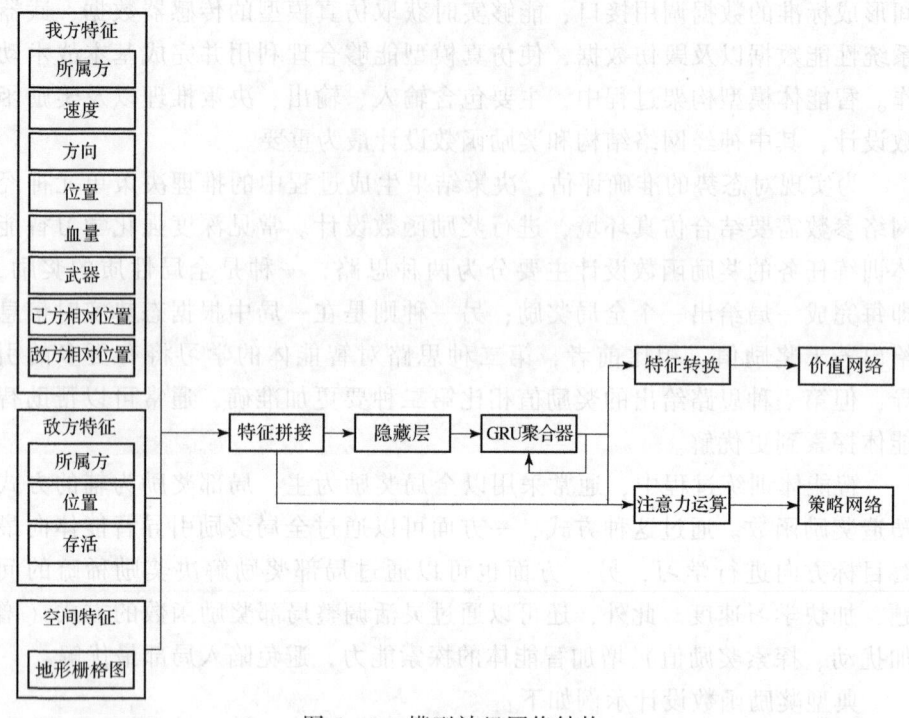

图 6-2　模型神经网络结构

责持续生成训练样本,而持续学习引擎模块负责持续根据训练样本更新决策模型参数。传统强化学习引擎的采样引擎运行在 CPU 上,并且学习引擎和预测引擎运行在 GPU 上,使 CPU 和 GPU 之间产生大量的数据通信。而由于网络带宽的瓶颈,大量的数据传输和神经网络的参数同步会降低引擎的工作效率。另外,神经网络模型的参数越大,使用 CPU 进行前向推断的速度会明显降低。最后,采样引擎需要调度 CPU 资源同时进行仿真推演和神经网络推断,无法充分提升 CPU 多线程资源利用率。目前,发展有多层结构的训练模块,可以更加有效的提升训练效率。

典型的多层结构主要包括数据生成引擎模块、持续学习引擎模块、预测推断引擎模块、智能引擎总控模块,其中:

(1) 数据生成引擎模块。主要用于与高并发仿真环境的交互,生成高质量样本数据。通过多个仿真环境对样本数据进行采样,供给持续学习引擎模块进行使用。

(2) 持续学习引擎模块。消费海量数据并运用相关算法优化智能体。

(3) 预测推断引擎模块。快速响应和驱动仿真环境产生数据。

(4) 智能引擎总控模块。主要负责强化学习任务状态保存和工作流,此外还负责智能引擎的生命周期和资源管理。

2. 环境基础

智能体生成环境通常包含智能体设计与训练环境、仿真环境、人机对抗操控环境、试验数据采集环境等。面向军事应用多，增设基于作战规则和基于强化学习算法混合智能体生成能力，可以同步生成红蓝双方智能体，在对抗仿真环境中能够加速完成上百万局的迭代训练，从各种不同的角度去生成对抗双方的协同作战策略，直至找到单点和全局的最优行动方案，并可以给出胜率、战损、消耗等情况的数据分析，为指挥员提供可视化的决策依据。

1) 智能体设计与训练环境

智能体设计与训练环境通常包含导控主机和远端算力服务器，重点完成作战想定部署、智能体编译与训练，基本要求如下：

（1）能够完成工业级规模的深度强化学习训练，具备低成本、高性能、易扩展和高可靠等特性。

（2）采用分布式强化学习训练体系，极大地优化了数据采样、传输和训练流程，在典型应用场景下，相对开源软件性能提升 10～20 倍。

（3）可支持数百个实体单元的大规模并行对抗训练和智能仿真推演，可解决 10^{20} 以上的复杂动作空间决策问题。

（4）其硬件环境安装有多 CPU + 多 GPU 的智能体训练服务器，支持并行生成数据的 CPU 核心数量，按训练规模有特定要求，按训练样本最大吞吐速率有特定要求，按可调度的存储空间有特定要求，能够在磁盘硬件损坏的情况下保持数据的完整性，支持万兆网络和多个容器的虚拟网络规模和对应的数据路由。

2) 仿真环境

仿真环境通过调用仿真模型可实现典型战场环境的仿真，并针对想定进行编辑、环境设置和兵力部署，实现战术推演和训练，同时输出战场的二维、三维态势，全面展示战场的状态及各类参数，并可将整个过程进行记录、回放。通常需要集综合战场环境、作战仿真实体、作战仿真行动、作战仿真效果于一体，可以快捷搭建联合作战仿真的训练环境或试验环境。

系统推进倍速可以根据仿真推进的需要灵活选择，通常范围从 1/8 到 16 倍以上，可运行在 Windows 系统上，也可部署在 Linux 系统上。

3) 人机对抗操控环境

通常为多台计算机，可模拟各种主要武器装备，进而实现有人操控与机器智能的对抗推演与协同训练。

4）试验数据采集环境

为更好地回放推演过程，同时详细采集对抗推演数据，通常构建数据采集软件，主要用于智能体推演的数据展示和记录、复盘，主要功能如下。

（1）推演信息展示。在智能体/人在环路的推演过程中，可以将对战过程中的比较关注的关键数据（胜率，生存状态，二维态势，弹药量），通过二维图表的方式在软件中进行展示，并根据对局的变化实时更新状态。

（2）复盘存储和数据记录。在推演过程中，会按照时间序列存储对局信息。

①作战单元的状态（单位名称，ID，位置，弹药剩余，战损状态）；

②每次决策时，每个单元发出的移动指令和攻击指令；

③单位的实时战损战报信息；

④红蓝双方的已发现目标信息。

在达成任务结束条件时对局结束，此时会将上述信息以时间序列的形式存储为复盘文件，用于后续的复盘分析。同时支持从复盘文件中提取更关注的部分信息。如分析弹药情况时，可以只提取各个单位基于时间序列的弹药状态。

（3）推演复盘。在智能体推演过程中，可以将对局的数据存储，用于推演结束后的复盘分析。复盘时只需要加载复盘文件，并可以在每个关键帧使用鼠标进行标绘，用于战局分析，并存储到复盘中。在复盘时支持拉动进度条，快速浏览对局，便于分析对战的信息。

3. 技术难点分析

1）决策模式

随着军事智能的不断发展，集中式指挥决策和分布式协同决策将成为未来生成集群协同策略的两种主要模式。两种决策的目的都是通过集群装备之间的协同配合，在最小化己方战损的情况下尽可能地消灭敌方目标，取得最终战斗的胜利。其中，集中式指挥决策是以传统宝塔式"树状"指挥控制体系为基础，通过新一代网络信息体系，建立的一种以分队指挥智能体为中心，实现对所有装备指挥控制的"一指多元"的决策模式。分布式协同决策是集群智能协同决策的另一种形态，是集群在实时态势感知和信息通信交互的基础上，自动生成作战任务指令或操控行为，实现自主协同和作战任务智能决策。

决策主体、决策对象、决策信息和决策机制是构成决策系统的基本要素。决策主体是策略的制定者和生成者，决策对象是决策主体指挥控制的对象，信息是决策的起点和基础，机制则反映了决策系统各部分之间的关系以及其发挥作用的具体运行方法。集中式指挥决策模式存在明显的上下级关系，其决策主体是上级的中心作战行动指挥智能体，而决策对象是集群中的所有装备。以陆上无人装备分队作战为例，如图6-3（a）所示。在该模式下，首先，每个个体装备将各自获取的局部战场态势信息反馈给中心指挥智能体；然后，中心指挥智能体依据融合的全局战场态势信息进行集中式决策，并向每个个体装备发送作战任务指令；最后，个体装备完成任务指令的接收、处理和执行。依此循环以实现整个指挥控制的闭环。在此过程中，只有中心指挥智能体与每个个体装备所代表的执行智能体之间存在纵向通联，而每个执行智能体之间无直接横向通联。分布式协同决策模式如图6-3（b）所示，与集中式指挥决策模式形成鲜明对比。在分布式协同决策中，个体装备具有决策主体和决策对象的双重属性，既是任务决策智能体也是动作执行智能体，各个体装备相对独立且存在平行的通信交互机制，有效改善了整个作战分队的鲁棒性和对中心指挥智能体的依赖性。

(a) 分队集中式作战行动指挥决策模式　　(b) 分队分布式自主协同决策模式

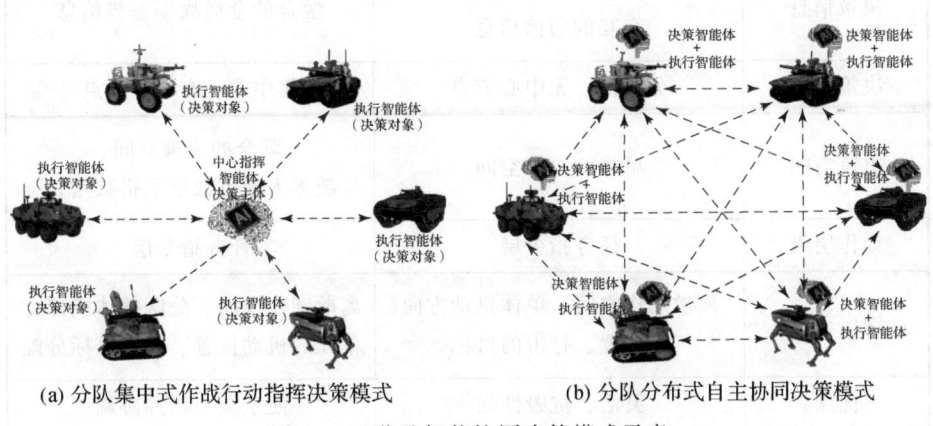

图6-3　分队智能协同决策模式示意

根据决策对象动作输出粒度的粗细，可将决策进一步分为"操控执行""任务指令"和"方案规划"三个层级。其中，操控执行层动作粒度最细，其通常表现为个体装备通过动力学控制执行机构实现的基础动作。以无人战车为例，其操控执行层动作包括调炮、弹种选择、开火、加速、减速、转向等，体现了无人战车的自主行为控制能力。任务指令层动作为操控执行层动作的更宏观表现，主要包括打击和机动两大类动作，通过指令控制个体装备实现相应作战任务，体现了个体装备的任务响应和执行能力。方案规划层则是在充分研判敌方兵力部署和可能采取行动的基础上，依据作战目标对作战进程和战法的设想，其作为任务指令序列的概略性总结，体现了决策主体对决策任务的长期规划能力。

由于现代战争对抗环境战斗激烈、态势演变急剧，通常情况下更加强调决策的即时性。同时，由于个体装备本身作为一个复杂的操控系统，其打击和机动行为都涉及高维连续的动作空间，若直接对细粒度的操控执行层动作进行决策，将导致决策空间巨大。因此，下文在分布式协同决策和集中式指挥决策两种决策模式下针对的均是任务指令层动作，并假设单体装备已经具备了较高的操控执行层自主行为能力。表6-2展示了分布式协同决策和集中式指挥决策两种决策模式的对比结果。

表6-2 分布式协同决策和集中式指挥决策模式对比

决策模式	分布式协同决策	集中式指挥决策
决策主体	每个独立的无人装备	中心作战行动指挥智能体
决策对象	每个独立的无人装备	所有无人装备整体
决策信息	局部的战场态势信息和交互的通信信息	融合的全局战场态势信息
决策机制	分布式、无中心节点	集中式、有中心节点
决策空间	单体的决策空间	联合的决策空间、随无人装备数量呈指数增长
动作层级	任务指令层	任务指令层
输出动作	离散动作空间、单体机动方向或位置、打击的目标	离散动作空间、分队整体或部分单元的机动位置、武器目标分配
优点	灵活、抗毁性强	便于统一指挥协调
缺点	一致性控制和协调困难	易毁、决策空间巨大

2) 算法实现

（1）深度强化学习在分布式协同决策中的应用难点分析。

算法是实现"信息-决策-动作"转变的"引擎"，是实现集群智能协同决策的推动力量，其模拟了人类大脑的工作机制和原理，使集群装备具备智能。在分布式协同决策模式中，每个作战装备都是相对独立的决策

Agent，仅依靠自身局部观测和有限的通信信息进行自身动作的选择，决策空间相对较小且策略网络模型结构相对简单和容易构建，往往更加关注Agents之间协同策略的生成问题。

在集群分布式自主协同作战的过程中，个体装备之间需要进行通信和协调，以便相互交互各自的观测信息和行动策略，有效缓解MAS中的部分可观和非平稳性问题，实现合作和协同行为。然而，在MAS中，设计有效的通信协议和协调机制是一项复杂的任务。现有MADRL算法中的通信机制往往存在大量的时序冗余和不相关信息，严重阻碍了MAS的决策性能。因此，如何从通信时机、通信对象和通信内容多个方面对MADRL中的通信协议进行全方位设计，如何获得更加稳定和精确的联合行为值函数估计，是提高策略和算法性能、产生更加有效协同行为的重要举措。

是否完成军事上给定的作战任务是衡量战争本身是否胜负的主要标准。胜负作为作战最终结果的描述，具有稀疏性和延迟性。虽然可将整个战斗过程分解为多个子目标，并对子目标进行量化，以此增加奖励的稠密度。但是在集群协同作战中对战斗过程的精准量化往往是极其困难的，通常只能以敌我方兵力价值的损失作为奖惩，无法准确使用合作行为对奖惩进行描述，导致可提供的奖励仍然稀疏。探索和利用作为DRL试错学习的本质，在奖励稀疏环境下，过度或随机盲目地探索将产生大量与任务无关或无效的样本，无法实现对任务空间的有效探索，模仿学习等监督学习方式虽能解决探索困难问题，但其难以直接作用于MAS。因此，在有效利用Agents自身过去的优秀样本的同时建立更有目的的探索机制，将有效提高算法的学习效率和学习性能。

（2）深度强化学习在集中式指挥决策中的应用难点分析。

在集中式指挥决策模式中，每个装备的行为都依赖于中心的作战行动指挥智能体，因此，相较于分布式协同决策模式，集中式指挥决策模式可更为容易地指挥和调整每个装备的行为，实现对集群的一致性控制和协调。但与之相随的是，该模式不可避免地会面临决策空间巨大、融合态势信息表征困难、决策神经网络设计复杂等问题。

虽然DRL已经在游戏博弈中取得一系列突出成果，但在解决军事领域中的多智能体协同决策问题上目前仍处于起步阶段。军事智能协同决策问题往往需考虑不同场景、不同层级下的作战决策模式需求，尤其是在集群作战行动指挥决策问题上。首先，其包含多种复杂影响因素，如地形、敌方兵力和我方兵力等，对这些因素的准确建模是一项极大的挑战，需要考虑到各个因素之间的相互作用和动态演变；其次，其涉及高维的状态空间和动作空间，这使得学习和搜索的复杂度大大增加，增加了对计算资源、时间和成本的需求；再次，军事环境中所获得的信息往往具有不确定性、不完全性和不一致性，导致作战决策智能体需要在信息缺失和不确定性的情况下作出决策，增加了决策的风险性和挑战性；最后，集群作战行动涉及多个装备的行为和决策，不同装备具有不同的价值、功能和特点，在作战过程中需要通过紧密协作才能完成给定的作战任务，且不同装备对整个战场形势的发展都有微妙的影响作用。因此，如何根据不同作战规模、不同作战任务、不同作战装备，对复杂决策系统进行建模和设计，并构建有效奖励函数，设计合理的决策神经网络，选择合适的 DRL 算法对策略进行优化求解和迭代更新，是实现 DRL 从理论上走向军事工程应用的基础。

参考文献

[1] KIM J, EL-KHAMY M, LEE J. Residual LSTM: Design of a deep recurrent architecture for distant speech recognition[J]. arXiv preprint arXiv:1701.03360, 2017.

[2] VINYALS O, FORTUNATO M, JAITLY N. Pointer networks[J]. Advances in neural information processing systems, 2015, 28.

[3] VASWANI A, SHAZEER N, PARMAR N, et al. Attention is all you need[J]. Advances in neural information processing systems, 2017, 30.

[4] YU C, VELU A, VINITSKY E, et al. The surprising effectiveness of ppo in cooperative multi-agent games[J]. Advances in neural information processing systems, 2022, 35: 24611-24624.

[5] 黄金才, 黄魁华. 智能博弈技术与应用[M]. 长沙: 国防科技大学出版社, 2023.

[6] 胡晓峰, 齐大伟. 智能决策问题探讨：从游戏博弈到作战指挥, 距离还有多远[J]. 指挥与控制学报, 2020, 6(4): 356-363.

[7] 张钹, 朱军, 苏航. 迈向第三代人工智能[J]. 中国科学：信息科学, 2020, 50(9): 1281-1302.

[8] 张万鹏, 罗俊仁, 袁唯淋. 智能博弈对抗方法与实践[M]. 北京: 科学出版社, 2023.

[9] 赵立阳, 常天庆, 褚凯轩, 等. 完全合作类多智能体深度强化学习综述[J]. 计算机工程与应用, 2023, 59(12): 14-27.

[10] ZHAO L Y, CHANG T Q, ZHANG L, et al. Targeted multi-agent communication algorithm based on state control[J]. Defence technology, 2024, 31: 544-556.

[11] ZHAO L Y, CHANG T Q, ZHANG J, et al. A policy optimization algorithm based on sample adaptive reuse and dual-clipping for robotic action control[J]. Applied soft computing, 2023, 134: 109967.

[12] 军事智能化正深刻影响未来作战[EB]. 中华人民共和国国防部公告, 2019-09.

[13] 王立盟, 韩雨. 2022 年国外军事人工智能领域科技发展研究[J]. 战术导弹技术,

2023(02):25-33.

[14] 孙长银,穆朝絮.多智能体深度强化学习的若干关键科学问题[J].自动化学报, 2020,45:1-12.

[15] US Department of Defense. Responsible intelligence strategy and implemention pathway [EB/OL].[2022-06].

[16] VINYALS O,BABUSCHKIN I,CZARNECKI W M,et al. Grandmas-ter level in StarCraft Ⅱ using multi-agent reinforcement learning[J]. Nature,2019,575(7782):350-354.

[17] PEROLAT J,DE V B,HENNES D,et al. Mastering the game of Stratego with model-free multiagent reinforcement learning[J]. Science,2022,378(6623):990-996.

[18] LECUN Y, BENGIO Y, HINTON G. Deep learning[J]. Nature, 2015, 521(7553): 436-444.

[19] 邓力,俞栋,谢磊.深度学习[M].北京:机械工业出版社,2016.

[20] SUTTON R S, BARTO A G. Reinforcement learning: An introduction[M]. MIT press,2018.

[21] 李琛,黄炎焱,张永亮,等.Actor-Critic框架下的多智能体决策方法及其在兵棋上的应用[J].系统工程与电子技术,2021,43(03):755-762.

第 7 章
平行决策

平行决策是智能辅助决策的一种具体应用形式。智能辅助决策是一种利用先进的人工智能技术来增强人类决策能力的方法，它通过集成数据分析、模式识别和预测模型等智能工具，帮助决策者从海量数据中提取关键信息，快速识别问题和机会，从而做出更加明智和高效的决策。平行决策特指综合运用数字孪生、人工智能、人机交互等技术，通过构建与现实世界平行一致的虚拟系统，在虚拟系统中进行分析实验，来辅助现实世界的决策过程。这种决策方式在军事中利用虚拟战场中的数据分析和模拟实验，为指挥员或者高级参谋人员提供实时的战场态势分析与预测，为提升作战效能提供支撑。本章将围绕平行决策的概念内涵、军事应用以及在平行战场中的应用等内容展开介绍。

7.1 平行决策概述

7.1.1 基本概念内涵

在军事行动中，智能辅助决策采用信息技术、人工智能、运筹学和系统科学等领域的知识以及相关工具，为决策者在制定作战策略、执行指挥与控制、调配资源、进行规划等关键环节提供决策支持。随着现代战争进程的加快，指挥员需要快速做出有效决策，而智能辅助决策成为提升作战效能和指挥效率的关键。

平行决策是智能辅助决策的一种，平行决策主要是通过构建一个与真实物理战场相对应的虚拟战场模型，综合运用动态数据驱动、数据建模与仿真等技术手段，对虚拟战场的发展规律进行深入解析，旨在洞察未来战场态势的演变趋势，同时分析历史数据以挖掘对手作战特点和规律，实现对决策方案的事先模拟和评估。这一方法允许决策者在虚拟环境中进行策略测试,从而提高决策的科学性和前瞻性。

简而言之,平行决策是一种结合虚拟与现实、历史与未来,以辅助指挥员做出精准决策的方法论,其核心在于解析战场世界,从而科学指导指挥员在物理世界的作战决策。

7.1.2 关键技术

平行决策的关键技术体系包括数据驱动、未来解析、决策生成三个方面,数据驱动、未来解析和决策生成中的主要关键技术如下。

1. 数据驱动方面

在典型作战场景中,战场态势的实时同步对于决策者来说至关重要。然而,传统的态势同步技术往往存在实时性差、数据更新不及时、实体与虚拟环境信息不同步等问题,这些问题严重影响了决策者对战场态势的准确把握和决策效率。为了解决这一问题,可采用面向平行态势同步需求的实虚态势关联技术。该技术旨在克服现有技术在态势同步方面的不足,确保实体与虚拟环境信息的高度一致,为决策者提供实时、准确的战场态势。

面向平行态势同步需求的实虚态势关联技术通过接收用户发出的态势同步请求,明确态势同步的具体需求。从实时态势数据持久化存储中提取最新的态势数据,确保数据的实时性和准确性。通过态势匹配技术,将实体战场信息与虚拟态势生成引擎中的数据进行匹配。根据匹配结果更新仿真实例,使实体和战场环境信息在虚拟态势生成引擎中实现同步。该技术将同步后的态势数据输出,为决策方案生成提供有力支持。实时态势数据仿真同步示例如图 7-1 所示。

1) 实时态势数据采集与持久化技术

实时态势数据采集与持久化技术是实虚态势关联技术的基石,其原理是采集实时指控系统的战场信息,这些信息包括敌我双方的位置、移动轨迹、战斗状态等。采集到的数据首先经过预处理,如去噪、过滤和格式化,然后利用大数据存储技术进行持久化处理与存储。数据存储采用高效的数据结构,如时间序列数据库或非关系型数据库(NoSQL),以支持大规模数据的快速写入和读取。此外,为了提高存储效率,通过数据压缩和索引技术减少存储空间需求并加速数据检索过程。整体而言,这一技术环节确保了战场态势数据的实时采集和高效存储,为后续的态势匹配和仿真更新提供了可靠的数据基础。

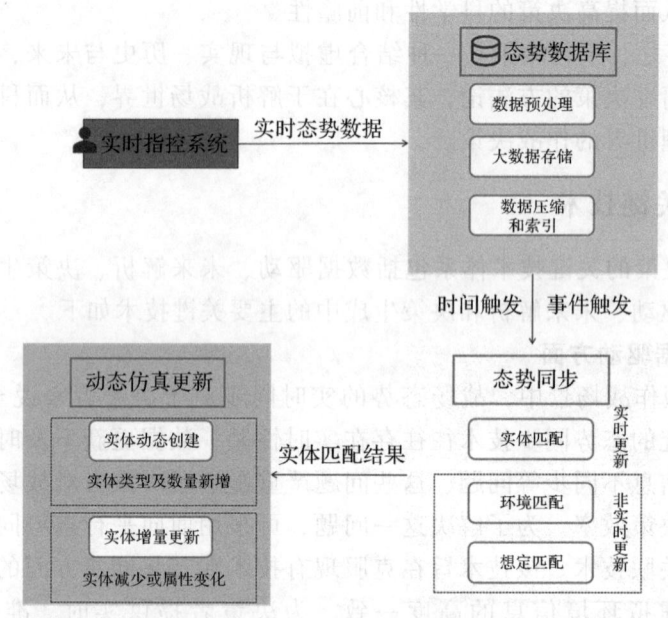

图7-1 实时态势数据仿真同步示例

2）高效态势匹配技术

高效态势匹配技术是实虚态势关联技术的核心，其原理是通过算法将实时采集的实体战场信息与虚拟态势生成引擎中的数据进行对比和匹配，以保持实体与虚拟战场态势的一致性。实现逻辑上，这一技术采用了多种算法技术，包括基于规则的逻辑推理、模式识别和深度学习等。规则匹配算法通过预定义的规则集来识别和匹配战场事件，而机器学习算法则通过训练模型来识别战场态势的模式。这些算法的结合使用，使得系统能够在复杂的战场环境中快速、准确地实现实体与虚拟态势的同步，为指挥官提供实时、可靠的战场信息。

3）动态仿真更新技术

动态仿真更新技术是实虚态势关联技术的重要组成部分，其核心在于实现仿真实体的动态创建和增量更新。仿真实体的动态创建是指在虚拟态势生成引擎中根据实时采集的战场信息，动态生成新的仿真实体的过程。这一过程首先将实时指控系统采集的战场实体信息映射到虚拟态势生成引擎中，映射过程中涉及数据格式的转换和标准化，以确保实体战场信息能够被虚拟态势生成引擎正确识别和处理。然后根据映射后的数据，虚拟态势引擎动态生成仿真实体模型。仿真实体的增量更新是指在仿真实体已经存在的情况下，根据最新的战场信息对其进行局部更新，而无须重新生成。从实时态势数据中提取出与仿真实体相关的增量数据，这些数据通常包括实体的位置变化、状态变化、属性变化等。根据提取的增量数据，对仿真实体进行局部更新。

4）智能意图理解技术

智能意图理解是平行决策中的关键环节，它要求系统能够准确捕捉和解析指挥人员的意图，以便提供精准的平行决策支持。在这一过程中，大语言模型技术展现出了巨大的潜力。如 GPT-4、BERT 等，大语言模型通过海量文本数据的预训练，具备了强大的自然语言理解和生成能力。这些模型能够理解和生成自然语言文本，从而在复杂的指挥环境中，准确捕捉指挥人员的意图。

具体来说，大语言模型可以通过以下几个步骤实现智能意图理解：

（1）自然语言输入解析。指挥人员通过自然语言输入指令或问题，大语言模型首先对其进行解析，识别出其中的关键词、短语和句子结构。

（2）上下文理解。模型会结合当前的上下文信息，理解输入内容的语境和背景，从而更准确地把握指挥人员的意图。

（3）意图识别。基于解析和上下文理解的结果，模型会进行意图识别，判断指挥人员希望系统执行的具体操作或提供的信息。

（4）意图映射。将识别出的意图映射到系统内部的决策逻辑或操作流程中，确保系统能够正确响应指挥人员的指令。

通过大语言模型技术，平行决策能够实现对指挥人员意图的智能理解，从而提供更为精准和个性化的决策支持。这种技术的应用不仅提升了系统的智能化水平，也增强了其在复杂作战环境中的实用性和效能。

5）人机交互界面的设计

（1）直观性与易用性：在平行决策中，人机交互界面的设计应注重直观性和易用性，以确保指挥人员能够快速上手并高效操作。界面设计应遵循简洁明了的原则，避免过多的复杂功能和冗余信息。关键功能和操作应通过直观的图标、按钮和菜单进行展示，减少用户的认知负担。

（2）实时反馈与数据可视化的需求：实时反馈和数据可视化是人机交互界面设计中的重要组成部分。系统应能够实时更新和显示战场态势、预测结果、评估报告等关键信息，确保指挥人员能够及时获取最新数据。

（3）交互深度与灵活性：在人机交互界面的设计中，系统应提供足够的交互深度，允许用户深入探索和操作数据，进行复杂的分析和决策。同时，系统也应保持足够的灵活性，允许用户根据实际需求快速切换和调整界面布局和功能模块。

通过以上三个方面的设计，平行决策的人机交互界面能够实现直观易用、实时反馈和数据可视化、交互深度与灵活性的平衡，从而提升系统的实用性和效能。

2. 未来解析方面

在当代错综复杂的战争背景下，战场态势覆盖了广阔的时间和空间范围，涵盖了多种类型的作战要素和条件，战争的不确定性成为影响决策的关键障碍。面对庞大、多元、复杂、异构的数据，如何高效地收集分析这些数据，实现战场态势预测，以及根据预测结果提前识别敌方意图，帮助指挥员快速理解战场状况和战争的走向成为战争信息化进程中需要迫切解决的问题。

在平行决策中，同样具有战场情报不完备、态势迷雾大以及战场演变具备一定随机性等特点，可以采用数据分析和机器学习技术，实现对海量数据的深度理解以及对未来态势的精准预测。

1）态势数据生成技术

针对真实战场态势数据难以获取的问题，采用深度强化学习、仿真引擎容器化、并行计算等技术，研究红蓝双方任务分配策略，构建符合作战规则且具备专家级指挥控制的智能行为模型，并在随机化想定初始条件以及实体属性后，并行驱动多个仿真容器进行前向推理，生成大量时序性的融合态势数据，为后续的态势理解与预测提供大规模高质量的态势数据支撑。

基于红蓝非对称博弈的态势数据生成技术研究包括仿真引擎改造、智能蓝军构建和态势数据生成三个部分。仿真引擎改造主要对仿真引擎进行容器化、轻量化和对接接口改造，使仿真引擎能够支持场景适配、并行集群推演、单位模型性能改造、基础行为模型构建等功能，为智能行为模型的学习训练和战场态势数据的生成提供对抗推演环境。智能蓝军构建主要基于深度神经网络构建蓝军策略模型，通过强化学习训练方法，迭代优化模型能力，并在过程中对推演场景进行多样化设计，实现对红蓝多智能体对抗场景的完全策略探索，为战场态势数据的生成提供专家级蓝军策略。态势数据生成主要基于构建好的红蓝方策略库，依据设定的想定数据驱动仿真引擎中的红蓝方模型进行对抗推演，并行生成大量变化多、博弈性强的态势数据，为后续的态势理解与预测提供大规模高质量的态势数据支撑。

2) 态势特征提取技术

态势特征提取指从原始态势数据中提取出对仿真分支可行性及未来态势预测有重要影响的特征，如敌方动态、地形影响、资源消耗等。该阶段可采用深度神经网络、时序数据信号分解等技术，开展时序通用表征模型的构建，形成任务通用型网络骨架，再基于高质量态势数据和高效模型训练策略，使用掩膜重建技术，进行模型的高效学习。

态势序列特征提取根据态势数据特点首先进行数据预处理，数据预处理阶段涉及数据的清洗、归一化和格式化，确保输入数据的质量。然后结合信号分解方法，多尺度构建任务通用型的神经网络骨架。最后基于搭建好的网络骨架以及大量随机性强的态势数据样本，使用掩码建模方法对模型进行训练，生成适用于处理态势序列特征的时序通用表征模型。态势特征提取及模型微调逻辑流示例如图7-2所示。

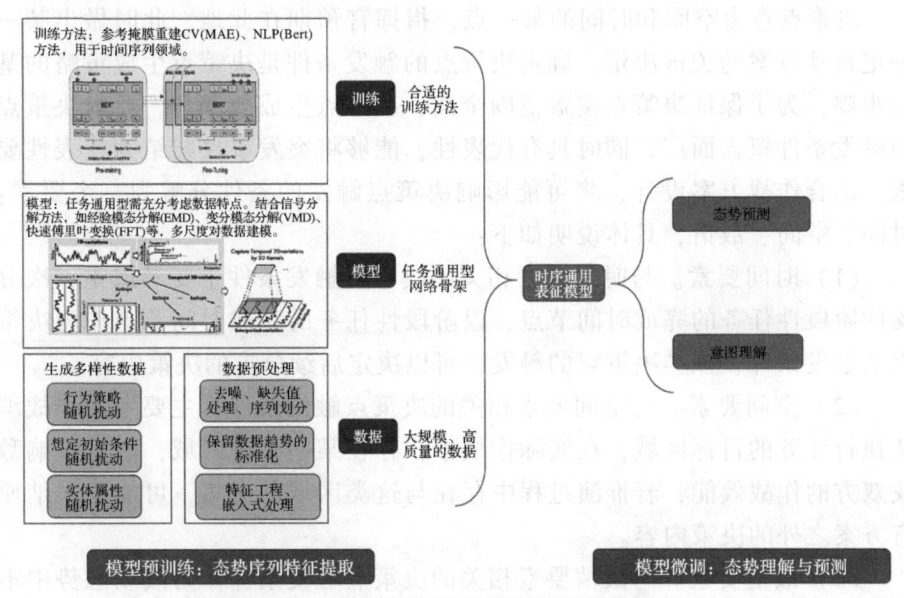

图7-2 态势特征提取及模型微调逻辑流示例

3) 态势理解与预测技术

态势理解与预测模型训练主要对时序通用表征模型进行任务微调，通过构建作战场景意图体系库作为训练数据，基于监督学习技术进行多任务学习，训练生成敌方态势预测模型、敌方意图理解模型。

敌方态势预测模型主要是通过分析历史数据和当前战场信息，预测敌方在未来一段时间内的行动轨迹和可能采取的战术策略。该模型利用时间序列分析、深度学习和大模型微调等技术，对敌方的历史行动数据进行挖掘，识别出其中的规律和模式，为指挥员提供决策支持。敌方意图理解模型主要是通过对敌方行为模式、通信内容、资源配置等多维度信息的深度分析，结合态势预测结果，推断出敌方当前的战略目标和未来可能的行动意图。通过这两种模型的协同工作，可以实现对敌方态势的全面理解和精准预测，为作战指挥提供强有力的支持。

3. 决策生成方面

在复杂的作战环境中，指挥人员面临着诸多挑战，如战场情报不完备、态势迷雾大、战场演变具备一定随机性等。这些问题导致指挥人员难以在有限的时间内做出最优或合适的方案，从而影响作战决策的时效性和准确性。为了解决这些问题，平行决策通过多种技术手段，生成多样化的决策方案，并对其进行评估和优化，从而辅助指挥人员做出科学决策。

1）决策点生成技术

决策点意为空间和时间的某一点，指挥官预期在此地、此时做出某一特定行动方案的关键决定。确定决策点的触发条件是决策点生成策略的基础步骤，为了保证决策点覆盖范围全面，决策点生成效率高，要求决策点的触发条件覆盖面广，同时具有代表性，能够将突发事件归结为代表性要素。结合作战方案设计，将可能影响决策点触发的条件分解为三个要素：时间、空间、敌情，具体说明如下：

（1）时间要素。与时间要素相关的决策点触发条件主要考虑主、次分支的阶段性任务的完成时间节点，以阶段性任务的完成时间节点作为决策点的触发条件，该类决策点的触发，可以决定后续分支的决策内容。

（2）空间要素。与空间要素相关的决策点触发条件，主要考虑作战编队执行任务的目标区域，在实际作战中，存在某些关键区域，能够影响敌我双方的作战效能，若推演过程中存在与这类区域的交集，可能要采纳原有方案之外的决策内容。

（3）敌情要素。与敌情要素相关的决策点触发条件作为战场态势中不确定性的关键要素，也是决策点触发条件中的主要要素。

2）基于大模型工具调用的方案生成技术

如 GPT-4、BERT 等大模型工具，具备强大的自然语言理解和生成能力，能够从海量数据中提取关键信息和模式。在行动方案生成过程中，大模型工具首先对输入数据进行预处理和特征提取，识别出其中的关键信息和模式。随后，大模型将复杂的决策任务分解为多个子任务，并为每个子任务选择合适的模型。例如，针对兵力部署的任务，可以选择基于空间分析的模型。针对后勤保障的任务，可以选择基于资源分配的模型。大模型调用相应的专用模型，生成初步的决策方案。每个专用模型会根据其特定的算法和逻辑，生成一个或多个候选方案。最后，大模型将各个专用模型生成的候选方案进行整合和优化，生成最终的多决策方案。这一过程包括方案的筛选、组合、调整等操作，确保生成的方案具有多样性和实用性。通过大模型工具的使用，平行决策能够高效生成多样化的行动方案，为指挥人员提供丰富的选择和参考。

3）基于博弈智能体的方案生成技术

基于博弈智能体的行动方案生成基于强化学习技术模拟红蓝双方博弈过程来优化决策方案。在平行决策中，系统首先对博弈环境进行建模，定义参与方、状态空间、策略空间、奖励函数等。参与方包括我方、敌方、第三方等；状态空间包括我情、敌情、环情等；策略空间包括各种可能的行动方案；奖励函数包括作战效果、资源消耗、风险评估等。智能体通过与博弈环境的交互不断优化行动方案策略，直至策略收敛。在应用过程中，系统根据评估指标对智能体生成的候选方案进行评估和优化，选择最优的数套行动方案。通过博弈智能体对抗训练的方法，系统能够在红蓝双方博弈对抗的复杂动态环境中，生成多决策方案，为指挥人员提供科学决策支持。

4）基于运筹优化的方案生成技术

基于运筹优化的方法通过数学模型和算法优化生成行动方案。在平行决策中，运筹优化可以用于生成和优化多决策方案，特别是在资源配置、任务分配等任务中。该方法首先对决策问题进行建模，定义目标函数和约束条件。目标函数包括最大化作战效果、最小化资源消耗等；约束条件包括资源限制、时间限制等。系统选择合适的运筹优化算法，如线性规划、整数规划、动态规划等，生成多套行动方案。通过运筹优化，系统能够在资源和时间等限制下，生成最优的多套决策方案，为指挥人员提供科学决策支持。基于大模型调用的方案生成逻辑架构示意如图7-3所示。

通过大模型工具使用、强化学习智能体博弈以及运筹优化等多种技术手段，平行决策能够高效生成多样化的决策方案，并对其进行评估和优化，为后续决策方案实时评估提供方案选择。

5）超实时多分支推演技术

在现代典型作战中，指挥官面临着复杂的战场环境和多样的敌情变化，需要快速评估多个作战方案。然而，传统的作战方案评估方法往往存在评估效率低、结果不直观、难以比较不同方案优劣等问题。这些问题导致指挥官难以在有限的时间内，从众多作战方案中选出最优或最合适的方

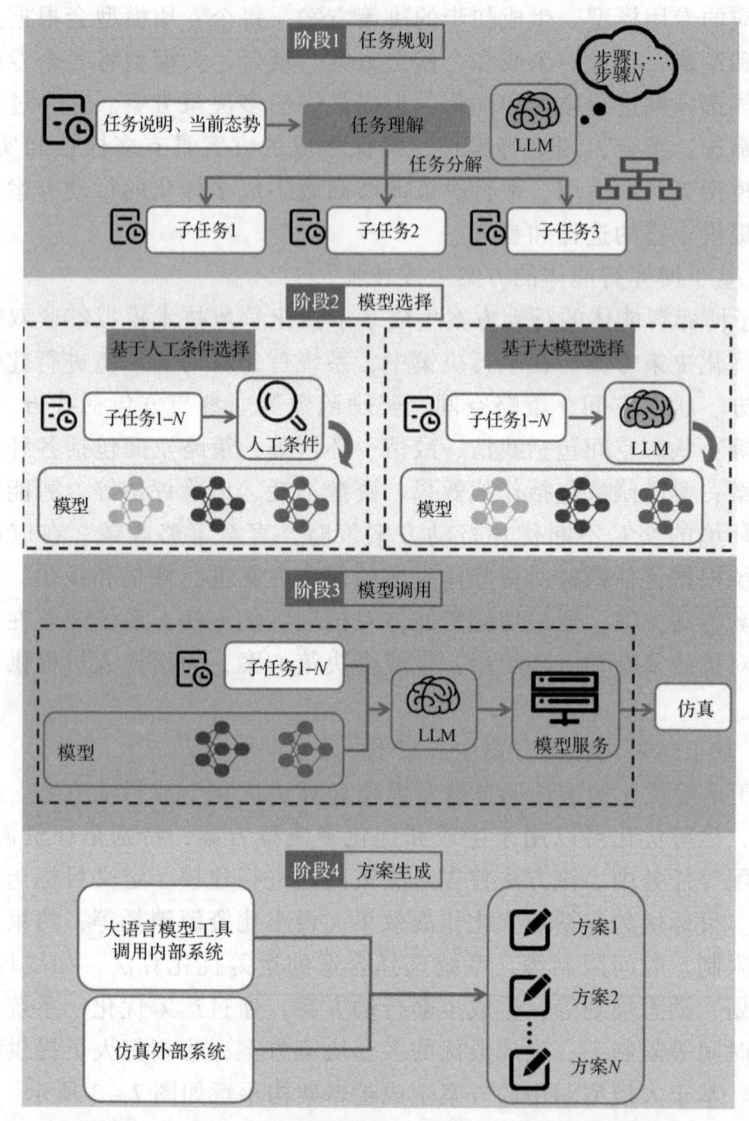

图 7-3 基于大模型调用的方案生成逻辑架构示意图

案，从而影响作战决策的时效性和准确性。为了解决这一问题，可采用面向多分支决策态势链的作战方案实时评估技术。该技术旨在通过高效的可视化分析，为指挥官提供直观的作战方案评估结果，以辅助决策过程。

面向多分支决策态势链的作战方案实时评估技术首先基于仿真实例克隆并进行超实时多分支推演，为作战方案创建多个并行推演的仿真环境。在这些环境中，不同的作战行动和策略被同时执行，生成大量的态势链数据。然后基于生成的多分支态势链数据，通过数据融合和挖掘技术，将仿真推演产生的态势链数据进行整合和分析，提取出关键指标和事件。此外，采用可视化技术，将作战方案的态势链以图形化形式展现，包括敌我动态、资源消耗、关键事件等。该技术设计采用定量与定性相结合的评估方法，可以对该方案的潜在效果进行综合评估。

基于仿真实例克隆的超实时多分支推演技术利用克隆的仿真实例，针对决策方案启动多个仿真环境进行并行推演，允许决策方案在多个并行运行的仿真环境中得到深入测试和验证，有效提高了仿真推演效率。在这些环境中，不同的作战行动和策略被同时执行，超实时生成大量的对抗数据。同时，根据战场实时态势信息、目标历史情报数据、作战规则和战术战法等先验知识，动态更新和裁剪不可行的仿真分支，避免多分支组合发生爆炸现象。并行推演逻辑示例如图 7-4 所示。

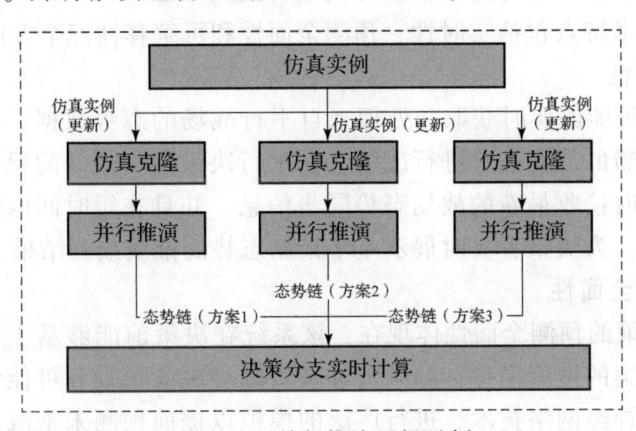

图 7-4　并行推演逻辑示例

6）态势链数据评估技术

态势链数据评估技术的特点在于其高度的可视化、直观性和交互性。该技术能够将复杂的作战方案以易于理解的形式展现出来，使指挥官能够快速把握不同方案的优劣和潜在风险。态势链数据评估技术的实现结合了面向多分支决策的态势数据提取与融合技术以及态势链评估技术等。

面向多分支决策的态势数据提取与融合技术的核心是数据融合和挖掘技术，该技术通过高效的数据处理流程，将仿真推演产生的海量态势链数据进行整合和分析。数据融合技术将来自不同源头的态势数据汇集在一起，消除数据冗余和不一致性，确保数据的完整性和准确性。对融合后的数据进行深入分析，提取出关键指标和事件，这些指标和事件是评估作战方案效果的重要依据。通过机器学习算法，如分类、回归和序列模式挖掘，识别出影响作战结果的关键因素。

态势链评估技术是通过对多个作战方案的态势链进行综合分析和比较，以评估其优劣和潜在效果的一套方法和技术。这一技术包括多个层面：①基于提取的关键指标和事件，系统会构建一个多属性效用模型，该模型考虑了作战方案的多个维度，如成功率、损失率、持续时间等。②利用多标准决策分析（multi-criteria decision analysis，MCDA）方法，对各个态势链进行量化评估。通过态势链评估技术，指挥官可以获得每个作战方案的综合评分和排名，以及在不同决策点可能遇到的风险和挑战。

7.1.3 技术特点

平行决策通过实时获取战场态势，全面预测多场景决策效果，对多决策方案并行推演和态势树评估，为决策者提供最全面的辅助决策支持。平行决策的技术特点包括实时性、预测全面性和可解释性三个方面。

1. 实时性

平行决策能够实时获取和处理来自平行战场的态势数据，确保决策者始终基于最新的战场态势进行决策。在平行决策通信效率的保证下，前者能够高频实时接收最新的战场态势同步信息，并且在短时间内完成数据的处理和分析，为决策者实时展示基于最新态势的推演预测结果。

2. 预测全面性

平行决策的预测全面性体现在，该系统在决策前能够基于平行战场平台进行多方案的搜索模拟，结果能够覆盖多种决策场景和可能性。通过超实时推演和神经网络技术，进行广泛的模拟以提前预测未来战场态势，并评估多种可能的决策方案，确保决策的全面性和前瞻性，使决策者能够选择最优或近似最优的策略。

3. 可解释性

平行决策的可解释性是其与传统决策系统的重要区别之一。基于并行推演的关键节点与事件构造态势树，通过精心设计的评估体系对多个方案的态势树进行评估。平行决策能够详细解释决策生成和评估的全过程，包括数据来源、分析方法、评估指标等，确保决策者能够理解每个建议的生成逻辑和评估结果。

7.1.4 发展历程

1. 萌芽与初步发展阶段（20世纪中叶至20世纪80年代）

平行决策的萌芽与初步发展阶段始于20世纪中叶，随着计算机技术的诞生和初步发展,人们开始认识到计算机在数据处理和决策支持方面的巨大潜力。在这一背景下,决策支持系统(decision support system,DSS)应运而生。DSS是一种基于计算机技术的交互式系统,旨在帮助决策者通过数据分析和模型预测等方法,做出更加科学、合理的决策。初期的DSS功能相对简单,主要包括数据查询、报告生成和简单的模型构建等功能。然而,这些功能已经为后续的平行决策发展奠定了基础。随着计算机技术的不断进步,DSS逐渐发展成为一种集成化的决策支持平台,能够处理更加复杂的数据和问题,为决策者提供更加全面、深入的决策支持。

在这一阶段,平行决策的发展还受到了其他学科的影响,如运筹学、管理科学等。这些学科为平行决策提供了理论和方法支持,推动了其在企业、政府、军事等领域的应用。同时,随着数据库技术、网络技术等的发展,DSS也逐渐实现了数据的共享和远程访问,提高了决策的效率和准确性。

2. 技术积累与突破阶段(20世纪80年代至21世纪初)

在技术积累与突破阶段,平行决策迎来了革命性的变化。这一时期,机器学习技术的快速发展为平行决策带来了全新的解决方案。机器学习是一种通过数据分析和模型训练来模拟人类智能的技术,它能够使平行决策具备更强的数据处理和模式识别能力。通过机器学习,平行决策可以自动地从大量数据中提取有用的信息,发现潜在的规律和趋势,为决策者提供更加精准的决策依据。

与此同时,深度学习技术的引入也为平行决策带来了前所未有的突破。深度学习是一种基于神经网络的机器学习技术,它能够通过多层非线性变换来提取数据的深层特征。这一技术的引入使得平行决策在图像识别、语音识别和自然语言处理等领域取得了显著进展。例如,在图像识别领域,深度学习技术可以准确地识别出图像中的物体和场景;在语音识别领域,深度学习技术可以实现高精度的语音转写和语音合成;在自然语言处理领域,深度学习技术可以实现对文本的理解和生成。

此外,在这一阶段,数据挖掘技术也得到了快速发展。数据挖掘是一种从大量数据中提取有用信息的技术,它可以帮助平行决策发现数据中的潜在规律和趋势。通过数据挖掘,平行决策可以更加深入地了解数据的内在结构和特征,为决策者提供更加全面、深入的决策支持。

3. 广泛应用与深化发展阶段(21世纪初至今)

随着技术的不断成熟和应用的不断拓展,平行决策已经广泛应用于政府、企业、军事等多个领域。在这一阶段,平行决策的应用范围不断扩大，从传统的经济、金融领域扩展到教育、医疗、环保等新兴领域。同时，平行决策的功能也不断丰富和完善，除了基本的数据查询、报告生成和模型构建等功能外，还增加了数据挖掘、预测分析、知识图谱与推理等高级功能。

数据挖掘与预测技术成为平行决策的重要工具。通过数据挖掘技术，平行决策可以从历史数据中发现潜在的规律和趋势，为决策者提供更加精准的决策依据。而预测分析技术则可以通过建立预测模型来预测未来的发展趋势和变化，帮助决策者制定更加科学的计划和策略。此外，知识图谱与推理方法的应用也进一步丰富了平行决策的信息支持。知识图谱是一种基于图的数据结构，它可以表示实体之间的关系和属性。通过知识图谱，平行决策可以更加直观地了解数据的内在结构和特征，发现数据之间的关联和规律。而推理方法则可以利用知识图谱中的信息进行推理和分析，发现新的知识和关系，为决策者提供更加全面、深入的决策支持。

在这一阶段，平行决策的发展还受到了大数据、云计算等新兴技术的影响。大数据技术的发展使得平行决策能够处理更加海量、复杂的数据；而云计算技术则提供了强大的计算和存储能力，使得平行决策能够更加高效地进行数据处理和分析。这些技术的引入进一步推动了平行决策的发展和应用。

7.2 典型军事应用

平行决策在军事领域有着广泛应用，如在作战指挥中，平行决策能够基于实时态势感知辅助指挥员进行动态指挥控制。通过模拟不同指挥方案下的战场演变，指挥员可以评估各种方案的效果，选择最佳决策方案并执行。这有助于确保作战资源得到充分利用，提高作战效能。

作战指挥的军事应用案例之一是美国国防部高级研究计划局于2007年提出的"深绿（deep green）"计划。该计划通过实时仿真评估，主动生成多种合理的行动方案，形成以支持作战指挥全过程为核心的作战支持模式，提高指挥员临机决策的速度和质量。

深绿系统由"指挥员助手"人机接口系统、"闪电战"仿真系统和"水晶球"控制系统三大子系统组成，如图7-5所示。深绿采用人在回路的指挥员驱动的运作模式，强调指挥员在方案制定过程中的主导作用。指挥员与参谋在前端与"指挥员助手"交互，"闪电战"和"水晶球"在后台运行。深绿系统运作于指挥控制系统（C2）环境中，从C2的公共作战态势图中获取所需的环境信息,并通过深绿系统与 C2 系统的标准接口,将命令发送给下属部队。

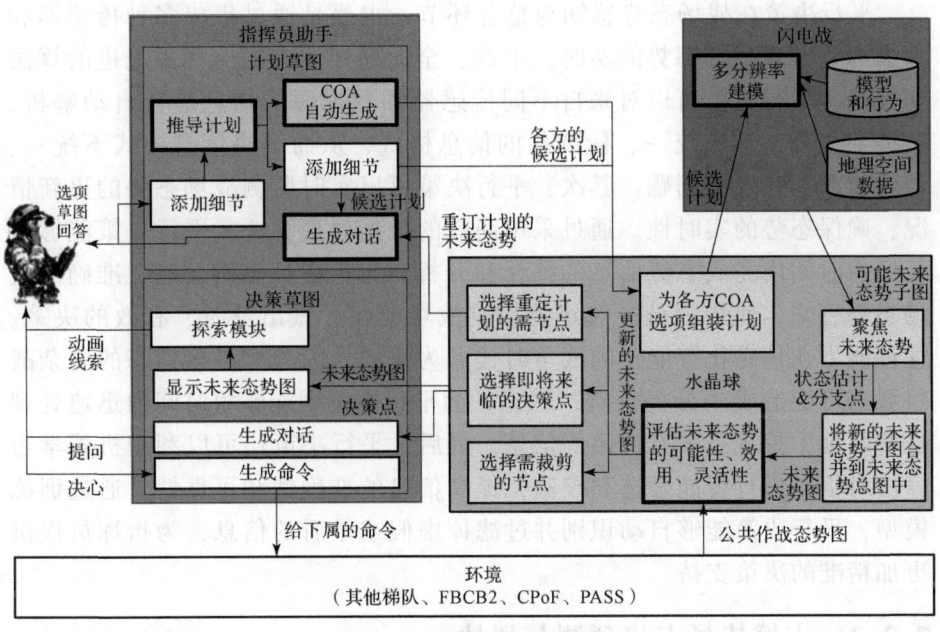

图 7-5 深绿的体系结构

7.3 平行决策在平行战场中的应用

在平行战场中,平行决策能够通过对比真实战场和虚拟战场,对未来状况进行预测和评估,从而调整管理和控制方式,达到有效解决问题的目的。在平行战场的各个环节中,平行决策均发挥重要作用。

7.3.1 支撑战场态势感知与整合

平行战场的态势感知与整合是确保指挥决策准确性的基础。然而在实际操作中,这一环节却面临着诸多挑战。首先,战场态势的来源复杂多样,包括侦察卫星、无人机、雷达等多种传感器以及地面部队、海军和空军等各个作战单元的通信数据。这些信息的格式、标准、传输速度各不相同,导致整合过程异常困难。此外,战场态势的实时性也是一大挑战,由于战场环境的瞬息万变,态势的更新速度极快,而整合系统往往难以跟上这种节奏,导致信息滞后。由于战场环境的复杂性,信息在传输过程中可能受到干扰、遮挡等因素的影响,导致信息失真或丢失。此外,不同传感器之间的信息也可能存在冲突或矛盾，需要进一步的筛选和校验。这些问题都增加了态势整合的难度和复杂性。

平行决策在战场态势感知与整合环节，主要是通过集成多种传感器和数据源，实现战场态势的实时、准确、全面感知。首先，利用先进的算法和技术，平行决策可以对来自不同传感器和数据源的信息进行自动解析、转换和整合，形成统一、标准化的信息格式，从而解决信息格式不统一、传输速度不一致的问题。其次，平行决策可以实时监测战场态势的更新情况，确保态势的实时性。通过采用高效的数据处理算法，平行决策能够在极短的时间内完成态势信息的整合和分析，为指挥员提供及时、准确的战场态势感知，使指挥员能够迅速识别战场变化，做出及时、有效的决策。这种能力在信息化智能化的战争时代尤为重要，因为海量多模态的复杂战争数据可能造成"分析瘫痪"状态，而平行决策则能够短时间内迅速处理这些数据，挖掘更多有价值的信息。最后，平行决策还可以利用机器学习算法对信息进行智能筛选和校验，提高信息的准确性和可靠性。通过训练模型，平行决策能够自动识别并过滤掉虚假或矛盾的信息，为指挥员提供更加精准的决策支持。

7.3.2 支撑战场态势预测与评估

战场态势的预测和评估对于制定作战计划和策略至关重要。然而，传统方法往往依赖于经验和直觉，缺乏科学性和准确性。

首先，战场态势具有复杂性。战场态势涉及多个作战单元、多种武器装备和复杂的地理环境。这些因素相互作用、相互影响，形成了一个复杂的战场生态系统。由于这个系统的复杂性和不确定性，使得战场态势的预测变得异常困难。

其次，预测模型具有局限性。虽然已经有多种预测模型目前被应用于战场态势预测中，但这些模型往往存在局限性。例如，一些模型只能针对特定的战场环境或作战单元进行预测，无法适应复杂多变的战场态势。此外，一些模型的预测精度和稳定性也有待提高。

最后，评估标准具有不统一性。战场态势的评估需要依据一定的标准和指标进行。然而，由于不同作战单元、不同武器装备之间的差异性和特殊性，使得评估标准难以统一。这导致在实际操作中，评估结果往往存在主观性和不确定性，影响了决策的准确性和有效性。

平行决策在战场态势预测与评估环节的应用，主要是通过构建智能预测模型和评估体系实现对战场未来可能的态势发展的精准预测和全面评估，为指挥官提供决策支持，以便提前制定应对策略。

首先，平行决策可以利用大数据分析和机器学习算法，对历史作战数据和当前战场信息进行挖掘和分析，发现战场态势的变化规律和趋势。通过训练预测模型，平行决策能够预测未来一段时间内战场态势的发展情况，为指挥官提供前瞻性的决策支持。其次，平行决策可以构建全面的评估体系，对战场态势进行多维度、多层次的评估。通过集成多种评估指标和算法，平行决策能够自动计算并呈现各作战单元、武器装备和地理环境的评估结果，帮助指挥官全面了解战场态势。最后，平行决策还可以根据评估结果，为指挥官提供针对性的作战建议。通过分析评估数据的差异性和特殊性，平行决策能够发现战场态势中的薄弱环节和潜在风险，为指挥官提供优化作战计划和调整兵力部署的建议。

7.3.3 决策指令生成与下发

在平行战场中，指挥官需要基于战场态势做出快速、准确的决策。然而，传统决策过程繁琐且耗时，主要源于以下几个方面：

（1）决策信息的复杂性。平行战场的决策需要基于大量的战场信息，包括敌我双方的兵力部署、火力配置、地形地貌、天气条件等。这些信息纷繁复杂，需要指挥官进行仔细的分析和判断。然而，由于战场环境的瞬息万变，指挥官往往需要在极短的时间内做出决策，这增加了决策的难度和复杂性。

（2）决策流程的繁琐性。平行战场的决策需要遵循一定的流程和规范，包括情报收集、分析评估、方案制定、决策执行等环节。这些环节相互关联、相互制约，形成了一个复杂的决策网络。在实际操作中，由于各个环节之间的衔接不畅或重复劳动，导致决策流程繁琐且耗时。

平行决策在决策指令生成与下发环节的应用，主要是通过运用动态数据驱动技术、数据建模与仿真技术等技术手段简化决策过程并提高决策效率。首先，平行决策可以对战场信息进行智能分析和挖掘，提取出关键信息，为指挥员提供简洁明了的决策依据。通过采用自然语言处理和文本分析技术，平行决策能够自动提取并呈现关键数据和信息点，帮助指挥员快速了解战场态势。其次，平行决策可以自动执行部分决策流程，如情报收集、分析评估等环节，减轻指挥员的工作负担。通过集成自动化工具和算法，平行决策能够自动完成数据的收集、整理和分析工作，为指挥官提供更加便捷、高效的决策支持。最后，平行决策还可以为指挥员提供智能化的决策建议。通过训练决策模型，平行决策能够根据战场态势和作战目标，自动生成多种可行的作战方案，并评估各方案的可能效果。这有助于指挥员快速做出决策，提高作战效率。

参考文献

[1] 王飞跃.平行系统方法与复杂系统的管理和控制[J].控制与决策,2004(05):485-489+514.

[2] 王飞跃.人工社会、计算实验、平行系统——关于复杂社会经济系统计算研究的讨论[J].复杂系统与复杂性科学,2004(04):25-35.

[3] WANG F Y,TANG S. Artificial societies for integrated and sustainable development of metropolitan systems[J]. IEEE intelligent systems,2004,19(4):82-87.

[4] 冯琦琦,彭文成,董志明,等.数字孪生战场、战场元宇宙与平行战场综述[C]//中国仿真学会.第三十六届中国仿真大会论文集.陆军装甲兵学院;中国人民解放军32290部队;中国人民解放军32286部队,2024:10.

[5] 孙黎阳,楚威,毛少杰,等.面向C^4ISR系统决策支持的平行仿真框架[J].指挥信息系统与技术,2015,6(03):56-61.

[6] 胡晓峰,罗批,司光亚,等.战争复杂系统建模与仿真[M].北京:国防大学出版社,2005.

[7] WANG F Y. Shadow systems:a new concept for nested and embedded cosimulation for intelligent systems[R]. Tucson,Arizona State,USA:University of Arizona,1994.

[8] SURDU J R,KITTKA K. The deep green concept[C]//Spring simulation multiconference,military modeling and simulations ymposium(MMS),Ottawa,Canada. 2008:4-12.

[9] SURDU J R. Deep green broad agency announcement No. 07-56. Defense advanced research projects agency(DARPA) information processing technology office(IPTO)[EB/OL].(2007-07-16). http://www.darpa.mil/ipto/solicitations.

第 8 章
虚实互联

战场网络互联是平行战场重要组成部分,是平行战场以实驱虚、以虚控实的基础支撑。通过网络互联,实现物理战场和虚拟战场之间信息实时、可靠、安全交互,使平行战场能够集成为一个整体,并根据军事人员的需求安全地收集、处理、存储、分发和管理信息,从而支撑军事指挥决策,有效提升基于信息系统的体系作战能力。

8.1 虚实互联概述

8.1.1 基本概念内涵

虚实互联是借助通信网、物联网、云计算、人工智能等技术,将物理战场、虚拟战场进行互联,形成一个人-机-物有机互联的战场智能泛在网络,实现信息实时、可靠、安全传输。本质上,虚实互联主要解决网络连接的问题,即将物理战场及虚拟战场通过网络技术手段进行联通,支撑网络信息快速交互。

虚实互联对象主要包括战场物联网、指挥通信网、情报信息网等典型网络。战场物联网主要侧重以战场环境监测传感器、己方设施内嵌式传感器、己方战场装备信息终端等战场智能泛在终端为末端节点数据的采集传输网络;指挥通信网主要侧重以指挥中心向物理战场实体反馈信息的控制传输网络;情报信息网主要侧重以侦察敌方态势信息的情报传输网络。其中战场物联网和情报信息网侧重于物理战场向虚拟战场的信息交互,而指挥通信网侧重于虚拟战场向物理战场的信息交互。

8.1.2 关键技术

实现虚实互联涉及的关键技术主要包括通信网络传输技术、异构网络互联技术、通信网络服务技术、网络运维管理技术、网络安全防护技术、通信抗干扰技术等。

1. 通信网络传输技术

通信网络传输技术有很多种，包括有线传输技术和无线传输技术，常用的有线传输技术有光纤通信、网线通信、电缆通信；常用的无线传输技术有短波、超短波、微波、无线局域网（WIFI）、蓝牙、移动通信、卫星通信等。无线网络的组织结构通常包括接入网和自组网。

以移动通信技术为例，相比2G通信技术，3G通信技术可以高速、安全地无线传输信息，打破了传统意义上通信网络与互联网之间的物理限制，极大提升了无线接入能力，使多种应用服务得以最终实现。4G通信技术的数据传输速率更高，并且可以集成不同模式的无线通信协议，移动用户可以自由地在不同标准间漫游，有望打破长期制约应用的标准壁垒。5G给用户带来的感受是网速大幅度提升，峰值速率将达到每秒10G以上，具有高带宽、低延迟、大连接、泛在网等特点。在物联网时代，安置在装备、人员、机器和物品上的传感器产生的数字信号可随时随地通过无处不在的无线网络传送出去。

现代作战涉及陆、海、空、天等多维作战空间，特别是远海、沙漠、海外、太空等复杂作战地域，存在信息通信网络无覆盖/少覆盖、通信手段有限、通信质量差等问题，部队无法建立顺畅高效的信息通联，严重影响作战效能的发挥，故通常采用多种通信传输手段综合运用的方式，实现信息有效通联。比如，灵巧5G专网具有低成本、易部署、高机动、轻量化的特点，可在山区、海洋、沙漠等传统地面光纤网络或移动通信基站难以覆盖的地区提供网络通信保障；低轨宽带通信卫星组成的卫星互联网带宽大、成本低，可实现全球通信无缝覆盖。因此，可利用"地面5G网络（光纤＋基站）＋灵巧5G专网＋低轨卫星互联网"构建天地一体全域覆盖的网络信息体系，实现地面光纤网络、5G移动通信与天基卫星通信的无缝融合，各作战单元、作战要素在偏远地域时可通过灵巧5G专网接入网络信息体系，卫星互联网作为骨干网把各种无线网络联通起来，摆脱移动通信对基站的依赖，为一体化联合作战提供网信支持。

2. 异构网络互联技术

网络互联是指将两个或两个以上具有独立自治能力、同构或异构的网络，通过一定的方法和网络互联设备，用一种或多种通信处理设备相互连接起来，以构成更大的网络系统，实现互相通信且共享软件、数据等资源的技术。其中难点是异构网络互联，异构网络互联是把不同类型的网络连接起来，例如将局域网与广域网互联，或者将不同协议（如TCP/IP协议和IPX/SPX协议）的网络互联，亦或将不同的接口（如有线和无线）的网络互联，实现不同网络之间的数据传输和资源共享。异构网络互联技术主要包括网络协议技术、路由技术、交换技术、无线接入技术等。

网络承载技术体制方面，采用基于策略的接入技术，对接入网络的各类用户进行接入控制，防止非法用户接入网络，提高网络运行效率；采用基于IP的路由交换技术为各类应用业务提供大容量承载与交换能力，确保各类业务数据的快速、高效、安全、可靠承载与交换；采用自组织技术构建各类通信子网（簇），多个簇头形成子网间的上一层自组织；采用动态路由技术提供通信网组网路由，通过路由隔离技术实现不同网间路由之间的映射和同步，保证全网连通，同时降低网络拓扑变化情况下全网路由维护成本和复杂性，隔离路由震荡，增强网络稳定性。在网络运行中，采用软件定义网络技术对网络进行调整优化，根据业务的分类采取不同的传输和路由。

IP技术以其高度的灵活性和通用性，在多种异构网络融合方面具有突出的优势，能够作为战场网络互联系统的统一承载方式。基于IP技术体制，融合卫星、散射、微波、宽带综合传输设备、被覆线、光纤等多种通信手段，融合网络业务和多种数据链业务统一承载和控制，实现各类机动通信手段融合组网运用和通信资源按需共享，构建战场通信"一张网"。通过采用分组排队、调度和转发技术，实现业务的高效承载。

3. 通信网络服务技术

通信服务技术体制遵循"网、云、端"系统架构，遵循全面开放、分布协同、按需布设、动态适应和多维扩展的架构设计原则，基于软件定义网络和网络功能虚拟化等技术实现组网控制和接入控制，对下感知并控制网络资源，对上提供信息传输控制、战场融合通信、战场通信录等功能，实现对网络资源的灵活组织和高效率使用，确保各类作战业务在弱连接、高动态、强对抗战术通信环境下可靠、高效传输。

战场融合通信系统为各级各类战场用户提供语音、数据、图像、视频、会议等融合通信能力，支持各种有线、无线传输手段，使得各类作战人员、设备等实体能够通过多种方式随时随地的进行沟通，提升战场信息共享与协作能力。信息传输控制服务主要针对指挥、情报、协同、控制等不同作战业务、应用协议和消息报文，实现基于服务质量（QoS）的业务传输控制功能，通过业务感知、优先级映射、路径选择、流量控制、拥塞控制、多径传输、窄带适配等手段，提升业务传输效率与网络资源利用率,满足重要用户与业务的服务质量保障需求。

传统的各类通信系统都存在着网络资源固化和组织方式固化等诸多限制,严重影响了我军在实战中的快速反应能力和任务保障能力。此外,随着云计算、大数据等先进技术在军用信息系统中的广泛运用,通信网络服务能力逐步成为了制约我军信息系统发展的瓶颈。因此,通信网络一方面向动态组网和提升网络带宽发展;另一方面向网络资源虚拟化和网络资源统一控制的方向发展,通过将网络的转发与控制分离,如图8-1所示,以实现网络资源的按需服务。

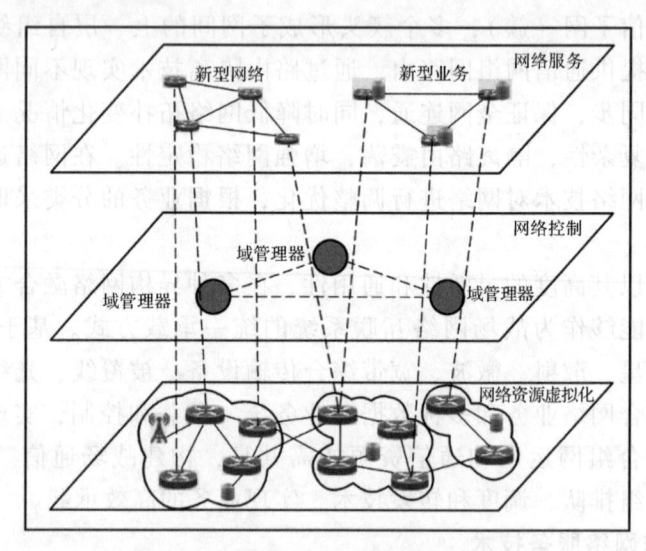

图 8-1 转发与控制分离的网络模型

1) 网络资源虚拟化

网络资源虚拟化是通过将天、空、地各类网络资源按照统一的控制标准进行整合,在一个公共的物理网络设施上,为上层各类应用提供异构、共存却相互隔离的虚拟网络。网络资源虚拟化的核心是通过共享物理链路和路由器等物理资源,构建健壮、可信、易于管理的虚拟网络环境,为各类虚拟网络请求分配合适的虚拟资源,实现网络资源共享,提高网络资源利用率。

网络资源虚拟化可以采用网络功能虚拟化(network functions virtualisation, NFV)技术实现。网络虚拟化系统由硬件资源层、虚拟资源层、虚拟网元层和管理模块组成。硬件资源层包括天、空、地各类物理的网络资源;在硬件资源层之上构建虚拟资源层,由虚拟机和虚拟机监控器组成,虚拟机主要向上层应用提供虚拟主机,虚拟机监控器负责虚拟机的创建、监控、销毁等；虚拟网元层由软件功能模块组成，实现对各种网络部件的虚拟化；管理模块主要提供统一的网络资源管理与调度、虚拟化资源的管理和虚拟网元的管理。

2）网络资源控制

实现网络资源虚拟化的核心是网络资源控制。网络资源控制是对底层网络资源进行集成、控制与管理，通过对网络资源上下文环境感知和资源的优化配置，实现网络资源的组织与运用。网络控制模型如图 8-2 所示。

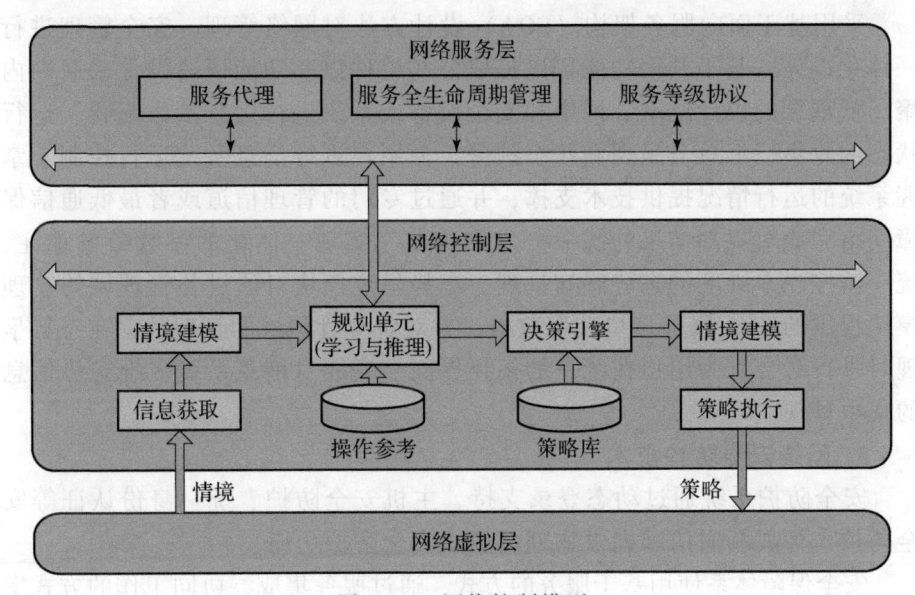

图 8-2 网络控制模型

图 8-2 中，网络虚拟层由众多的基础设施提供者（infrastructure provider，InP）组成，每个 InP 包括大量可编程的支持虚拟化的节点，例如路由器及终端服务器等。InP 通过虚拟化资源统一描述方式将底层资源的细节屏蔽，为上层提供统一的虚拟资源抽象。

网络控制层采用软件定义网络（software defined network，SDN）技术，通过可编程的方式对网络资源进行灵活的控制与管理，不仅可以实现网络隔离与资源共享，同时可以与业务层面进行交互，并对底层网络基础设施进行集成与管理，实现通信网络的上下文感知和资源的优化配置。其利用网络感知技术感知当前内外环境和网络状态的变化，并依据网络整体目标及端到端的需求，通过执行适当的学习推理机制，利用感知到的网络环境和状态信息进行自主决策，实时动态地调整网络配置，从而使网络可以通过自管理和自学习能力来完成管理任务的自动化，最终实现根据任务对网络的自配置、自优化、自恢复和自保护等功能。

网络服务层由众多相互隔离的虚拟网组成。这些虚拟网由用户或者用户代理发起的请求进行驱动，由域管理器进行调度、分配、创建，完成特定的功能。这些特定的功能主要包括两大方面：①新型网络协议、架构的测试验证，如新型的路由协议；②针对特定的服务需求，实现特定的虚拟专网，如满足一定 QoS 要求的视频服务的虚拟网。

4. 网络运维管理技术

采用基于面向服务架构（SOA）设计方法对网络管理、安全管理进行一体化设计，基于共用功能可以提取公共组件以及功能模块设计采取高内聚、低耦合的设计原则。网络和安全设备或系统进行运行参数配置、运行状态的收集、汇总、呈现和状态预警，为用户进行信息系统运行控制、掌握系统的运行情况提供技术支撑，并通过专门的管理信道或者最低通信保障网络完成对规划结果的统一分发和加注，实现一体化的参数分发加注、统一监控、多维度的态势感知呈现。态势呈现模块对通过各管理域的管理模块提供的 SOA 服务接口获取数据，并对各个管理域的管理数据在态势呈现时进行融合，为用户在统一的拓扑界面上完成对信息系统多维态势信息的集中呈现。

5. 网络安全防护技术

安全防护系统通过动态登录支持、主机安全防护、统一身份认证等安全防护，为战场通信网提供物理门卫式安全防护功能。

安全保障体系使用基于服务的方式，通过服务集成、协同工作的方式实现系统资源和用户的统一标识、认证和授权，统一管控各类安全构件，实现安全态势全局感知、系统可信管控和全维防护，提供体系防护能力，建立全局可信环境，支持跨域的信息、服务、武器、传感器等软硬件资源的安全共享，保障我军网络化指挥信息系统可信、可控、可管。安全保障体系主要包括密码服务系统、认证授权系统、安全管理系统和安全防护系统。

具体而言，安全保障体系通过全时全程加密、数字证书管理、身份认证授权、平台监控、接入控制、入侵检测、安全管理与应急响应等手段，提供认证授权、安全态势感知、安全策略分发、数据加解密、完整性证明、可用性保障等公共服务，实现服务全局的深度防御与广度防御。

同时，安全保障体系根据安全可信作战需求以及可能面临的攻击，生成相应的安全可信策略，提供安全可信方案、相关算法与软件下载等支撑服务，辅助通信网络、计算存储平台和应用系统，构建与之适应的防御系统，有效保障信息系统的安全运行和信息的机密性、完整性、可用性、鉴别性、实时性、可控性和不可抵赖性等安全特性。

安全保障体系总体架构如图8-3所示。

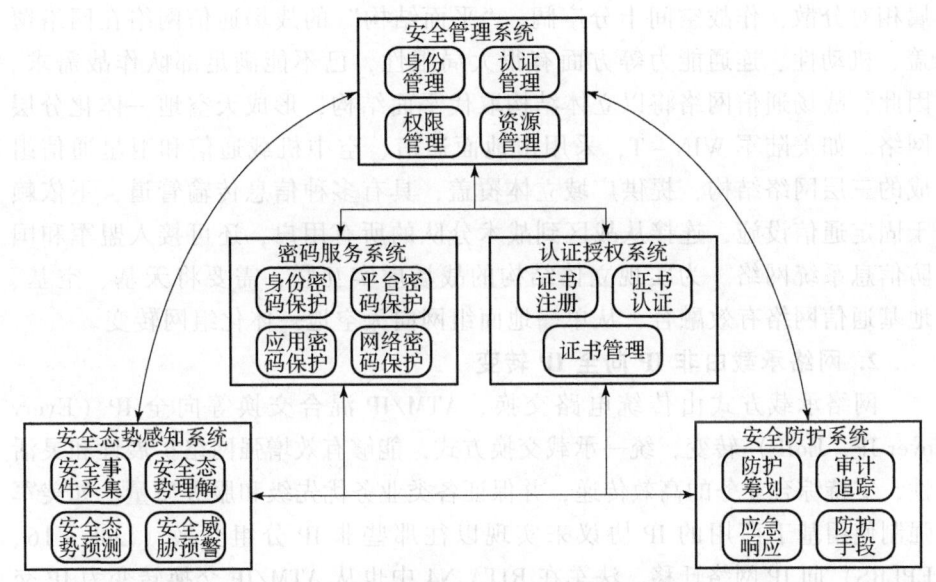

图8-3 网络安全保障体系组成结构示意图

6. 通信抗干扰技术

在网络抗干扰上，主要应用自组网技术（微波网络电台和软无战术电台）和抗干扰通信服务技术。自组织网络不存在网络的中心节点，节点可以根据网络动态变化而随意移动，节点之间能以任意方式互相通信，快速建立通信网络。在受到干扰时，自组网主动重构网络拓扑、自主恢复链路连接，具有路由重构、连接恢复等能力，抗毁性和抗干扰性极强。抗干扰通信服务可对下感知并控制网络资源，进行合理的拥塞控制和负载均衡，提供路径切换功能，从而提高路由重构能力，在强干扰下进行自适应资源调度，实现在弱连接、高动态、强对抗战术通信环境下可靠高效传输控制服务，从而提高整个网络的抗干扰能力。

8.1.3 发展趋势

未来的虚实互联技术将融合物联网、移动互联网、人工智能等多种技术，实现更高效、更智能的网络连接，进入到一个智联网时代。随着网络攻击的日益频繁，未来虚实互联技术将更加注重安全性和可靠性，采用加密、认证等技术保障数据传输的安全。通过人工智能技术，实现网络的智能化管理和优化，提高网络的性能和效率，具体表现如下。

1. 从单一地面组网向天空地一体化组网转变

现代条件下的战场作战，部队高度机动，作战样式转换频繁，兵力配属相对分散，作战空间十分广阔，"平面结构"的战场通信网络在网络覆盖、机动性、连通能力等方面有很大局限性，已不能满足部队作战需求。因此，战场通信网络将以立体结构取代平面结构，形成天空地一体化分层网络。如美陆军 WIN-T，采用由地面通信、空中机载通信和卫星通信组成的三层网络结构，提供广域立体覆盖，具有多种信息传输管道，不依赖于固定通信设施，连接从战区到战术分队的所有用户，还可接入盟军和国防信息系统网络。为实现立体结构的战场虚实互联，需要将天基、空基、地基通信网络有效融合，从单一地面组网向天空地一体化组网转变。

2. 网络承载由非 IP 向全 IP 转变

网络承载方式由传统电路交换、ATM/IP 混合交换等向全 IP（Every over IP，EoIP）转变，统一承载交换方式，能够有效增强网络扩展性和灵活性，支持综合业务的高效传递，并保证各类业务优先级和服务质量。如美军强制使用基于商用的 IP 协议来实现以往那些非 IP 分组交换（Link-16、EPLRS）向 IP 网络迁移，法军在 RITA N4 中也从 ATM/IP 交换转变为 IP 交换，便于实现各类异构网络的融合，并降低成本和充分发挥商用技术效用。

3. 向宽带高速大容量方向发展

在信息化战场，作战人员需求的信息种类多，如视频、数据、图像、远程交互战场作战系统和分布式数据库，要求的通信容量也大大增加。为支撑海量数据的分发和传输，宽带高速大容量的战术通信系统将是未来信息化战场的主体。未来的 6G 网络将实现通感融合和天地协同，具有更高的传输速度、更低的延迟和更大的容量，能为全息 3D 等新质生产力提供更好的支持。

4. 向支持用户"动中通"的"全移动网络"方向发展

美军希望其未来的战场通信网络实现真正的移动通信，如巡逻分队可以实时收看来自其他单元操作的无人机发回的图像，高机动多功能轮式车辆或其他车辆中的士兵可连续实时接收友方部队和敌方部队位置的更新信息，远离战场的指挥官能够通过盘旋于作战现场上空的直升机传送的视频信号进行实时监视。为适应这些作战需求，WIN-T 将发展成为"全移动网络"，从当前的初始"动中通"发展到最终实现全面"动中通"能力。WIN-T 计划的空中层可持续、可靠连接地面上的节点，并能够为之前覆盖不到的位置提供类似卫星通信的"动中通"能力，实现最大限度的作战灵活性和联网能力，为全域军事行动提供支持。

5. 战场通信网络由提供通信管道向提供通信服务转变

战场通信网络通过采用通信服务技术，将全球信息网络（GIG）提供的计算、协作、存储等服务无缝延伸到战场，能够提供战术信息分发的管理控制、端到端 QoS 管理等能力，根据应用的需求进行可靠信息分发和服务，实现战术网络由提供通信管道向提供通信服务转变。

6. 网络安全更加强化

区块链的分布式账本、加密技术和不可篡改等特性，可用于构建更安全、可信的网络身份认证和数据共享机制，确保网络中的数据和交易的真实性和完整性，为网络互联提供更可靠的安全保障。另外量子通信是一种基于量子力学原理的通信技术，具有高度安全性和抗窃听能力，量子通信利用量子纠缠和量子密钥分发（QKD）技术，实现高度安全的数据传输。

8.2 典型军事应用

虚实互联按网络中心化运作机制对战场物联网、指挥通信网、情报信息网等各逻辑网提供基础支撑，形成统一的大数据处理、分布式计算、大容量传输、多资源协同和安全可控的网络运行支撑环境。虚实互联是实现各种信息系统互联、互通、互操作及武器网络化组织的基础，为将各种资源和作战力量形成一个有机整体提供支撑，从而发挥巨大的威力。虚实互联典型的军事应用如下。

8.2.1 战场态势感知

1. 战场信息多维感知

现代战争是覆盖陆、海、空、天等多个作战空间的多域战，必须全面、准确地掌握战场态势。利用通信技术支持海量设备高速连接的特性以及有线/无线异构网络互联，可根据作战需求在陆海空天多维度、大范围部署各种多光谱/频谱传感器，构设实时、可靠、稳定的多维战场物联网络和战场侦察网络，持续感知敌方兵力部署、火力机动、战场环境等信息，针对性地进行侦察探测、比对印证、识别查证和补充侦察。同时，在参战官兵服装及武器装备上嵌入传感器，实时采集人员身体状况数据、武器装备技术状态及战损战伤情况，利用通信网络技术及时回传并处理分析，为各级各类指挥员廓清战争迷雾、定下作战决心提供数据支持。

2. 态势数据实时共享

信息化战争是基于网络信息体系的联合作战，信息量爆炸性增长，数据传输压力陡然上升,作战的紧迫性要求战场态势数据必须即时进行传输、处理和分发。基于通信网络技术网络带宽大、速率快的特点,多维作战空间的侦察探测传感器和情报节点可以高效采集、高速传输战场态势信息,并实时处理图片、音频及视频等海量战场情报数据,借助人工智能和边缘计算技术进行智能筛选、融合、分析,得到实时的战场态势信息,将情报分析人员从海量的情报数据中解脱出来,大幅提高情报分析速度,使联合作战指挥机构和各作战分中心实时了解战场态势,从而高效保障指挥控制和作战行动。

8.2.2 智能指挥控制

1. 构建智能指挥控制系统

未来联合作战将通过脑机融合进行智能指挥控制。利用新型通信网络技术搭建的高速率、全覆盖、低时延的信息通信网络与人工智能技术紧密结合,构建"云+边+端"架构的智能指挥控制系统,使实时传输的海量数据驱动"智慧大脑"不断自适应、自学习、自演进,为态势分析、目标选择、兵力分配、火力计划、作战协同、综合保障等工作提供决策辅助。表现为在战术分队、无人机等小型作战终端上加装通信模块、智能芯片,实现互联互通自组网,形成"终端"AI处理局部数据;在基本指挥所、大型舰艇、预警机等大型平台上安装通信基站,利用大型作战平台互联组网,形成"边缘"AI实现区域任务决策辅助;在联合作战指挥机构内部署智能"云脑",通过高速率、低时延的通信网络实时处理战场态势信息,实现指挥控制智能化、实时化。

2. 提高作战指挥控制效能

顺畅高效的指挥控制是决定战争胜负的关键因素。通信网络技术的海量连接、高可靠、低时延、大带宽等特点,支持根据作战需求构建专用任务网络,利用网络强兼容性的特点把空间分散的侦察探测、指挥控制、火力打击、综合保障等作战要素融合为一个整体,依托网络将体系的作战资源进行精准可靠的建设部署、优化配置和作战运用,使所有作战要素、作战资源、作战力量信息共享、按需编组、统一指挥,指挥员可以联通到战场上任何一个作战单元、武器终端及每个作战任务,打破传统的以平台为中心的作战体系运用方式,真正实现一体化联合作战,最大限度提高联合作战指挥控制效能。通信技术减少指挥层级,保证了军事指挥通信系统的畅捷,每个终端之间实现互联互通,不再需要频繁逐级传达,指挥所能将命令直达每个单兵,确保了高效指挥。

8.2.3 无人智能作战

1. 提高无人平台智能水平

无人平台的智能化已成为发展趋势，5G、自组网、WIFI等新型通信网络技术与人工智能技术的紧密结合将加快提高其智能水平。在大数据、云计算和新型通信网络大带宽高速率移动通信网络的支撑下，通过战场数据的不断"喂食"、训练，与控制中心不断进行的信息交互，无人智能作战平台可以在更短的时间内完成数据采集处理、信息传递分发和智能解算分析，平台智能构建作战行动模型和自主任务规划的能力不断提高，真正实现无人智能平台的无人化和智能化。

2. 支撑无人系统群智作战

新型通信网络技术具有高速率、强兼容性的特点，可使大规模无人智能系统互联互通，各智能作战平台之间通过新型通信网络自主协同完成态势感知、路径规划、任务分配、火力打击和效果评估等任务。同时，低时延、高可靠的新型通信网络支持海量数据快速传输，通过即时的信息交互使远端的智能"云脑"向作战终端的"边缘"智能实时赋能，缩短大规模无人智能系统的反应时间，加快无人智能系统群体智能涌现，促进无人智能系统智能化程度的提升和作战运用规模的扩大。

8.2.4 智能保障

1. 智慧卫勤

战时医疗卫生条件有限、卫勤保障力量较匮乏，作战官兵出现伤情时后方医疗专家无法及时赶赴现场抢救治疗。利用通信技术搭建远程诊疗手术平台，后方医疗专家可通过通信网络与机器人手术平台远程连接，从而远程控制前方医疗力量进行病情诊断、快速急救等服务。

2. 智能后装保障

战时装备战损战伤程度加剧，装备保障力量无法第一时间掌握装备技术状态，装备调配、维修工作量大，难以实施。通信技术支持机器连接，通过内嵌传感器实时获取装备技术状态信息，将战损战伤装备及时上传，并利用灵巧新型通信专网搭建远程维修平台，可实现装备故障诊断、维修异地操作，提高部队的持续作战能力。同时，利用通信技术搭建军事物联网，对弹药、后勤物资等进行全时记录，根据作战物资消耗情况实时进行补充，可实现保障需求实时感知、保障物资全程可视、保障行动实时调控。

8.3 虚实互联在平行战场中的应用

在平行战场中,把战场划分为物理战场和虚拟战场。通过采集物理战场相关数据,比如车况、毁伤、弹药油料消耗、侦察图像视频等信息,通过平行战场通信网络上传给虚拟战场,虚拟战场进行信息融合、仿真推演后,形成综合态势、指控命令等反馈控制信息回传给物理战场,实现以实驱虚、以虚控实的新型作战样式。虚实互联的目标就是,构建一个平行战场通信网络,实现物理战场和虚拟战场交互信息的高效、可靠、安全传输。

8.3.1 支撑战场感知信息获取

物理战场感知主要目的是通过传感器等相关技术,能够获取敌对双方的兵力信息、战场环境信息,并进行融合处理。而虚实互联在该部分的应用,是将物理战场接入到虚实互联网络,即将获取的物理战场信息通过虚实互联网络最终传输给虚拟战场,包括战场环境、己方兵力及侦察到的对手兵力等实时感知数据。

如图8-4所示,天空地一体通信网络涵盖地面通信网、空中通信网、天基通信网,三层网络之间通过地空通信链路、星空通信链路、星地通信链路,以及利用卫星转发器建立的地星地、空星空、地星空通信链路连为一个整体。基于该通信网络,可将侦察到的战场环境、兵力情况,采用无线/有线通信进行传输,这样便于军事人员快速获取感知情况,为后续研究分析战场情况提供有力支撑。

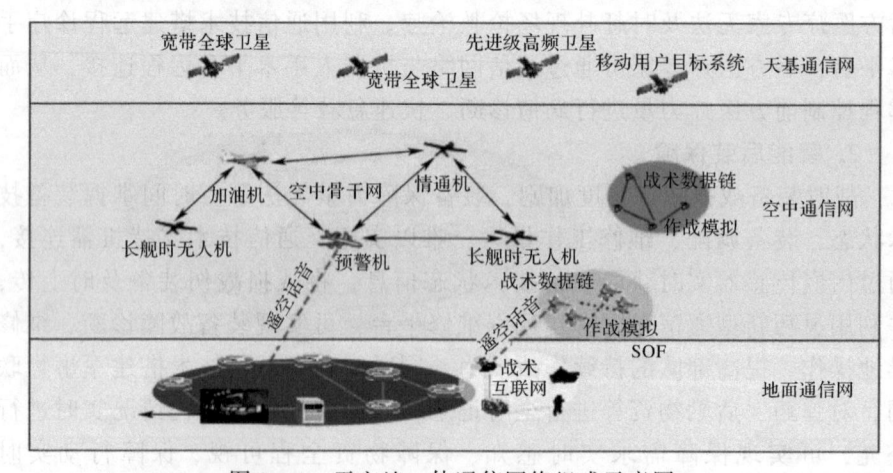

图8-4 天空地一体通信网络组成示意图

8.3.2 支撑虚拟战场集成

虚拟战场集成主要是能够根据物理战场映射信息构建出实时、动态、可操控的虚拟战场，在虚拟战场中可进行真实战场的复现、智能兵力在虚拟战场中的对抗等，而虚实互联在该部分的应用为将虚拟战场接入到虚实互联网络，即将生成的虚拟战场信息通过虚实互联网络最终传输给物理战场，包括虚拟战场数据、推演、分析结果信息。

虚拟战场借助天空地一体通信网络，将虚拟战场控制中心与物理战场的各种作战力量实现信息的互联互通。

8.3.3 支撑平行交互

平行交互主要是作为物理战场和虚拟战场之间的桥梁，能够实现实到虚以及虚到实之间的交互往来，从而实现实虚之间的平行映射。虚实互联在该部分的应用为将物理战场的信息上传给虚拟战场，并将虚拟战场相关信息反馈给物理战场中的指挥员及战斗人员。战场虚实互联主要涉及的问题是如何构建一个可靠的网络安全框架。

作为战场虚实互联网络的重要组成部分，网络安全保障主要针对各种网络安全威胁和网络攻击。根据通信网络对安全的需求，以及与其他通信网络之间的互联互通要求，同时考虑网络的可部署性、动态性、移动性、抗毁性和分布式处理等特点，建立网络的安全框架，如图 8-5 所示。

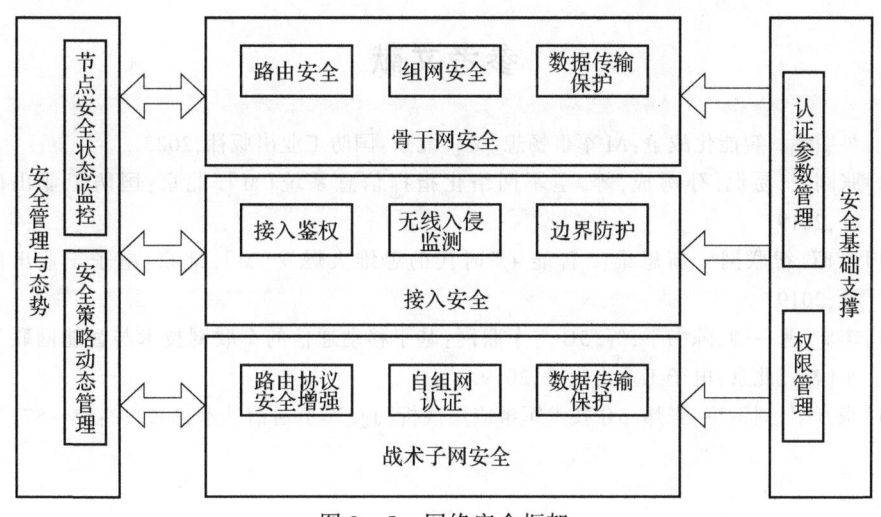

图 8-5 网络安全框架

安全框架包括骨干网安全、接入安全、战术子网安全、安全管理与态势、安全基础支撑五个功能组成部分，具体安全措施包括射频隐匿、信令安全、组网安全、数据传输保护、入侵检测、路由协议安全增强、自组网鉴权、无线接入鉴权、边界防护、安全管理、安全态势和身份认证管理等安全功能及服务。

8.3.4 支撑公共服务

公共服务作为资源中心主要是提供平行战场硬件支撑平台和通用功能的软件平台。而虚实互联在该部分的应用，主要是为算力等资源提供网络条件，实现信息传输和共享。

如通过边缘计算，将数据处理和存储推向网络边缘，靠近数据源或用户端，降低了数据传输延迟，提高了响应速度。通过在边缘设备上进行数据预处理和分析，可减少数据对云端或核心网络的依赖，提升网络效率和应用性能。通信服务技术体制方面，遵循"云—网—端"系统架构和"资源—服务—应用"的技术架构，形成"面向资源、共享开放"的通信服务体系。采用分级分布的资源控制架构，实现动态调度、按需分配和整体优化网络资源；采用分布式传输控制技术，实现对战场信息的可控、可靠传输；采用战场轻量级目录访问协议，实现用户、名址和设备等信息在网络中的分布存储和快速查询；采用战场轻量级会话控制协议，解决战场通信网络分布式会话控制问题，实现话音、视频、会议等融合通信业务。软件模块具备分布部署、按需提供服务的能力。

参考文献

[1]吴明曦.智能化战争:AI军事畅想[M].北京:国防工业出版社,2022.

[2]张刚宁,易侃,孙勇成,等.空军网络化指挥信息系统[M].北京:国防工业出版社,2019.

[3]彭昭.智联网·新思维:"智能+"时代的思维大爆发[M].北京:电子工业出版社,2019.

[4]李俨,曹一卿,陈书平,等.5G与车联网:基于移动通信的车联网技术与智能网联汽车[M].北京:电子工业出版社,2019.

[5]张万刚,刘钢涛,张炜.5G技术军事应用浅析[J].军事通信学术,2022,2:85-87.

第9章
交互映射与控制

交互映射及协同控制在平行战场中具有重要作用,平行战场要实现实虚同步,需要依托交互映射及协同控制技术实现以实驱虚、以虚控实。本章将围绕交互映射与协同控制相关概念内涵、关键技术及其在平行战场中的应用展开论述。

9.1 交互映射与控制概述

数字映射是实现信息物理融合的关键技术,通过将物理实体数字化,使物理世界与虚拟模型进行实时数据的传递,通过在虚拟模型中对实时反馈数据的处理,对物理实体的行为进行监测维护、过程优化并做出预测与决策等。

交互控制是虚实映射的关键环节,虚拟实体通过数据传感器监测物理实体的状态,实现实时动态映射,再到虚拟空间通过仿真验证控制效果,并通过控制过程实现对物理实体的操作。为了达到物理实体与数字实体之间的互动,需要经历诸多过程,也需要较多支撑技术作为基础,包括大数据、云计算、人工智能、边缘计算、物联网等技术。

交互控制当前主要的应用及研究重点包括:多模态人-机-物交互控制、脑机接口交互控制、无人集群交互控制。

1. 多模态人机物交互控制

人机物交互是指研究出一定的开发原理及方法,让人们可以方便地使用机器系统(包括计算机、设备、工具等),人-机-物交互关注使用者或操作者与机器系统之间的交互过程,来设计评估操作者使用机器的方便程度,人、机器、交互是人机交互的三个基本要素,它们相互联系构成一个整体。

多模态人机交互(MMHMI)是指通过多种感官模式(视觉、听觉、触觉)进行人机交互的方式,这种交互方式包含语音、图像、文本、眼动和触觉等多模态信息进行人与机器之间的信息交互。

人机交互的发展主要经历了以下4个阶段:

(1) 手工作业阶段。在早期的手工作业阶段,用户手工操作计算机,采用机器提供的方法(如计算机直接能够理解的二进制代码)去使用计算机。

(2) 作业控制语言及交互命令语言阶段。在此阶段,用户可以使用批处理作业语言或交互命令语言与计算机打交道,这仍然需要计算机的使用者记忆许多命令。此阶段方法缺点是需要用户必须具备较高的专业能力,但是相比手工作业,已经可以使用较为方便的手段来调试程序,并了解计算机的执行情况。

(3) 图形用户界面(graphical user interface,GUI)阶段。在此阶段,允许用户使用鼠标等输入设备操纵屏幕上的图标或菜单选项,以选择命令、调用文件、启动程序或执行其他一些日常任务,帮助用户把抽象的计算机程序具象化。此阶段的方法使得不懂计算机的普通用户也可以熟练地使用计算机,自此 GUI 开始步入非计算机技术背景用户的工作生活中,开拓了用户人群,GUI 的出现使信息产业得到空前发展。

(4) 网络用户界面阶段。在此阶段,出现了如搜索引擎、多媒体动画、网络聊天工具等新的技术,其中以超文本标记语言(HTML)及超文本传输协议(HTTP)为基础的网络浏览器是此阶段的代表,由它形成的万维网已经成为当今互联网的支柱。

(5) 混合现实空间的用户界面阶段。在此阶段,以增强现实、虚拟现实、混合现实为主要技术手段,实现人机交互。混合现实是集人机交互、计算机视觉、计算机图形学、人工智能等多门学科的综合性技术,在混合现实交互领域的研究中,主要研究方向集中在手势识别、远程协助、多用户交互、虚实交互等方面。

新时代、新技术、新应用对人机交互都提出了新的要求,人机交互的研究内容也逐渐从心理学层面转到社会学层面、从微观转向宏观、从交互转向实践、从虚拟转向现实、从单调转向智能。与此同时,随着人工智能技术日益广泛地融入人类生活的各个领域,人机交互技术和人工智能技术开始深度融合,人机交互也从原始的用户图形界面交互逐步向语音交互、手势识别等方向拓展,使得人机交互的智能化程度不断提升,智能人机交互技术变得无处不在、无时不在。

2. 脑机接口交互控制

脑机接口（brain computer interface，BCI）是在人或动物的脑（或脑细胞培养物）与计算机等外部设备之间建立的不依赖于常规大脑信息传输通路（外周神经和肌肉组织）的一种直接通信和控制技术，有望成为下一代人机交互方式。1924年，德国精神科医生汉斯贝格尔发现了脑电波，正式开启了脑机接口技术的先期研究。1960至1970年，脑机接口技术开始真正成形，相关研究和机构逐渐起步。1970年，美国国防部开始组建团队启动脑机接口研究。1973年，美国加利福尼亚大学洛杉矶分校教授Jacques Vidal首次提出了脑机接口概念。2000年左右，脑电波检测等技术取得重大进展，脑机接口的技术标准和发展方向逐渐明朗。2005年至今，脑机接口技术进入临床试验阶段，商业化发展开始起步，相关技术和企业数量进一步增加，应用和热度也日渐攀升。近两年，Facebook等科技巨头及其旗下公司在脑机接口应用领域不断取得积极进展，引发新一轮社会关注热潮，脑机接口技术在学习训练、医疗复健、自动驾驶、军事装备和智能家居等领域具有极大的研究价值和发展潜力，且应用范围在逐步扩大，世界多国科研机构和企业加速布局脑机接口，抢占全球科技竞争战略高地。

各类脑机接口按照其功能分为单向获取大脑信息、向大脑单向输入信息、与大脑双向交流信息三类。目前脑机接口产品主要集中在第一类，也就是单向获取部分简单的大脑信息，主要应用于病人的康复训练，比如通过脑机接口将大脑的命令传递给外骨骼、机械臂、光标等外设，使其能够进行行走、手臂拿放物体、操作平板电脑等一些简单动作。少量系统属于第二类，利用脑机接口技术修复受损的神经功能，比如通过人工假眼或者人工耳蜗的方式去恢复一定的视力、听力等。与脑内信息读取的技术相比，向脑内输入信息的脑机接口技术的种类和数量则少很多，常见的脑内信息输入技术包括电磁信号输入和光学信号输入。第三类互动式装置还处在起步阶段，双向的互动式脑机接口技术是未来的发展方向，该技术不仅可以接收神经系统信号，还能够刺激神经系统。

根据脑机接口与大脑的连接方式，可以分为侵入式、非侵入式和半侵入式脑机接口。侵入式脑机接口要求微电极植入头骨下的大脑皮层中，直接接触神经元细胞，在这种情况下，信号会被高质量采集，但随着时间的推移容易出现疤痕组织，从而影响后续的信号接收。此外，一旦种植了侵入式脑机接口/探针，就不可能将其移动来测量大脑的其他部分；非侵入式脑机接口设置在颅骨外，这种情况下，信号质量可能较低，但可避免手术,非侵入式脑机接口仍然是目前实践中优选的方式;半侵入式脑机接口电极植入到颅骨下方,但是并未深入脑皮层。

3. 无人集群交互

无人集群系统的发展是现代科技的重要成果,其核心在于如何实现高效、可靠的交互。交互技术是无人集群系统中各个无人平台协同工作的基础,它使得单个平台的局限性得以克服,整体系统的效能得到显著提升。以下将重点概述无人集群系统中的交互技术及其在协同作业中的应用,无人集群系统的交互主要涉及以下几个方面:

(1) 通信交互。确保信息在集群内部的高效传递;

(2) 感知交互。通过传感器实现环境信息的共享;

(3) 决策交互。集群成员间协同决策与任务分配;

(4) 控制交互。协调集群成员的动作和行为。

通信交互是无人集群系统交互的基础,主要包括以下内容:①自组网技术,无人集群系统采用无线自组网技术,使得无人平台能够在没有固定基础设施的情况下,快速建立通信网络。②多跳通信,在通信距离受限的情况下,集群成员通过多跳通信实现远距离信息传递。③抗干扰能力,通信系统具备抗干扰能力,确保在复杂电磁环境下通信的稳定性。④数据融合与压缩,为了提高通信效率,集群系统需要对收集到的数据进行融合和压缩,减少传输数据量。

感知交互使得无人集群系统能够共同感知外部环境,主要包括传感器数据共享,集群成员通过共享各自的传感器数据,形成一个完整的战场态势图。

决策交互是实现无人集群系统智能协同的关键,主要包括:①协同决策算法,采用分布式决策算法,使得集群成员能够在没有中心控制的情况下,共同做出决策。②任务分配,根据任务需求和集群成员的能力,动态分配任务,优化整体作业效率。③决策支持系统,利用人工智能技术,为集群成员提供决策支持,提高决策的准确性和实时性。

控制交互确保无人集群系统在执行任务时的协同性和一致性,主要包括:①编队控制,通过控制算法实现集群成员的精确编队,保持队形稳定。②路径规划,集群成员协同规划路径,避免碰撞,提高任务执行效率。③动态调整,根据任务进展和环境变化,实时调整集群成员的行动策略。

无人集群系统的交互技术将朝着更高效、更智能、更可靠的方向发展,包括增强通信带宽、提高数据处理速度、优化协同算法等。无人集群系统交互面临的挑战主要包括通信延迟、数据安全、决策复杂性和环境适应性等。无人集群系统的交互技术是其核心组成部分，它直接关系到集群系统的工作效能和任务成功率。随着技术的不断进步，无人集群系统的交互技术将更加成熟，为军事应用提供更加强大的支持。

9.2 典型军事应用

9.2.1 多模态人机物交互控制军事应用

军事领域武器系统人机交互发展和趋势分为三个阶段：第一阶段为基于命令行方式的指控系统阶段，主要采用人机交互的字符交互方式，实现指挥人员对武器装备的操纵；第二阶段为基于图形用户界面的指控系统阶段，大屏显示器、立式指挥桌等设备逐渐得到装配，实现了独立式信息系统到集中式信息系统的转变，也是目前应用最广泛的军事人机交互系统；随着智能语音、虚拟现实等第三代、第四代人机交互方式的发展，军事领域武器系统的人机交互也将进入第三阶段，即基于多通道人机界面阶段。未来的人机交互操控设计，将会基于场景任务的特性，综合考虑不同交互通道的应用和配合使用，任务操控过程中，以某一交互通道为主，同时辅以其他交互通道的方案，将会是未来多通道交互设计的趋势。

人机交互本质是人机共在，主要研究人和计算机之间自然协调的信息交换，而人工智能研究的主要目标是使机器能够胜任一些通常需要人类智能才能完成的复杂工作，为使人类能够更加集中于高度智能的信息处理，人机交互与人工智能技术的结合势在必行。人工智能驱动了人机交互技术的发展和变革，在输入方式上，从五笔到拼音到语音，从键盘到鼠标到触屏，人机交互方式越来越人性化。通过语音识别、图像识别等人工智能技术，出现语音、手势、情感等人机交互方式后，人类可以用更自然的方式与机器进行交互。

军事应用中人机交互智能性提升的典型应用包括战斗机、直升机中交互模式的提升。

人工智能领域的不断发展、智能驾驶芯片的实现，则使得智能战斗机座舱的出现成为必然。触敏显示/控制技术和语音控制技术的发展，使得触敏显示/控制器逐渐取代传统的开关和按键，尤其对于战斗机的驾驶舱，因为其由大量显控部件构成，是飞行员与战斗机进行交互的主要通道，其布局方式及交互方式将直接影响人机交互效率，合理的驾驶舱布局及交互方式可以实现高水平的人机交互,确保飞行效率和飞行安全,降低飞行失误的概率。

美国F-35战斗机在飞机上运用了先进的人机交互技术,如图9-1、图9-2所示。飞行员只需触碰显示器上的相应区域,即可随意调整各种信息的显示方式与顺序,或重启显示系统。F-35战斗机上还运用了语音控制技术,可大幅减轻飞行员工作负担,并大幅减少座舱内按钮与开关的数量。

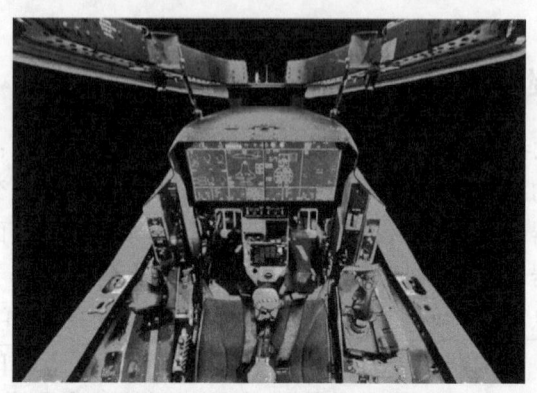

图9-1 F-35座舱配置图

图9-2 F-35人机交互界面

苏-35战斗机则采用了全新的"玻璃"座舱,座舱内的战术控制系统主要由彩色多功能液晶显示器、广角平视显示器和三个小型显示器构成。为了控制飞机各系统,苏-35战斗机座舱内的操纵杆与油门杆上分别安装有一些按钮和开关,并在多功能显示器周围布置有按钮。该设计提高了飞行员的人机交互体验,可有效提升战斗机作战能力。

美军研制的"科曼奇"武装直升机,拥有非常出色的人机交互界面。

其外观设计风格不像直升机，反而类似第五代战斗机。"科曼奇"直升机有两名机员，采用常见的纵列式座舱设计，"科曼奇"的前后座舱配置大致相同，正面均为两个 203mm×152mm 的大型多功能液晶平面显示器：左边为彩色显示器，可显示三维数字式移动地图、战术状况等；右边荧幕为单色，用以显示从微光电视摄影机或前视红外线传来的影像。与现役攻击直升机相比，"科曼奇"的人机界面更简单、更人性化且更具效率，大大减少了操纵的开关数，所有的战术动作都编列在不到三页的选单程序内，而且大部分的战术动作只要一个按钮，大幅简化了操作难度及工作负荷。除了先进的平面显示器之外，"科曼奇"乘员的第二种重要的显示/控制装备为头盔一体显示与视觉系统。这套系统视野宽广（35°×52°），可显示侦察设备获得的影像以及飞行、导航、武器系统的资料数据。此套系统不仅让飞行员在观测、飞行或战斗时，能专注于外界而不用低头看前方的仪表板与显示器，还能在夜间飞行时为飞行员提供最佳的环境状况掌握能力。这套头盔系统还具备瞄准功能，能带动机首 20mm 机炮、光电侦察系统旋转塔指向飞行员目视的方向。

图 9-3 "科曼奇"头盔一体显示与视觉系统

9.2.2　脑机接口交互控制军事应用

美国、欧洲等世界军事强国相继推出脑科学计划，各国军方竞相参与甚至主导脑机接口研究，脑机接口研究已成为世界军事强国国防科技竞争的战略制高点之一。以美国为例，美国国防高级研究计划局、陆军研究实验室等机构资助了一系列脑机接口项目，军事应用意图十分明显。

美国国防高级研究计划局于 2018 年 3 月首次宣布了下一代非手术神经技术（next-generation nonsurgical neurotechnology，N3）项目，旨在为身体健全的军事人员开发高性能的双向脑机接口。这种接口将有望实现多样化的国家安全应用,例如控制无人机和主动网络防御系统,或者在执行复杂任务期间与计算机系统合作以进行多任务处理。N3 技术不需要外科手术并且可以随身携带,利用 N3 技术集成的设备具有 50ms 内在 16mm^3 体积的神经组织内读取和写入 16 个独立通道的精度,每个通道都能够与大脑的亚毫米区域进行特异性相互作用,还具有可与现有侵入式方法相媲美的时空特异性,且单个设备可以组合起来以提供一次连接大脑多个位点的能力。

神经工程系统设计(neural engineering system design,NESD)项目发布于 2016 年 1 月,是奥巴马脑计划的组成部分,旨在开发一种植入式神经接口装置,在大脑和电子设备之间提供较高信号分辨率和数据传输带宽,通过将数字听觉或视觉信息以远远高于当前技术可能的分辨率和经验质量输入到大脑中,使可完全植入的设备能和多达百万个神经元相连接,来减轻视觉或听觉受损带来的影响。NESD 项目大大提高了神经技术的研究能力,需要多学科的融合,包括神经科学、合成生物学、低功率电子学、光子学、医疗器械封装和制造、系统工程和临床测试等多种学科。2017 年,美国国防高级研究计划局宣布支持布朗大学、哥伦比亚大学、加州大学伯克利分校以及初创公司等研究团队开展 NESD 项目研究。

恢复主动记忆(restoring active memory,RAM)项目于 2013 年 11 月启动,旨在开发一种完全可植入的闭环神经接口,以促进在受伤的大脑中记忆的形成和回想。RAM 项目的最终目标是开发和测试可供人类临床使用的无线和可完全植入的神经接口,RAM 项目由加州大学洛杉矶分校和宾夕法尼亚大学共同承担。

具体实践及应用上,2003 年,加州大学研制的神经芯片,可将士兵大脑与武器操控系统进行连接从而直接交互;2008 年,美陆军支持加利福尼亚大学等多个大学组成的科学家联盟,共同研发"意识头盔",实现士兵间的脑脑通讯;美国空军基地,实现了脑波对模拟飞行器的直接控制;2013 年,美国国防高级研究计划局的"阿凡达"项目利用脑控技术实现通过意念远程操控"机器战士";同年,英国艾塞克斯大学的研究人员研发出系统,利用脑控技术实现对宇宙飞船模拟器的控制;2015 年,美国国防高级研究计划局通过项目验证将残疾军人的大脑接入 F-35 战斗机模拟器,完成对战斗机高度、俯仰、偏航、滚动等控制。

9.2.3 无人集群交互控制军事应用

1. 无人集群系统的定义

无人集群系统是指由多个具有一定自主能力的无人驾驶飞行器、无人驾驶车辆、无人潜水器等无人平台组成的群体系统。这些无人平台通过相互协作，共同完成特定的任务。无人集群系统是现代科技与军事需求相结合的产物，它集成了人工智能、自动控制、通信技术、导航定位、传感器技术等多个领域的先进成果，是智能化、网络化、自主化作战的重要发展方向。

在无人集群系统中，每个无人平台都具备一定的感知、决策和行动能力，它们可以在没有直接人为控制的情况下，通过预设的规则或自主学习的策略，实现相互之间的协同配合。这种协同可以是简单的信息共享，也可以是复杂的任务分配和行动协调。无人集群系统的核心在于集群和协同，集群强调的是数量的优势，而协同则强调的是整体效能的提升。

2. 无人集群系统的分类

根据不同的应用场景和任务需求，无人集群系统可以分为以下几类：

（1）空中无人集群系统。主要由无人机组成，包括固定翼无人机、旋翼无人机等。空中无人集群系统在军事侦察、监视、打击、运输等领域具有广泛的应用。

（2）地面无人集群系统。主要由无人驾驶车辆组成，包括轮式、履带式和步行式等多种形态。地面无人集群系统在战场侦察、排雷、物资运输等任务中发挥着重要作用。

（3）水下无人集群系统。主要由无人潜水器组成，包括自主式和遥控式两种。水下无人集群系统在海洋监测、海底资源勘探、水下救援等领域具有独特优势。

（4）空天地海一体化无人集群系统。这是一种跨域的集群系统，涵盖了空中、地面、水下等多个领域，通过多平台的协同作业，实现全方位、立体化的任务执行。

3. 无人集群系统的发展历程

无人集群系统的发展可以追溯到20世纪中叶，最初的单个无人机和无人车辆主要用于军事侦察和靶标等简单任务。随着技术的进步，无人平台逐渐从单个独立作战向集群协同作战转变。20世纪90年代，随着信息技术和自动控制技术的发展，无人平台开始具备初步的自主能力，能够执行简单的编队飞行任务。21世纪初，美国等军事强国开始关注无人集群系统的研究，并启动了一系列研究项目，如美国的"蜂群"项目，旨在探索无人机集群的协同作战能力。近年来，随着人工智能技术的突破，无人集群系统的研究和应用进入了一个新的阶段。无人机集群在侦察、打击、防御等方面的应用日益成熟，民用领域的应用也逐步展开。未来，无人集群系统将继续向智能化、网络化、自主化方向发展,其应用领域将更加广泛,包括但不限于军事作战、灾害救援、环境监测、商业物流等。无人集群系统的发展是科技进步的必然结果,它不仅改变了传统的作战模式,也为民用领域带来了新的变革。随着研究的深入和技术的成熟,无人集群系统将在未来社会中扮演越来越重要的角色。

4. 无人集群系统协同控制的意义

(1) 提高任务执行效率。在复杂的任务环境中,单个无人平台的能力有限,难以应对多样化的挑战。通过协同控制,多个无人平台可以共享信息、协同作业,从而提高任务执行的效率。例如在搜索救援任务中,无人机集群可以通过分布式搜索,快速定位目标位置,提高救援成功率。

(2) 增强系统适应性和鲁棒性。现实环境中的不确定性因素较多,单个无人平台在面对突发情况时,可能会出现故障或性能下降。协同控制可以通过任务分配和动态调整,确保集群系统在部分成员失效的情况下,仍能保持整体性能,完成任务。

(3) 扩展任务范围和复杂度。协同控制使得无人集群系统能够执行更加复杂和多样化的任务。例如在军事领域,无人机集群可以执行协同打击、电子干扰、情报收集等多任务操作,大大提升了作战能力。

(4) 降低成本和风险。通过协同控制,可以减少对高性能、高成本的单个无人平台的依赖。低成本、标准化的无人平台通过集群协同,也能达到高性能平台的效果。同时,协同控制可以分散风险,即使部分平台损失,也不会影响整个集群的任务执行。

5. 无人集群系统协同控制的关键技术

(1) 感知与通信技术。协同控制的基础是信息共享,因此,感知与通信技术是关键。这包括高精度传感器、长距离稳定通信等技术,以确保集群内各平台之间的信息实时、准确传递。

(2) 任务分配与规划。任务分配与规划是协同控制的核心,它涉及如何将任务合理分配给各个无人平台,并规划出最优的行动路线。这需要高效的算法来处理复杂的优化问题,以实现集群资源的最大化利用。

(3) 协同决策与控制。协同决策与控制是指在任务执行过程中,根据实时信息和环境变化,动态调整无人平台的行动策略。这要求集群系统能够进行快速决策,并实现精确控制。

(4) 自主导航与避障。无人平台在执行任务时,需要具备自主导航和避障能力,以适应复杂多变的环境。这涉及路径规划、障碍物检测、动态避障等技术。

6. 无人集群系统协同控制的挑战

（1）算法的复杂性和实时性。协同控制算法需要处理大量的数据和复杂的逻辑，同时还要满足实时性的要求。如何设计出既高效又可靠的算法，是当前研究的一个重要挑战。

（2）集群规模的扩展性。随着集群规模的扩大，协同控制的难度呈指数级增长。如何确保在大规模集群中依然能够实现有效的协同，是另一个需要解决的问题。

（3）环境适应性和鲁棒性。无人集群系统需要在各种环境下稳定工作，这要求协同控制策略具有良好的环境适应性和鲁棒性。如何提高集群系统在不确定环境下的性能，是研究的重点。

（4）安全性和可靠性。无人集群系统在执行任务时，安全性至关重要。如何确保协同控制系统的可靠性，防止潜在的安全风险，是无人集群系统能否广泛应用的关键。

无人集群系统协同控制是实现无人平台高效协作的关键技术，它在提升任务执行能力、降低成本和风险等方面具有重要意义。随着相关技术的不断发展和完善，无人集群系统协同控制将在未来发挥更加重要的作用。

9.3 交互映射与控制在平行战场中的应用

平行战场有全维感知、高效认知、实时映射、精准控制等需求，在平行战场中，不仅需要建立虚拟战场与物理战场之间的虚实映射关系，还需要具备丰富的交互控制方式，使得操作人员能够更加直观、高效地理解和操作复杂的物理战场，真正达到以实驭虚、以虚控实的目标。

9.3.1 多模态人机物交互控制应用

平行战场中多模态人机物交互控制应用广泛，该交互控制是实现平行战场中人、计算机以及物理环境之间高效、直观交互的关键。

1. 战场信息实时感知与融合处理

多模态人机物交互可实现物理战场信息实时全面感知、可靠传输、融合处理，实现物理战场智能感知与互联、泛在物联数据安全传输、目标感知能力增强、多源多域数据融合增强，集成规约多粒度、多维度、多源异构数据，为数据驱动的平行战场构建、实体状态平行感知等提供数据和方法支撑。

2. 认知增强与综合显示

针对强对抗条件下复杂的战场要素高效认知和战场信息高效呈现需求，突破认知机制模拟、认知增强、立体显示、交互显示等关键技术，展开脑机一体认知能力增强、人在回路多交互任务认知能力增强、基于图像的沉浸感三维立体显示、基于增强现实的信息增强显示、复杂数据的协同交互可视分析等研究，提升对平行战场认知和综合显示能力，为交互控制打下基础。

3. 平行战场交互调控

多模态人机物交互能够在平行战场虚实平行实时交互、调控需要，突破虚实双向映射、平行实体协同控制、多模态人机交互，达到虚实战场空间的双向连接、双向交互、双向驱动目标，形成实时闭环的平行战场。

9.3.2 脑机接口交互控制应用

武器装备无人化、集群化、智能化趋势愈加明显，以智能技术为主导的新型武器装备逐渐成为战争舞台的主角，作战节奏呈数量级的提升使得快速决策成为军事强国竞争的新高地。脑机接口技术以脑信息为核心要素，实现人和机在不同层面的合理分工、无缝协作、共同思考，是加速OODA循环迭代的重要手段，也是在未来无人化、集群化军事对抗中取得认知决策优势的重要抓手，在平行战场中也面临这样的需求。

平行战场中，脑机接口技术的应用，将在人机智能融合、人机交互、作战人员状态监控等多方面发挥作用。

1. 人机智能融合

面向复杂军事环境，人机智能融合是实现快速判断决策的必然选择。如空天防御等作战环境下，敌我双方部署大量信息探测与对抗节点，极易导致信息爆炸式增长、干扰信息泛滥，形成作战环境信息过载的局面。这种极端环境给战场快速判断决策带来极大挑战。脑机接口技术可将大脑感知决策等信息直接融入机器算法中，能够充分利用机器大规模数据计算能力和人脑经验知识迁移能力，实现深层次人机智能融合，形成"非线性、强鲁棒"超级智能决策系统。

2. 人机交互

可提升人机操控默契程度，围绕"快速、精确、高效"的作战需求，作战人员必须具备复杂多变环境下顺利操作多种装备，实现紧急突发事件快速处理、快速决策与指令传达等能力。将脑机接口技术应用于装备操控，构建脑控智能交互系统，摆脱肢体对外部设备操作通道和方式的束缚，实现对装备直接操控，大幅减少多任务操控复杂度，使得同等数量的作战人员可同时配备更多装备，逐步实现人机感知、决策、行动趋于同步，人机配合更为默契。

3. 人员状态监控

当前作战中无法了解作战人员的工作状态，若作战人员长期处于高度紧张和疲劳状态，可能会引发误判、漏判甚至错判，造成遏制性或者灾难性的后果。通过脑控技术实时监测作战人员脑认知状态，可对作战人员注意力、警觉度、脑力负荷等状态进行实时评估，为指挥中心和作战系统进行战场指挥决策管理提供依据，可大幅降低系统性决策风险。

9.3.3 无人集群控制应用

在平行战场中，无人集群控制具体应用主要包括：

（1）情报侦察与监视。在平行战场中，无人集群控制系统可组织无人机、无人车等平台进行情报侦察与监视。通过实时传输图像、数据等信息，为指挥中心提供准确的战场态势。同时，无人集群系统可根据战场环境变化，自主调整侦察方案，确保情报的实时性和准确性。

（2）电子战。无人集群控制系统在平行战场中可执行电子战任务，如电磁干扰、信号欺骗等。通过分布式部署，无人集群系统可实现全方位、全频段的电子战覆盖，有效削弱敌方通信、导航、雷达等系统，为我国作战力量创造有利条件。

（3）精确打击。在平行战场中，无人集群控制系统可根据目标信息，制定精确打击方案。通过协同作战，无人集群系统可实现对敌方重要目标的快速摧毁，降低敌方战斗力。

（4）防御作战。无人集群控制系统在平行战场中可执行防御作战任务，如防空、反导等。通过协同作战，无人集群系统可形成密集的防御网，有效拦截敌方攻击手段。

同时，无人集群控制在平行战场中也面临着一些挑战，主要体现为：

（1）通信干扰。平行战场中，敌方可能对无人集群系统的通信进行干扰，影响集群协同作战。

（2）数据安全。无人集群系统在平行战场中传输的数据可能面临泄露风险，需加强数据加密和防护。

（3）自主决策。无人集群系统在复杂战场环境下的自主决策能力仍有待提高。

为克服上面提到的挑战，无人集群控制在平行战场的应用应在如下方面重点发力：

（1）智能化。无人集群控制系统将朝着更加智能化的方向发展，提高自主决策和协同作战能力。

（2）网络化。平行战场中的无人集群系统将实现更高效的网络化通信，确保信息传输的实时性和稳定性。

（3）多样化。无人集群系统将涵盖更多类型的无人平台，形成陆、海、空、天一体的作战体系。

参考文献

[1] 闵海波,刘源,王仕成,等.多个体协调控制问题综述[J].自动化学报,2012,38(10):1557-1570.

[2] NUNNA H K, DOOLLA S. Multiagent-based distributed-energy-resource management for intelligent microgrids[J]. IEEE Transactions on industrial electronics, 2012, 60(4): 1678-1687.

[3] 朱云龙,陈瀚宁,申海.生物启发计算：个体、群体、群落演化模型与方法[M].北京：清华大学出版社,2013.

[4] 张栋,王孟阳,闫晓东,等.无人集群系统智能规划与协同控制技术[M].北京：科学出版社,2022.

[5] 戴凤智,赵继超,宋运忠.多智能体机器人系统控制机器应用[M].北京：化学工业出版社,2023.

第 10 章 战场可视化

战场可视化，是为了便于军事人员快速认识、分析、理解战场环境和战场态势情况，采取信息技术手段对战场情况进行处理，以可视化的形式将战场情况进行表达，从而供军事人员观察使用。当前，战场可视化已成为军事信息系统的重要组成部分，是作战、训练等活动中的重要一环，是指挥员驾驭现代信息化战争的理想界面，在作战指挥、模拟训练、作战理论研究等领域都有广泛的应用前景。在平行战场中，战场可视化同样发挥重要作用，在战场感知、虚拟战场生成、决策、交互等方面均有应用，可将战场情况快速呈现给军事人员，从而便于军事人员快速决策、快速实施相关军事行动。

10.1 战场可视化概述

10.1.1 基本概念内涵

1. 可视化

可视化是将数据信息和知识转化为一种视觉形式，充分利用人们对可视模式快速识别的自然能力，将人脑和现代计算机这两个最强大的信息处理系统联系在一起，帮助人们更好地观察、操纵、研究、浏览、探索、过滤、发现、理解大规模数据，并与之方便交互，从而可以极其有效地发现隐藏在信息内部的特征和规律。我们可以把可视化认为是从数据到可视化形式再到人的感知系统的可调节的映射，常见的网络销量可视化如图 10-1 所示。

现在，可视化已被科学家赋予了一定的科学含义，成了科学计算可视化的简称。科学计算可视化指的是运用计算机图形学和图像处理技术，将科学计算的结果以及过程转换为图像或图形在屏幕上直观形象地显示并进

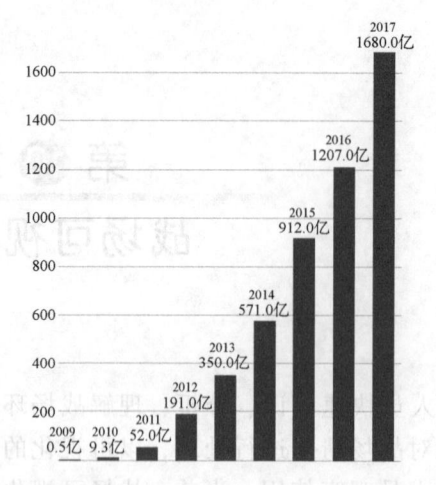

图 10-1 网络销量可视化

行交互处理的理论技术和方法。科学计算可视化研究的应用领域现象大都具有物理空间特征，其数据来自科学实验或者模型模拟，但近些年来对于快速增长的互联网和万维网空间内的海量信息和数字化带来的大量各类信息，以及庞大的数据仓库内的信息，使得在可视化领域出现了一个新分支，即信息可视化。信息可视化是把抽象的、大多不具有物理空间本质特征的信息转化成空间分布形式的图形图像，从而帮助用户理解或者发现其中隐藏的事物本质关系与形态和结构。

可视化涉及科学与工程计算、计算机图形学、图像处理、网络技术、视频技术、计算机辅助设计、人机界面等多个学科和技术领域，需要多个学科推动其进一步的发展。另外，可视化技术对计算机硬件设备也提出了一定要求，如实时交互三维显示的速度是由机器的内存、显卡以及三维图形的渲染方法（即三维图形渲染的工具包）等软硬件设备条件共同确定的。

当前的军事活动中，会产生大量的信息，海量信息若直接呈现给军事人员使用，军事人员必然不能把握信息的核心内容，还需遴选才能获取自己需要的信息。由此，可使用可视化技术，将军事信息中便于可视化展现的内容采用二维及三维等形式进行呈现，可使军事人员快速获取信息，了解军事情况。

2. 战场可视化

尽管从字面来说战场可视化是一个新的概念，但是作为一种能力来说，它实际上从人类的第一次战争开始就已经存在了。纵观历史上每一位优秀的将领，他们都有能够敏锐地把握整个战场形势的能力。根据平时的训练、以往的经验以及对战争的直觉，优秀的指挥官可以充分地了解地形及气象条件的影响，可以觉察到敌军如何调动其部队，并根据自己的判断来指挥部队完成作战任务。在进入 21 世纪的今天，技术的发展及其在军事上的应用使得各级指挥人员能够具备这种"透视"战场的能力，能够"看"到目前并没有占领的区域。再通过如各种致命或非致命的攻击、自我伪装等措施，能够大大降低敌军指挥官的这种"透视"战场的能力，就可以在战场的时间与空间上真正加强对敌军的信息优势。这种信息优势可以使小规模的部队迅速击溃比较强大的敌人，也可使一个单独作战的部队可以在比较广大的区域上甚至在分散的地方执行任务。战场可视化则是帮助指挥员实现这种"透视"战场能力的工具。

战场可视化是将与作战相关的各种军事情况信息，借助计算机工具、计算机图形学和图像处理等技术，在数字地形的基础上，以计算机图形图像的形式直观形象地表达出来，并进行数据关系特征探索和分析来获取新的理解和认识，最终使指挥员能够以可视化的方法进行战场规划、指挥决策和指挥控制，同时也可为军事训练提供贴近实战的训练环境。

从展现内容角度分析，战场可视化主要包括两部分，分别是战场环境可视化和战场态势可视化，如图 10-2 所示。战场环境可视化是战场态势可视化的基础，战场态势可视化是战场可视化应用目的的必然需要，是战场可视化的一个重要组成部分。

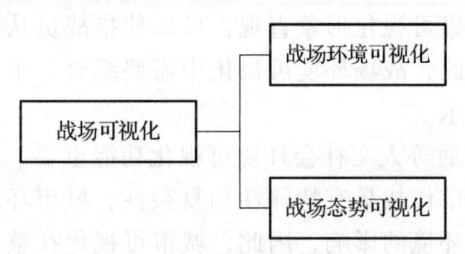

图 10-2 战场可视化组成

1. 战场环境可视化

战场环境可视化是将各类战场环境，借助计算机工具、计算机图形学和图像处理等技术，将各类战场环境以计算机图形图像的形式直观形象地表达出来，当前主要的展现形式为战场环境二维可视化及三维可视化。

战场环境可视化包括了陆战场环境可视化、海战场环境可视化、空天战场环境可视化、电磁网络环境可视化、气象水文环境可视化以及人文环境可视化等。

战场环境可视化需把握的主要内容包括：

（1）最基本的是战场地理空间环境的可视化。地理空间环境可视化如图 10-3 所示。应用上，任何作战都是在一定的战场地理空间中进行，对战场地理空间的分析研究是指挥作战必须首先开展的工作，战场可视化必须首先实现战场地理空间环境的可视化；技术上，战场地理空间环境的可视化是其他战场环境要素可视化叠加显示的基础。因此，战场地理空间环境的可视化是战场环境可视化最基本的内容。

图 10-3　地理空间环境三维可视化展现

（2）具有二维、三维相结合的战场环境可视化功能。二维可视化对战场环境进行了综合，显示区域广，可以使指挥员从宏观上掌握整个战场环境的全貌情况。三维可视化形象直观，可以使指战员从微观上分析研究战场的精确情况。因此，战场环境可视化中需要综合二维、三维的优点对战场环境进行高效显示。

（3）城市、交通等人文社会环境可视化功能重要。由于世界性的城市化发展趋势以及城市作战具有特殊性和复杂性，城市环境对军事行动的影响远大于一般地形环境的影响，因此，城市可视化在整个战场环境可视化中占有重要地位，应特别强调对城市的空间结构和建筑特点等环境的可视化能力。

（4）具有战场气象环境可视化能力。由于气象条件对军事行动存在重要影响和制约作用，指挥员都十分重视掌握战场气象环境信息。战场环境可视化可在二维、三维地理环境可视化的基础上选择性地叠加显示气象数据可视化信息，如以箭头表示风力、风向，以不同的颜色表示温度或湿度，用粒子系统模拟雨雪等，同时还以光照度及背景颜色的变化模拟出白天、黑夜的时间变化。

（5）电磁环境可视化也是一项重要可选内容。一是复杂电磁环境对信息化战争的影响作用越来越大，要求指战员必须掌握战场电磁辐射源、辐射类型和参数、辐射影响范围等复杂电磁环境信息。二是技术上已能够建立雷达、通信等电子装备较准确的电磁辐射模型，而且可以用形象直观的图形方式表现出这些不可见、无形的电磁辐射影响范围信息。因此，战场环境可视化需要具备可选的电磁环境可视化功能。

（6）提供战场环境信息分析与查询功能。可视化可以向使用者传达形象直观的战场环境信息，再加上完善的信息分析与查询功能，将可以向用户提供对数据信息进行更深层次挖掘的工具，同时能够弥补图形表达过程中一些难以克服的缺陷。

2. 战场态势可视化

战场态势可视化是采用可视化手段，包括二维及三维方式，将战场态势中的诸多要素，包括兵力分布、兵力状况、相关军事行动等进行可视化呈现，从而使军事人员快速了解战场情况，为军事决策提供依据。

战场态势可视化是军事指挥人员认知战场态势的有效手段，对战场态势的分析判断直接决定着战争的胜负。然而，战场态势瞬息万变，数据量大，各种信息极其丰富，情况复杂。如何综合采用多种形式和丰富的手段来完整、全面、准确、及时地反映虚拟战场的态势，是各国军队竞相研究的热点问题。

在战场态势可视化实现的所有功能中，最直观的是态势显示功能。态势显示按照展现样式大体上分为二维态势显示和三维态势显示。

二维态势显示是一个在二维平面空间的态势，最常用的态势构成方式是以地图作为背景，在地图上叠加表达各种作战实体和作战行动的军标符号及文字，这种方式最符合标准的军事表达规则。二维态势的技术发展特征主要体现在地图背景的更新换代上，其发展过程中，地图的显示经历了人工扫描地图显示、像素地图显示和目前的电子地图显示几个阶段。电子地图是基于地理数据而形成的地图，它能根据需要以不同的地图要素组合和地图投影方式随机进行显示。电子地图的出现，给二维地图带来了清晰的显示效果和无级放大漫游地图的功能，也给二维地图带来了新的表现形式，出现了用晕渲图作为地图背景的显示方式，使态势的表现力更加丰富。

三维态势显示是一个在三维立体空间表现的态势，依靠地形数据生成三维场景，依靠三维军标模型、三维实体模型等展现战场情况。这种方式主要用于表达局部范围的战斗行动，使指挥员有身临其境的感觉，以增强态势表达的效果。

10.1.2 支撑数据及关键技术

战场可视化主要采用二维及三维形式进行可视化展现，涉及的具体实现支撑包括：基础地理环境数据、地理信息系统、三维建模、三维图形引擎及相关拓展技术（包括虚拟现实、增强现实、混合现实等技术）。如图 10-4 所示。

基础地理环境数据：主要为战场环境相关描述数据，包括基础地理数据（矢量地图数据、DEM 高程数据、影像数据、倾斜摄影数据）、气象环境数据、电磁环境数据、核化生环境数据等。上述数据可将战场环境相关要素进行量化描述，通过对上述数据的处理，可将战场环境进行可视化呈现，包括二维可视化及三维可视化呈现。

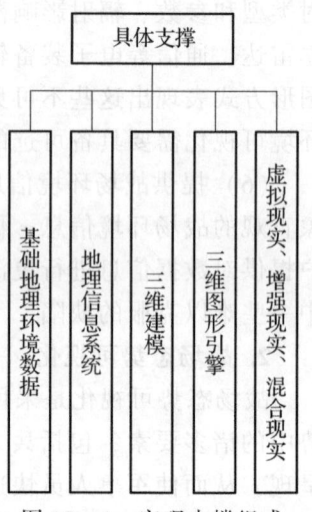

图 10-4 实现支撑组成

地理信息系统技术：地理信息系统主要是对相关地理数据进行处理，采用二维或三维形式将战场环境进行可视化展现，处理的数据包括矢量地图数据、DEM 高程数据、影像数据等各类地理数据，展现的样式为二维电子地图展现和三维立体地形展现等，如图 10-5 所示。同时在展现的电子地图或三维地形上，使用人员可进行相关地形量算、要图标绘，从而将战场环境、战场情况可视化呈现出来。

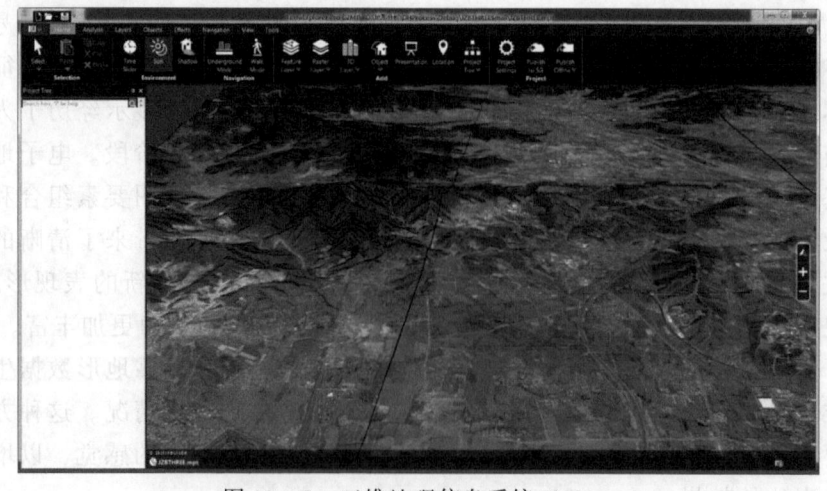

图 10-5 三维地理信息系统 Skyline

三维建模技术：三维建模技术主要对相关对象进行三维模型构建，对象包括战场中的人员、装备、军事设施等多类对象，如图10-6所示。当前，三维建模技术在军用、民用中有较多应用，用途较为广泛、技术较为成熟，常用的一些三维建模软件如3ds max、Maya等多类成熟稳定的软件也有广泛应用。

图10-6 三维装备模型

三维图形引擎技术：三维图形引擎当前已成为强大的三维场景构建、集成工具，使用三维图形引擎，可进行三维场景的构建、三维态势的展现等，并可使用三维图形引擎生成专门的应用软件，如虚拟维修软件、三维态势展现、军事三维游戏等相关软件。

虚拟现实、增强现实及混合现实等技术：虚拟现实技术、增强现实技术及混合现实技术主要是借助相关三维图形引擎等软件和相关外设硬件，构建相关环境（包括虚拟现实、增强现实及混合现实环境），使用人员通过操作，可进行沉浸式的环境观察及虚拟操作。

10.1.3 展现样式

当前战场可视化的展现样式，主要包括二维可视化及三维可视化，三维可视化又包括三维大场景可视化及三维小场景高精度可视化，三种可视化方式具体展现样式及实现机理如下。

1. 二维可视化

二维可视化主要是以二维地理信息系统为技术支撑，采用二维电子标号叠加二维电子地图的形式，实现战场情况的二维可视化显示。

该展现样式明确了展现的方式，即采用二维电子标号叠加二维电子地图的形式进行展现。该展现方式的实现主要涉及二维地理信息系统、矢量地图数据及军事标绘知识，二维地理信息系统用于地图的展现及电子标号的展现，要进行电子地图的展现，需要对矢量地图数据进行处理，要展现电子标号，就需要选用正确合适的标号进行展示，这就涉及军事标绘的相关知识。

采用二维展现，可以将战场上的相关兵力分布、兵力状态及相关行动进行展现，甚至包括电磁领域的电子对抗行动也能呈现出来，该展现效果清晰直观，便于军事人员快速了解战场情况。

从运行角度，二维态势展现是采用软件系统形式进行实现的，图10-7是一个典型的二维展现软件的架构图。

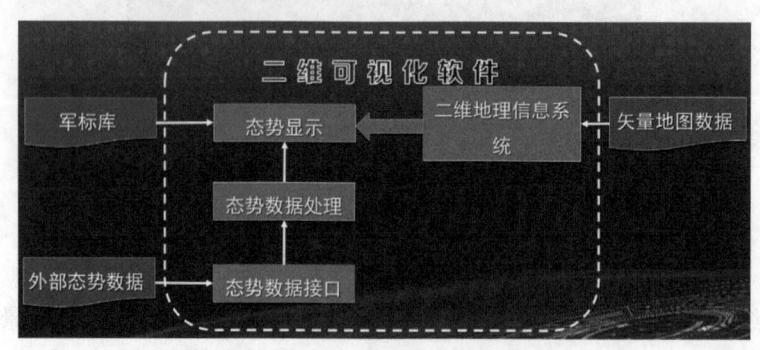

图 10-7 典型二维态势可视化软件结构

软件功能模块主要包括态势数据接口、态势数据处理及态势显示模块，涉及的数据包括外部态势数据、矢量地图数据及军标库，软件使用的支撑开发平台为二维军事地理信息系统平台。

（1）态势数据接口

该模块主要是从外部接收相关态势数据，以供显示使用，如演训场上的情况，可从演训场中人员、装备的信息获取终端（如北斗定位终端等）获取兵力情况信息，如位置、交火行动等。这些数据就是外部态势数据，可以通过态势数据接口传送到二维软件里面。

（2）态势数据处理

该模块主要是对获取到的外部态势数据进行处理，以生成态势显示需要的数据，尤其是从外部获取的数据类型多、结构不统一，需要对获取的数据进行精简化、标准化处理，才便于后续显示使用。

（3）态势显示

该模块为系统的核心模块，主要是将处理后的态势数据，转化为可视化的态势图像，即采用二维电子地图展现地理环境，采用二维电子军标表示战场中的兵力及相关行动，并使用不断获取的态势数据，驱动军标位置、状态等属性的变化，以呈现实时态势。该模块基于二维地理信息系统平台开发。

(4) 涉及的数据

软件涉及的外部数据包括外部态势数据、矢量地图数据、军标库。外部态势数据就是前面讲到的从外部获取到的描述兵力情况的数据；矢量地图数据主要是提供给地理信息系统使用，展现二维地图；军标库主要提供军事标号，在电子地图上展现标号。

以上就是一个典型二维态势显示系统的软件功能模块构成，将上述功能模块进行集成开发即可形成软件，可将战场情况进行二维展现。

2. 三维大场景可视化

三维大场景可视化以三维地理信息系统为支撑，对 DEM 高程数据、卫星影像数据及三维模型进行处理，构建大场景三维地形，而后在三维地形上叠加三维模型、军标模型展现战场情况。该可视化方式的实现主要涉及三维地理信息系统、DEM 数据、影像数据、三维模型、三维军标等，三维地理信息系统用于三维地形的展现及三维模型的展现。要进行三维地形的展现，就需要对 DEM 数据、影像数据进行处理，另外还需要三维模型及三维军标，以在地形上展现兵力情况。

从这个展现效果可以看出与二维的区别，它的特点在于用三维形式进行呈现，可将二维平面延伸出三维立体空间，与二维展现目标类似，都偏重于大场景宏观展现。

典型三维大场景显示系统模块构成与二维类似，区别在于使用三维地理信息系统作为支撑，使用的数据包括 DEM 数据、影像数据、地物三维模型、三维军标、装备人员三维模型等。

3. 三维小场景高精度可视化

三维小场景高精度可视化以三维图形引擎为支撑，对 DEM 高程数据、卫星影像数据及三维模型进行处理，构建三维地形，而后在三维地形上叠加三维模型展现战场态势。

该展现方式的实现主要涉及三维图形引擎、DEM 数据、影像数据、三维模型等，三维图形引擎用于三维地形的展现及三维模型的展现，要进行三维地形的展现，就需要对 DEM 数据、影像数据进行处理，另外还需要三维模型，以在地形上展现地物及兵力情况。

典型三维小场景显示系统软件功能模块构成与三维大场景类似，区别点在于使用的支撑技术是三维图形引擎技术。

4. 可视化方式特点分析

以上就是平行战场中战场可视化的三种展现方式,战场可视化重点体现"真"字,即战场可视化主要是将战场的真实情况进行展现,不能扭曲战场信息,不是为了展现多好看或多美观,尤其在作战里面,错误的战场信息展现可能会误导军事人员,甚至造成重大人员伤亡。

平行战场中三种展现方式主要特点如下。

二维展现:①平面直观,在展现综合场景上效果较好。②使用军标表示,符合军事人员的观察习惯。③使用矢量地图显示不会出现显示失真现象。

三维大场景展现:①宏观展现全局,便于使用人员掌握全局战场情况。②采用三维展现,便于使用人员了解空间立体情况。③采用数字地球技术构建,三维地形构建速度快,构建时间短。

三维小场景高精度展现:细节展现详细逼真,使用人员有身临其境的感觉。

各种展现方式的特点及在平行战场中的适用范围如表 10-1 所列。

表 10-1 展现模式特点

展现模式	特点	平行战场中的应用范围
二维展现	平面直观,在展现综合场景上效果较好;使用军标表示,符合军事人员的观察习惯;使用矢量地图显示不会出现显示失真现象	主要应用在平行战场中需要宏观展现整体场景的场合,如指挥所中需要展现整体战场情况等
三维大场景展现	宏观展现全局,便于使用人员掌握全局战场情况;采用三维展现,便于使用人员了解空间立体情况;采用数字地球技术构建,三维地形构建速度快,构建时间短	主要应用在平行战场中需要宏观展现整体场景的场合,如指挥所中需要展现整体战场情况等
三维小场景高精度展现	细节展现详细逼真,使用人员有身临其境的感觉	平行战场中需要精细展现战场情况的场合,比如需要涉及建筑物内部场景展现,需要使用三维小场景进行展现

10.1.4 发展趋势

随着新技术的发展，战场可视化未来将越来越多地使用相关新技术、新方法对战场进行可视化展现，展现的最终目标是更加便于军事人员观察战场、更加便于军事人员直观了解战场情况。

战场可视化未来的发展方向主要包含两个，一是展现的内容更加丰富完善；二是展现的技术手段更加先进、更加便于人员进行观察。

1. 内容完善性

内容完善性是指，除了常规的一些可视化展现的内容，如兵力位置、交火行动等，可以进一步扩展内容，如通信网络、雷达侦察效果等一些不可见的信息，都可进一步进行展现，这样更加便于使用人员了解战场环境、了解战场态势。

2. 技术手段先进性

对战场展现上，可应用更先进的技术，如全息技术、CAVE 技术等的展现效果更好；如增强现实技术，可将虚实进行结合来展现，更加便于使用人员对战场情况进行了解。

当然，现在技术还在发展、还在进步，下一步可能会出现一些新的技术，更加便于对战场环境、对战场态势进行可视化展现。

10.2 典型军事应用

目前，战场可视化已经成为现代战场的重要技术手段，世界许多国家对发展战场可视化系统极为重视。战场可视化理论与技术被广泛应用于不同层次、不同类型的指挥信息系统和军事模拟训练系统中。

10.2.1 指挥信息系统

随着信息化的发展，军事指挥信息系统已成为各国研究、应用的重点内容，在作战中，可使用军事指挥信息系统进行相关情报信息的收发、相关指挥命令的传达、战况的评判研究等。而利用可视化相关技术，建立一个综合战场信息获取与传输、分析与查询、作战态势显示和指挥控制为一体的军事指挥信息系统，可大大提高指挥员对战场信息的认知、分析能力，从而提高作战指挥的效能，有效加快战争的进程。

如美国海军研究中心研制的"龙（dragon）"战场可视化系统，该系统的研制充分展示了战场可视化的概念、关键技术和实现途径，在若干次演习和实战中得到应用，取得了良好的效果。图10-8为该系统生成的战场态势图。

图10-8 美军战场可视化应用

在我军的相关指挥信息系统中，也大量使用了相关战场可视化技术，从而可进行相关军事要图的标绘、战场态势的展现、我方兵力状况的展现等，并且上述可视化展现，多是立足于自动化标绘、数据自动化处理展现，大大节约了操作时间，也更加便于军事指挥人员了解战场态势，快速做出相关决策。

10.2.2 模拟训练

在军事模拟训练系统中，利用战场可视化功能可进行真实感极强的战场勘察、武器装备操纵、军事指挥等训练，模拟训练、仿真推演过程也可在战场态势图上实时、准确地表示出来。这种方法代替沙盘和地图上的"图上作业"或"兵棋推演"，增加了身临其境的感觉，可充分调动参训者的主观能动性，提高军事模拟训练的效果。

10.2.3 军事游戏

军事游戏是一种新型寓教于乐的教育训练方式，更易为广大青年官兵所欢迎和接受，同时对抗是军事游戏的基本特点，通过在游戏中构建虚拟战场，逼真模拟交战双方的激烈对抗，将战场特有的压迫感融入到训练中来，从而使战术训练、指挥训练、协同训练得到深化和升华，体现实战化的训练要求。另外军事游戏软件维护方便，基于部队现有网络条件即可展开训练，性价比高，基于军事游戏手段建设显得更加重要，是对常规训练手段的有效补充。

军事游戏从操作模式上，可分为技能操作式军事游戏、战术培养式军事游戏、作战指挥式军事游戏、协同配合式军事游戏、思想灌输式军事游戏等多类，在各类军事游戏中，战场可视化相关数据及技术均得到广泛应用，包括：

（1）地理数据。主要用于构建军事游戏中的虚拟战场环境使用。

（2）三维建模技术。主要用于构建游戏中的相关装备模型、人物模型、地物模型等。

（3）人工智能技术。主要用于构建游戏中的虚拟智能兵力，包括友军及敌军，从而确保游戏中的虚拟兵力可以逼真模拟军事人员的思维、行动。

（4）交互技术。该技术主要提供给操作人员相关交互设备或方式方法，以使操作人员可控制游戏中的操控对象（包括人物或装备等游戏对象）。

（5）三维图形引擎技术。该技术用于集成，即可将地理数据、三维模型、智能兵力、交互技术等进行综合集成，形成完整的游戏系统。

当前，军事游戏已在国内外得到广泛应用，在军事训练中发挥了良好作用，典型的军事游戏包括：《武装突袭系列》《战地系列》《光荣使命》等。

10.3 战场可视化在平行战场中的应用

平行战场实践中，有大量涉及战场可视化的应用场景，如在战场感知、虚拟战场生成、决策、交互等多个环节。

10.3.1 支撑战场感知信息的展现

物理战场感知主要目的是通过传感器等相关技术，获取敌我双方的兵力信息、战场环境信息。而战场可视化在该部分的作用，主要集中在将获取信息的可视化呈现，包括战场环境、己方兵力及侦察到的对手兵力的可视化呈现。

如图 10-9 所示，可采用可视化形式，将侦察到的战场环境、兵力情况，采用三维立体形式进行呈现，这样便于军事人员快速了解感知情况，为后续研究分析战场情况提供有力支撑。

图 10-9　战场感知的可视化呈现

10.3.2　支撑虚拟战场的展现

虚拟战场集成主要是能够构建出实时、动态、可操控的虚拟战场,在虚拟战场中可进行真实战场的复现、智能兵力在虚拟战场中的对抗等。战场可视化在该部分的应用比较综合,涉及可视化展现、地理数据支持、地理环境对军事行动影响分析等多方面。

战场可视化展现,主要是将战场情况进行可视化呈现;地理数据支持,主要是使用地理数据对相关功能的实施提供数据支撑;地理环境对军事行动的影响分析,主要是智能兵力对抗中,需要考虑地理环境对军事行动的影响,这需要结合地理环境数据、地形影响模型等进行研究,只有考虑地理环境的影响,相关军事行动的分析才更加符合实际。

10.3.3　支撑平行决策信息的展现

平行决策主要是立足于虚拟战场,进行智能体的博弈对抗及智能性的自主提升。战场可视化在该处的应用主要是放在博弈对抗、决策结果的可视化呈现上,即将整个博弈过程、决策结果进行可视化展现,便于使用人员实时了解博弈情况。

如图 10-10 所示,把决策形成的机动路线进行可视化呈现,即军事人员根据战场情况,进行机动路线的选择,可规划多条路线,根据地形、敌情等信息,选择出最优路线,并将最优路线进行可视化呈现,便于人员快速了解决策结果。

10.3.4　支撑平行交互的实施

平行交互主要是搭建物理战场和虚拟战场之间的桥梁,能够实现实到虚以及虚到实之间的交互往来,从而实现实虚之间的平行映射。

第 10 章　战场可视化

图 10-10　决策结果—机动路线的可视化展现

战场可视化在该部分的应用主要是虚拟战场将相关信息反馈给物理战场中的指挥员及战斗人员，指挥员及战斗人员依托相关显示设备，将信息进行可视化展现，从而便于快速接收信息，按照接收信息情况执行下一步行动。

如图 10-11 中指挥员在指挥车中可接收下达的指令，并采用图形进行可视化展现。

图 10-11　指挥车中接收虚拟战场下达的指令

如图 10-12 中战斗人员依托增强现实头盔，实时获取到侦察到的情报信息，并采用三维可视化形式进行展现。

(a)

· 173 ·

(b)

图10-12　一线战斗员采用增强现实显示指挥所反馈的战场信息

参考文献

[1] 邵伟. 战场可视化[M]. 北京:国防工业出版社,2022.
[2] 许捍卫. 地理信息系统教程[M]. 北京:国防工业出版社,2010.
[3] 张继开. 三维图形引擎技术的研究[D]. 北京:北方工业大学,2004.
[4] 段玉先,刘昌云. 战场态势感知关键技术研究[J]. 火力与指挥控制,2021,46(11):1-3.
[5] 左鲁梅. 三维图形引擎中的关键技术研究[D]. 北京:北方工业大学,2004.
[6] 廖学军. 数字战场可视化技术及应用[M]. 北京:国防工业出版社,2010.
[7] 张涛,曹婉,陈振宇. 战场环境与可视化技术[M]. 北京:军事科学出版社,2008.
[8] 梁浩哲. 面向COP的战场态势信息可视化技术研究[D]. 长沙:国防科技大学,2007.
[9] 魏五洲,赵海旭. 基于Ev_Globe的三维动态仿真系统设计与实现[J]. 网络安全技术与应用,2019,12:57-58.
[10] 彭鹏菲,任雄伟,龚立. 军事系统建模与仿真[M]. 北京:国防工业出版社,2016.
[11] 孙铮皓. 虚拟战场态势仿真系统设计与研究[J]. 计算机仿真,2018,12(35):309-310.
[12] 焦卫东. GLS飞行程序三维仿真系统设计与实现[J]. 计算机工程与设计,2019,1(1):203-205.
[13] 董志明. 战场环境建模与仿真[M]. 北京:国防工业出版社,2013.
[14] 刘卫东. 可视化与视景仿真技术[M]. 西安:西北工业大学出版社,2012.
[15] 钟志农. 地理信息系统原理与应用[M]. 北京:国防工业出版社,2013.
[16] 张景雄. 地理信息系统与科学[M]. 武汉:武汉大学出版社,2010.

第 11 章 平行战场军事应用

基于战场感知、战场环境建模、作战仿真、智能博弈决策、网络互联、交互映射控制、战场可视化等技术，可对平行战场理念进行实现，构建平行战场系统进行应用。平行战场军事用途广泛，可应用到试验、训练、作战等军事活动中，从而有效支撑相关军事活动的展开。

11.1 平行试验

11.1.1 概念内涵

试验（test）是指为评估研究与发展成果（不包括实验室试验）、实现研制目标的进展情况或系统、分系统、部件、装备项目的性能、作战能力和作战适用性而获取、验证或提供所需数据进行的计划或行动。

平行试验（parallel test）是指在复杂性科学理论、系统工程理论、装备试验理论、现代控制理论等指导下，采用多种技术手段构建要素齐全、功能完备、体系对抗的虚拟靶场，以物理靶场和虚拟靶场构成的平行靶场为基础，以装备作战运用流程为依托，通过物理靶场与虚拟靶场相互补充、物理试验和计算试验相结合，综合分析与处理各类试验数据，实现装备技术性能测试向体系效能评估的拓展。

准确理解装备体系平行试验的内涵，可从以下 4 个方面来认识和把握：

（1）试验对象。平行试验，是装备置于装备体系背景下的平行试验。平行试验环境由物理靶场和虚拟靶场构成。物理靶场是现实世界中的真实靶场，既可开展单装性能试验亦可组织装备体系试验；虚拟靶场是采用计算机建模、仿真技术等构建的要素齐全、功能完备、体系对抗的虚拟试验环境。平行试验是为解决装备体系效能评估需要而提出的，其试验对象既可以是全实装装备体系，也可以是部分实装和模拟器构成的装备体系，还可以是单一武器系统，甚至是单一型号装备。

（2）平行靶场。平行靶场由物理靶场和虚拟靶场构成，其作用是通过物理试验与计算试验相结合，将技术性能测试拓展到体系效能评估，核心是虚拟靶场构建。虚拟靶场是由计算机生成的虚拟试验环境，包含要素完整的对抗对象体系、复杂的信息网络环境和丰富多样的试验运行环境，其概念外延大于目前的物理靶场。虚拟靶场的构建目标是既能反映物理试验的规律，又能实现物理靶场的拓展以观察装备体系应用中的涌现现象。

（3）运行控制。物理试验与计算试验有机结合、平行运行，构成一个协作共生的动态反馈控制系统。计算试验在运行过程中动态提取物理试验数据，不断调整预测结果，提出模型修改建议甚至自适应优化模型，预测试验的未来情景，适时引导物理试验的运行。当物理试验出现异常情况时，计算试验能够采用多种信息监测手段实现对试验情景的重构和反演，从而确保试验能够有效实施。

（4）分析评估。装备体系效能评估需要大量的试验数据，而平行试验能够产生大量的试验样本，满足体系效能评估要求。物理试验因受现实条件制约，主要开展性能测试，产生真实的物理试验样本，为计算试验提供状态和信息输入，或者作为计算试验的一部分嵌入计算试验，计算试验同步开展多种条件、多种模式和多种组合的运算，通过大量的"试"来观察装备体系应用中的涌现现象，为体系效能评估提供足量的计算试验样本。计算试验的"虚"解和物理试验的"实"解共同构成了体系效能评估的真实解，从而实现技术性能测试向体系效能评估拓展的目的。

11.1.2 应用流程

平行试验涉及要素众多、关系复杂，虚拟靶场构建、试验运行控制、数据采集分析、虚实交互等技术开发复杂，参与主体多元难以协调交流等，试验的组织实施较传统的装备试验更为繁杂，不能完全照搬传统的试验流程，需要构建符合平行试验特点的程序与方法。在遵循装备试验一般程序的基础上，结合平行试验的特点规律，可将平行试验流程划分为需求分析、筹划设计、条件准备、试验实施、评估总结5个阶段。

1. 需求分析

需求分析阶段主要是对平行试验任务进行分析，包括分析平行试验任务需求、确定平行试验总体目标、提出平行试验总体构想、分析平行靶场概念、编写平行试验总案、编写平行试验总体计划。

(1) 分析平行试验任务需求。针对需要完成的试验任务开展先期的可行性分析，明确试验要解决的具体问题，梳理靶场现有试验能力现状，对照平行试验任务需求和试验约束条件分析查找现有靶场试验条件的差距及改进措施。

(2) 确定平行试验总体目标。根据平行试验任务需求，确定通过开展平行试验活动最终要实现什么目标，这些目标最终包含在平行试验总体方案中。

(3) 提出平行试验总体构想。规划参试兵力装备、战术系统、主要试验活动、虚拟兵力、仿真系统等，确定行动线程和事件流，最后确定操作及行动环境，描述所有实体及其基本行为，包括试验运行时所有对象之间的相互关系。

(4) 分析平行靶场概念。对依托平行靶场实施的试验全流程业务活动进行逻辑分析，在此期间可先不考虑试验中哪些兵力装备是真实的、哪些兵力装备是虚拟的，这样可以确保试验的可追溯性，能够与试验总体目标保持一致。

(5) 编写平行试验总案。在前述步骤基础上，编制平行试验总案，包括编制依据、试验对象、使命任务、试验考核内容、指标体系及评估数据需求、评估方法、试验条件及资源需求、试验数据管理等。

(6) 编写平行试验总体计划。该步骤主要形成平行试验分析计划（通过分析各个步骤来阐明如何实现试验目标）、实施进度、经费预算等。

2. 筹划设计

筹划设计阶段是在需求计划阶段基础上，完成平行试验活动详细的筹划设计工作，包括确定平行试验资源需求、研究以往的靶场试验、编写平行试验大纲及想定等工作。

(1) 确定平行试验资源需求。梳理参试人员、计算机、软件、网络、应用程序、被测系统等靶场试验活动所需要的资源列表。在梳理过程中要考虑资源的可用性、安全限制、成本、质量以及风险管理等约束条件。

(2) 研究以往的靶场试验。分析研究以往的靶场试验活动，包括以往的试验方案、试验想定、试验数据、试验经验及教训等，对规划后来的平行试验活动具有重要的参考作用。

(3) 编写平行试验大纲及想定。包括试验依据、类型、目的、时间、场地、兵力和装备、想定概述、考核指标及方法与准则、试验科目方法及要求、数据采集方法及管理要求、通信指挥显示方案、试验风险管控措施、试验保障等内容。编制大纲时要协调虚拟靶场和物理靶场的所有资源，以及彼此可接受的时间窗口。

（4）编写试验具体实施计划。包括兵力动用、装备动用、后勤保障、装备保障、网络及通信保障、安全保密、试验环境构设、仪器设备使用等计划、人装适应性培训计划等。

（5）试验数据采集规划。计算试验会产生大量的试验样本和数据信息，这些既是评估体系效能的重要依据，也是区别于其他类型试验的重要标志。因此，规划试验数据采集工作极为必要，需要明确在整个平行试验过程中具体由哪种资源产生、并且/或者采集数据。

（6）规划平行靶场设计。研究平行靶场总体架构设计方法，明确总体架构中各要素的含义，明确信息采集设备组成、用途及工作原理、信息传输及组网方式、试验数据管理分析系统架构及软件功能，确定平行试验关键技术与解决方法。

（7）建立详细的靶场运行计划。包括物理及网络安全措施、通信协议、界面控制文件、靶场安全策略、执行流程、详细的测试流程、靶场资源协议、环境影响评估、最终试验活动人员计划和分析计划等。

（8）制定风险管控与应对方案。平行试验的业务活动往往面临引入新系统、新技术和试验场地等情况，存在一定的安全风险，需要制定风险管控与应对方案，明确试验风险类别、危害等级和预防措施，最大限度减少损失。

3. 条件准备

条件准备阶段是为平行试验实施做好各种物质准备，主要包括建立虚拟靶场对象模型（含对抗双方）、靶场资源校核更新、创建初始化数据等：

（1）建立虚拟靶场对象模型（含对抗双方）。该步骤是构建虚拟靶场的关键所在，建模时要注意宏观行为与微观属性并重，以便于计算试验的开展。建模时可以采用重用现有模型与开发新模型相结合的方法进行，该模型应包含体系环境和对抗背景条件下包含对抗双方的全部试验对象。

（2）靶场资源校核更新。在平行试验实施前，需要对靶场试验资源进行校核或升级，包括添加新的功能、更新算法或与新靶场硬件进行集成，还可以是更新虚拟靶场对象模型。

（3）创建初始化数据。靶场资源应用程序的运行往往需要一些信息，包括试验想定、试验环境信息、初始化参数等，这些初始化数据通常储存在试验活动数据库中，部分数据还可能需要临时导入，因此需要创建初始化数据。

（4）平行靶场试验环境设置和测试。首先对物理靶场和虚拟靶场的各个分系统分别进行设置和测试，确保在全系统联调测试之前各分系统能够正常工作。然后对由物理靶场和虚拟靶场的软硬件、数据库和网络等构成的平行靶场试验系统进行测试，确保各类子系统能够按照预期进行通信和操作。

（5）拟制靶场异常情况处理预案。该步骤旨在针对平行靶场的硬件、软件、仪器和网络等可能出现的异常情况制定相应的解决方案。

（6）试验活动预演。在平行试验正式开始前，通常根据需要进行各种层面和不同范围的预演，其步骤与平行靶场测试较为相似，一些活动也可能通过仿真进行替代。

4．试验实施

试验实施是平行试验业务活动的具体展开，主要包括试验活动初始化、试验运行、控制和监测靶场资源、控制和监测网络资源、数据采集和储存、管理和监测试验过程、评定正在运行的试验活动。

（1）试验活动初始化。从试验数据管理系统中读取初始化信息，并将这些信息代入其运行状态。

（2）试验运行。根据平行试验大纲及实施计划，各试验单元或子系统，无论是否作为试验活动的一部分，都将根据试验计划和导调人员的反馈而运行。

（3）控制和监测靶场资源。为确保靶场资源充分执行其功能，在试验运行期间控制和监测应用程序的运行，及时发现问题并进行纠正。

（4）控制和监测网络资源。试验运行期间，使用通信管理工具辅助监测和管理平行靶场所使用的网络，确保试验有序行动。

（5）数据采集和储存。根据数据采集规划获取试验数据，存储到数据管理系统。

（6）管理和监测试验过程。将物理靶场与人工靶场、物理试验与计算试验作为一个整体来进行管理、监测和调整，确保完成各项试验任务。

（7）评价正在运行的试验活动。对正在开展的试验活动进行分析评估，根据试验需求灵活调整试验进程，最大限度确保平行试验按计划有序运行。

5．评估总结

评估总结阶段是在试验任务完成后，分析处理试验数据，评价试验过程，形成试验报告的一系列工作。

（1）构建评估指标体系。对装备体系的作战效能、作战适用性、体系适用性和在役适用性等做检验评估，需要构建科学合理的评估指标体系。

（2）生成即时报告。是在试验活动仍在运行的情况下进行，由专门的实时数据分析程序或者试验数据管理系统进行。

（3）试验数据汇总与处理。物理试验和计算试验产生大量的试验数据通常分散在平行靶场的多个数据采集终端，只有将这些试验数据汇总在一个中心位置，才能够进行高效率的分析。检查分析收集汇总后的试验数据是否完整，然后对试验数据进行规范化处理，便于运用数据分析与处理程序进行处理。

（4）试验过程复盘。平行试验运行期间的重要活动或者关键步骤通常需要复盘检讨，以便于对试验的关键环节进行进一步的分析研究，为得出正确的试验结论提供帮助。

（5）靶场试验资源整理入库。将平行试验的虚拟对象模型、各类试验子系统、试验应用程序和应用工具等试验资源进行整理，存入靶场资源库。

（6）编写试验报告。试验报告包括试验总体情况、评估结论、试验发现的各类问题、改进的意见建议等，特别是要写明装备体系效能是否得到有效检验、是否达到预期的效果等内容。

（7）试验资料整理归档。对试验过程中涉及的各类文字材料、数据、音像资料以及试验的经验、启示、教训等进行收集、整理和归档。

11.2 平行训练

11.2.1 概念内涵

平行训练（parallel training，PT）是指部队在"实装层－半实物层－虚拟层"相结合的平行战场系统支撑下，融合"基地化、模拟化、网络化"三种模式优势，依托信息化装备体系开展的虚实结合的实战化体系对抗训练。

准确理解平行训练的内涵，可从以下三个方面来认识和把握：

1. "基地化、模拟化、网络化"三种模式融合

平行训练要基于特定的训练场，主要原因是在平行战场构建阶段，需要建立一个与真实战场空间一致的虚拟战场空间，为三个平行层同步做好战场环境数据基础；平行训练中还需要构建一个有线和无线相结合的宽带网络来保证平行层之间数据传输实时性；平行训练中可以接入半实物模拟器和虚拟兵力作为实装体系的有力补充。因此，平行训练是融合了"基地化、模拟化、网络化"三种模式优势的一种全新训练模式。

2. 信息化装备体系和实战化体系对抗

概念中提到"依托信息化装备体系"是指，平行训练需要建立在信息化基础上，需要部队具备构建初级战术互联网的能力。半实物层和虚拟层具备大量的侦察情报、电子对抗、通信和指挥控制等模拟（虚拟）装备，用来构建各级指挥所或补充相关力量，与实装层装备构成完整的装备体系，能够通过桥接技术构建虚实融合的战术互联网。其中的半实物模拟器（虚拟装备）配备了实装战术指控软件和相关业务软件，能与实装层指控软件互联互通，因此，战术互联网交互信息可以在虚拟战场空间中实时显示，并可以被导调控制系统实时采集，为实战化的体系对抗做好了指挥信息系统准备。

3. 为部队实战化对抗训练提供理论指导和技术支撑

平行训练理论方法的提出为部队实战化对抗训练研究提供了有力的理论指导和有效的技术支撑。战争的代价极大，在真实世界中对其面临的问题难以进行重复的实验，有限的演习也具有非常大的难度和不可操控特征。平行训练及其系统将实际装备无缝连接到虚拟战场中，能在一定程度上推进军事学从定性向定量计算的跃升，从而突破战争难以进行试验研究的困境。平行训练可以很好地解决以往部队训练中实装难以真正"对抗"，演习评估裁决难以实时进行，模拟训练、导调控制和真实战场难以融合一体等难题。

11.2.2 应用流程

1. 平行训练模式

根据平行训练实装对抗的层次和规模不同，平行训练可以分为自主式对抗训练、控制式指挥训练和管理式演习导调三类模式。对三类训练模式可细分为八种训练模式。根据人装在平行训练中的对抗状态，把实装层装备分为三类：①视距对抗装备（L1），主要包括枪械、坦克、部分光学侦察车等；②指控系统（L2），主要包括以软件为主体的指挥信息系统装备；③非视距对抗装备（L3），主要包括侦察装备、炮兵防空兵装备、网电装备、飞机、导弹、舰艇等。

1）自主式对抗训练模式（以实装平台和战术单元为对象，以人在环模拟训练为对象）

训练主要目的是人，以及人装结合，主要包括单个人员装备操作技能、人员集体与装备体系结合的战术训练。战术技能训练模式以实兵为基础，分为在真实战场环境实兵操纵实际装备训练和在虚拟战场环境实兵操纵半实物模拟装备训练两种。主要适用于分队及以下训练，包括分队军官训练、分队专业协同训练和分队战术训练，以理论训练、基本操作技能训练、基本指挥技能训练、分队编组作业训练、分队专业协同训练等训练内容为主。在平行训练系统中，按照训练大纲要求设置环境与训练实体，通常没有战术背景或仅有简单战术背景。

模式一："人在环虚拟对抗训练模式"。

在虚拟层构造战场环境，生成虚拟兵力，对抗双方按照训练需求，通过在半实物层操作虚拟装备（如实装模拟器）进行对抗训练，并将对抗态势实时映射到虚拟层，实现人在回路仿真，形成人在环路的虚拟对抗训练模式。当前，人在环虚拟对抗训练模式已在院校和部队广泛推开使用，特别是在组织营以下分队基本操作技能训练、编组作业训练、专业协同训练等方面应用较广。

模式二："激光对抗设备在线训练模式"。

在枪械、坦克及部分光学侦察车等装备上安装激光模拟交战系统，对抗双方利用激光模拟交战系统，在真实的战场环境中进行对抗训练（对抗双方部分兵力装备配备在半物层），并将实兵实装及对抗态势实时映射到虚拟的战场空间（虚拟层），完成实时在线对抗训练，该训练模式目前在战术训练基地应用较多。另外，当前部分部队也配备了激光模拟交战系统，可实现分队级在线对抗训练。

模式三："实兵实装对抗在线训练模式"。

对抗双方在真实的战场环境中，通过操作真实的装备进行对抗训练，同时在真实的装备中加载部分虚拟装备（如枪械、火炮发射信号感受器等）完成部分操作动作（如击发动作），对抗双方的态势实时映射到虚拟层，在虚拟的战场空间中可感知到近似真实的对抗场景，同时可将战场态势实时映射给对抗双方，完成实兵实装对抗在线训练。该训练模式的典型应用场景，即为美军的"红旗军演"。

模式四："虚实混合对抗训练模式"。

AR增强现实显示设备通过计算机提供的信息增加用户对现实世界感知，将虚拟的信息应用到真实世界，并将计算机生成的虚拟物体、场景或系统提示信息叠加到真实场景中，从而实现对现实的增强。在实装层，对抗双方兵力装备通过配备AR设备（AR设备加载在兵力装备上）进行对抗训练，将兵力装备及对抗态势实时映射到虚拟层；在半实物层，对抗双方通过加载 AR 设备的虚拟装备进行对抗训练，并将虚拟兵力装备及对抗态势实时映射到虚拟层；在虚拟层，虚拟的战场空间将呈现出对抗双方完整的战场态势信息并实时映射到实装层和半实物层，对抗双方通过 AR 设备可感知虚实叠加的真实对抗场景，进行对抗训练。目前，部分单位正积极探索应用该训练模式，随着 AR 技术不断走向成熟，虚实混合对抗训练模式应用前景广阔。

2) 控制式指挥训练模式（指挥信息系统为主体，指挥车、指挥所是实装）

主要适用于不带实兵的首长机关训练，包括业务基础训练、战术作业和首长机关演习。在平行系统中，业务基础训练采取个人自训和集中自训等方法实施；战术作业由军事首长组织，按行政建制部门进行训练编组，集体作业；首长机关演习在一定的想定背景下，按照想定逐步推进。

模式五："指挥对抗训练模式"。

在半实物层安装指挥信息系统装备，按训练需求设置指挥席位，在虚拟层构造红蓝双方对抗战术环境，对抗双方通过操作指挥信息系统装备进行对抗训练，可实现对抗双方在近似真实的模拟战场环境中进行训练。当前，该训练模式广泛应用于首长机关战术作业、指挥所演习，以及分队编组作业、战术演练，典型的应用场景包括"网上指挥对抗演练"等。

模式六："虚实指挥对抗训练模式"。

在虚拟的战场空间中，通过计算机生成兵力形成对抗一方的指挥信息系统，该系统是按照作战思想、作战规则和作战样式等预置的一套对抗系统，具备完整的指挥要素。对抗的另一方通过操作在半实物层安装的指挥信息系统装备并将态势实时映射到虚拟层，在虚拟的战场空间中对抗双方可实现指挥对抗训练。为便于理解，该训练模式类似游戏场景中的"人机对抗"。随着人工智能技术的不断发展，在可预见的未来，该训练模式将会得到越来越多的应用。

模式七："实装战术体系对抗训练模式"。

在虚拟层构造红蓝双方基于对抗条件的战场环境，对抗双方实兵实装在真实的战场环境中进行对抗训练（对抗双方部分兵力装备配备在半实物层），兵力装备及战场态势实时映射到虚拟的战场空间并及时反馈给对抗双方，进行战术体系对抗训练。该训练模式目前在部队应用较广，能够显著提高训练效益。

3) 演习导调评估模式（实兵为主体）

在平行系统中，按照想定构建作战双方的参战兵力、作战地域、阶段标志，根据训练要求设置实兵，其余为模拟器或虚拟兵力，在想定设置地域分阶段展开训练。训练过程由组训人员和导调人员进行管理，实现训练的有序推进。

模式八："全实装体系对抗平行导调模式"。

在虚拟层构建红蓝双方基于对抗条件的战场环境，对抗双方实兵实装（包括视距对抗装备、指控系统和非视距对抗装备，部分兵力装备配备在半实物层或为虚假兵力），依托想定作业条件，在真实的战场环境中进行对抗训练，兵力装备及战场态势实时映射到虚拟的战场空间并及时反馈给对抗双方，红蓝双方可进行分阶段训练或进行全过程连贯训练，是对抗训练的最高形式。该训练模式需要为对抗双方兵力装备配备相应的软硬件条件，构建对抗作业环境，对网络环境、通信资源、硬件设施都有着较高的要求，目前正在积极探索。随着5G技术、人工智能、智能制造等技术的不断发展，该训练模式有望得到突破性进展。

2. 平行训练流程

平行训练的基本流程主要包括训练目标确认、训练活动策划、训练设置与预演、训练科目执行与控制、阶段总结与综合评估5个阶段。

1）训练目标确认

训练的目的在于通过训练实施，完成预定的训练目标。因而，首先要对训练目标进行明确，目标确认按如图11-1所示步骤进行。

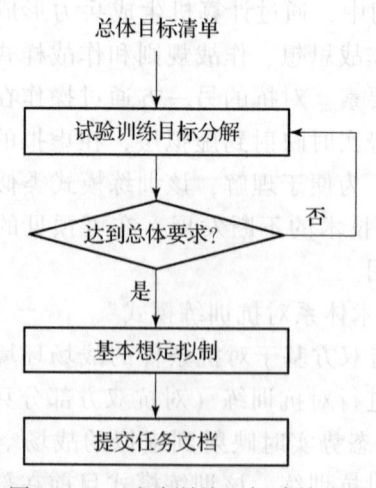

图11-1 试验训练目标确认步骤

（1）训练目标分解。

训练目标分解是将训练的总目标分解为若干子目标，每个子目标包含名称、参训（试）方、训练环境、训练要求等要素，具有明确的指导性和可操作性。

（2）基本想定拟制。

在训练目标确认完成后，需要拟制基本想定，想定描述的内容包括双方兵力规模、参战装备、作战编成、作战地域、作战阶段划分、主要作战行动，为训练提供行动线和事件流，给出所有实体及其基本行为的基本描述。

（3）提交任务文档。

在训练目标确认的最后，需要提交任务文档，包括：

①训练目标文档–定义训练活动成功的标准。

②基本想定文档–从训练方的角度描述试验训练活动的背景、兵力、地域、行动。

2）训练活动策划

训练活动策划的目的在于形成训练所需的一系列详细计划，按照图 11–2 所示步骤进行。

目标清单、基本想定
↓
虚实兵力确认
↓
确定资源需求
↓
细化基本想定
↓
制定详细试验训练计划
↓
提交任务文档

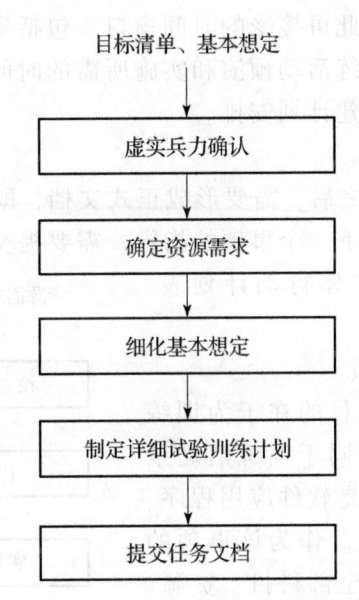

图 11–2　试验训练活动策划步骤

（1）虚实兵力确认。

在应用验证案例中，全部参训（试）力量既包括实兵，也包括虚拟兵力。在这一步骤中，需要对虚实兵力进行确认，为每个实体指定虚实标志，形成虚、实兵力之间的交互类型、交互方式。

(2) 确定资源需求。

在上述实装、模拟器、虚拟兵力确定后，对资源包括参与人员、计算机、软件、网络、应用程序、被测系统或者参训（试）人员提出数量、地域、数据采集、仿真分辨率的要求，保障能够形成所需要的激励效果并且使所采集的数据满足分辨率和准确度要求。

(3) 细化基本想定。

在基本想定的约束下，对各个阶段、各个实体的行动进行细化，细化结果是训练正确实施的前提条件。细化程度由作战仿真系统的仿真粒度决定，细化结果可按照时间、事件、地域等不同类型进行分类，为后续详细试验训练计划的制定提供依据。

(4) 制定详细训练计划。

在想定细化结果的基础上，结合训练科目，以时间线为基准，制定包含资源在内的详细训练计划。需要注意的是，如果训练活动仅发生在单个训练环境中，那么计划流程就会和当前常见的计划流程一样向前推进。如果训练活动存在于不同训练环境中，那么它的计划流程就要协调所有训练资源，必须要协调出彼此可接受的时间窗口，包括资源检查和验证、网络和组件集成与测试、训练活动预演和实施所需的时间，通常需要计划工具来帮助训练组织人员创建计划安排。

(5) 提交任务文档。

在前面的环节完成之后，需要形成正式文档，既是对训练目标确认这一事项的响应，又是对下一个事项的指导。需要提交的文档包括虚实兵力分配表、资源清单、实体行动计划表、训练计划协调表等。

3) 训练设置与预演

训练设置与预演的目的在于为训练活动做好物质准备。不同于训练活动策划环节，该事项的成果是软件应用程序、数据库和训练资源配置。作为该事项的一部分，需要完成训练全部科目、资源、对象的定义，全部训练资源应用程序需要能够支持此次训练，同时需要集成、测试、预演，为训练科目的实际执行做好准备，包括图 11-3 所示环节。

资源需求、详细试验训练计划
↓
设立试验训练组织机构
↓
作战仿真系统调试
↓
实兵先期学习与训练
↓
试验训练环境综合测试与完善
↓
试验训练环境固化和提交使用

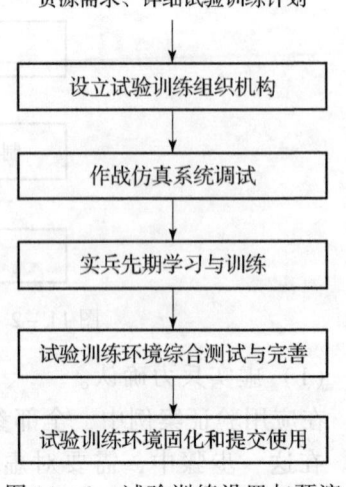

图 11-3 试验训练设置与预演

(1) 设立试验训练组织机构。

按照详细训练计划和资源需求，设立训练组织结构，包括导调组、技术保障组、现场保障组等，导调组负责整个训练的资源协调、训练组织、阶段转进等工作；技术保障组负责系统调试、设备维护等工作；现场保障组负责训练现场的紧急情况处理。

(2) 作战仿真系统调试。

作战仿真系统对训练提供虚拟兵力支持作用，需要在训练之前与网络、实装、数据采集设备等不同资源进行联调，形成训练环境的无缝连接。

(3) 实兵先期学习与训练。

虚实同时存在的体系训练是一种新型训练方式，需要实现对参训的实兵进行培训，帮助他们建立这种训练的理论认知，从而更有效地参与到训练之中，在正式训练开始后能够取得预期效果。

(4) 试验训练环境综合测试与完善。

结合训练科目和数据采集要求，对训练环境进行综合测试，包括作战仿真系统、数据库、数据采集系统、通信网络、参训（试）实装等，并对测试中出现的问题进行修改和完善。

(5) 训练环境固化和提交使用。

经过训练环境的迭代改进后，稳定训练环境，对使用方进行培训，提交使用说明与保障计划。

4) 训练科目执行与控制

训练科目执行与控制的目的是以训练活动策划为指导，基于训练设置与预演之后所创建和测试的试验训练资源、数据库和网络，执行训练活动。由训练组织机构人员监测、管理和控制该训练活动的执行。在执行过程中会采集必要的数据，并进行一系列实时/快速分析，包括图 11-4 所示环节。

(1) 分科目试验训练。

按照训练目标中的不同科目，分项组织训练。在这一过程中，需要控制和监测试验训练资源、控制和监测网络资源、数据采集和储存、评定正在运行的试验训练活动。

(2) 综合集成试验训练。

在分科目训练的基础上，组织综合集成训练。在这一过程中，需要控制和监测训练资源、控制和监测网络资源、数据采集和储存、评定正在运行的训练活动。

(3) 汇总试验训练数据。

训练数据包括科目训练数据和综合集成训练数据两类，往往分布在不同的数据存储设备中，需要通过网络进行汇总，供后续处理。

5) 阶段总结与综合评估

阶段总结与综合评估的主要目的是针对训练活动执行情况及所采集的数据进行详细的总结和分析。对于训练活动，在执行环节就实现了大量的训练价值，结合训练数据的分段总结是训练的特点之一。另外，训练活动完成之后，针对训练活动的综合评估能够针对在执行过程中所有观察到的且有望解决的问题和异常进行经验总结。无论是分段总结还是综合评估，均需要访问分布存储的数据，才能完成分析、显示、任务报告、重放和形成报告等目标，如图 11-5 所示。

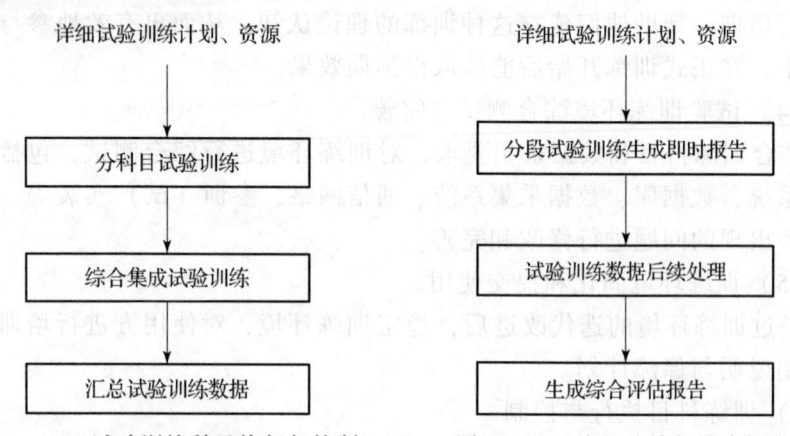

图 11-4　试验训练科目执行与控制　　图 11-5　阶段总结与综合评估

(1) 分段试验训练生成即时报告。

结合分科目训练，生成即时报告，供导调组使用，及时控制训练进程，调整训练状态。

(2) 试验训练数据后续处理。

在汇总的训练数据基础上，按照评估指标要求，归类、综合训练数据，形成处理结果，供评估使用。

(3) 生成综合评估报告。

在数据处理结果的基础上，以导调组为主，现场保障组、技术保障组为辅，综合形成本次训练的评估结论，并提交可供重用的资源清单，供下次使用。

11.3 平行作战

11.3.1 概念内涵

现代战争中战争双方的对抗领域已经不是单纯的认知域与物理域的对抗,也不是认知域、物理域和信息域的简单叠加。必将是借助大数据、人工智能、云计算等技术而开展的三域平行、有机融合的全时域对抗。借助在信息域建立的平行战场,通过高度还原的战场态势建模技术,超实时仿真技术,态势预测技术等先进手段进行作战决策的实时优化,能够达到在未来战场上始终领先对手的目的。

平行作战(parallel operation,PO)是指采用高效的互联架构、智能化虚拟兵力、态势博弈推演等技术,以平行战场作为战争大脑,构建信息域、物理域、认知域有机融合的智能化网络信息体系,三域实时映射、平行执行、共生演进,多作战环同步迭代,实现超前决策、精确指控、智能指挥的作战方式,如图 11-6 所示。

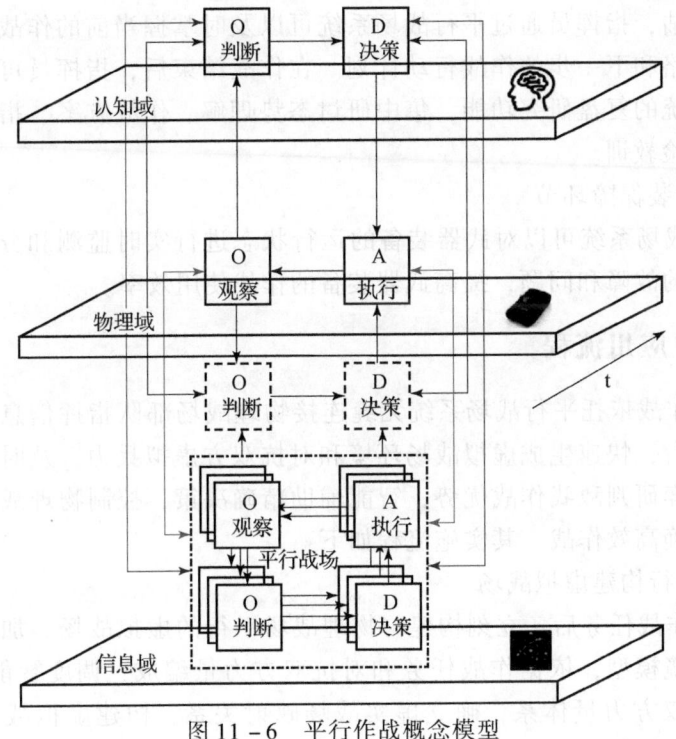

图 11-6 平行作战概念模型

准确理解平行作战的内涵，需要把握平行战场系统在作战"侦、控、打、评、保"作战链路的各环节或整个链路流程发挥的作用。

1）情报收集分析环节

平行战场系统通过实时收集战场的各种数据（包括敌我双方的兵力部署、武器装备状态、战场环境变化等），并对这些数据进行实时分析和处理，为指挥员提供准确的战场态势信息。

2）指挥决策环节

平行战场系统可以基于历史数据和当前战场态势，根据敌人的行动模式和规律，预测其下一步的行动方向和作战意图，对未来战场情况进行模拟推演，为指挥员提供智能决策支持。

3）作战指挥环节

平行战场系统可以根据战场态势和作战任务，自动进行任务分配和协调，确保各作战单元能够协同配合，实现不同军兵种、不同作战单元之间的信息共享和互通，打破信息壁垒，提高协同作战的效率。

4）作战效果评估环节

平行战场系统可以根据预设的评估指标和方法，对作战行动的效果进行实时评估，指挥员通过平行战场系统可以及时掌握当前的作战成效，调整作战策略和下一步的作战行动计划。在作战结束后，指挥员可以通过平行战场系统的复盘研究功能，集中研讨态势理解、作战方案、指挥控制等环节的经验教训。

5）后装保障环节

平行战场系统可以对武器装备的运行状态进行实时监测和分析，提前预警潜在的故障和问题，提高武器装备的作战使用效率。

11.3.2　应用流程

平行作战依托平行战场系统无缝连接物理战场部队指挥信息系统和武器装备平台，快速生成虚拟战场环境和对抗双方虚拟兵力，及时理解战场态势，博弈研判敌我作战优势，智能辅助精确决策，控制物理战场各类作战要素精确高效作战。其实施流程如下：

1）平行构建虚拟战场

受领作战任务后，立刻构建与物理战场平行的虚拟战场。加载作战区域战场环境模型，依据作战任务和对抗双方力量编成，调度智能体模型，建立交战双方力量体系，确立虚实战场映射关系，构建虚拟战场基本架构，依托战场信息网络和侦察情报系统获取物理战场要素状态信息，将其注入虚拟战场，形成虚拟战场初始态势。

2）智能推演生成方案

利用虚拟战场，依据指挥员作战初步设想，按照最大可能、最坏极端、最小可能等不同情况，依托算力、模型优势，通过智能推演，遍历作战演化路径，生成战斗方案集，并推荐最优方案，辅助指挥员定下战斗决心。

3）以实驱虚认知增强

战斗发起后，基于战场感知相关手段，虚拟战场实时获取战场信息，更新状态，分析目标行为，预测目标意图，并进行态势推理和补全，实现虚实战场的同步演化，基于虚拟战场可视呈现目标数据和关联关系，增加物理战场的信息维度，拓展人员感知范围，助力指挥员深度认知战场态势。

4）博弈对抗辅助决策

战斗过程中，虚拟战场依据行动计划目标、行动条件，结合敌方可能应对策略变化，生成不同任务流程，开展多分支超实时推演，演算不同粒度作战力量的效能。采用多智能体博弈对抗、基于大数据的智能决策等技术，快速演算不同任务流程可能态势演变，每个应用场景按照战损、战果、任务完成度等指标进行态势评估，优化生成侦察、火力、保障等行动决策建议，辅助指挥员进行决策。

5）以虚控实指挥控制

指挥员基于虚拟战场行动决策建议，及时发布指挥控制指令，调整战斗行动，调控作战环节。通过增强现实等交互技术，将虚拟战场演化的目标状态及应对策略等信息实时传递给武器平台操控人员，拓展武器平台使用条件，引导物理战场武器终端的精准、高效使用，变革指挥体系和指挥手段。虚拟战场依据物理战场行动结果反馈，判断行动误差，不断调整执行过程，形成虚实平行的指挥控制闭环，塑造有利战场态势，掌握战场主动。

6）复盘评估模型演进

战斗结束后，平行战场系统会对每一次的战斗辅助决策后的战斗结果，比如火力打击效果，进行评估，同时对装备的健康状态实时评估和故障智能诊断，对装备保障的需求进行实时预测。指挥员可通过平行战场的复盘研究功能，集中研讨态势理解、作战方案、指挥控制等环节的经验教训，提炼敌方作战特点和行动规律，平行战场的相关技术也可以自己完成分析挖掘作战过程全景大数据，使得平行战场的智能博弈的相关算法不断迭代更新，通过大量的实战、训练数据使得算法不断的迭代，最终达到算法占优的作战效果，实现虚拟战场作战模型的智能演进。

参考文献

[1] 倪天友. 指挥信息系统教程[M]. 北京：军事科学出版社，2013.

[2] 孙儒凌. 作战指挥基础概论[M]. 北京：国防大学出版社，2011.

[3] 曹雷. 指挥信息系统[M]. 北京：国防工业出版社，2012.

[4] 姬世峰. 模拟训练基本问题研究[M]. 北京：海潮出版社，2014.

[5] 黄文清. 作战仿真理论与技术[M]. 北京：国防工业出版社，2011.

[6] 周晓宇. 军事训练研究[M]. 北京：国防大学出版社，2014.

[7] 马亚平. 军事训练信息系统[M]. 北京：国防大学出版社，2016.

[8] 于广海. 军事模拟训练研究[M]. 北京：海潮出版社，2016.

[9] 王飞跃. 平行军事与平行战争：智能时代智能军事的起源与目标[J]. AI智胜未来，2024,1(2):1-15.

[10] 吴明曦. 智能化战争[M]. 北京：国防工业出版社，2024.

[11] 李睿深. 人工智能[M]. 北京：国防工业出版社，2024.

[12] 赵先刚. 军事智能化运用研究[M]. 北京：兵器工业出版社，2021.

[13] 李红领. 美军作战试验研究[M]. 北京：兵器工业出版社，2019.

[14] 鲁培耿. 军事装备作战试验指导规范[M]. 北京：兵器工业出版社，2024.

[15] 马瑞军，孟凡松. 作战试验及其逻辑[M]. 北京：国防工业出版社，2010.

[16] 徐享忠，汤再江. 作战仿真试验[M]. 北京：国防工业出版社，2013.

[17] 孙翱. 武器装备作战试验研究与实践[M]. 北京：国防工业出版社，2021.